생각의 한계

On Being Certain

생각의
한계

로버트 버튼 지음
김미선 옮김

더좋은책

이 책에 쏟아진 찬사들

"버튼의 주제가 함축하는 깜짝 놀랄 만한 의미들 가운데 하나는, 우리는 결국 무언가가 진실임을 우리가 안다고 믿는 것 자체를 신뢰할 수 없다는 것이다. '무의식은 완벽하게 이성적이라거나, 언제 육감을 신뢰할 수 있는지를 우리는 알고 있다는, 시대에 뒤떨어진 주장들을 가지고는 더 이상 버틸 수 없다'고 버튼은 말한다. 『생각의 한계』는 다름 아닌 사고의 본성에 대해 우리가 이해하고 있는 것에 도전하며, 독자들을 들쑤셔 버튼이 '가장 기초적인 질문'이라 부르는 질문을 던지게 한다. 우리가 뭘 아는지를 우리는 어떻게 아는가?"

– 사이언티픽 아메리칸 마인드

"신경과 의사인 로버트 버튼 박사가 주옥같은 책을 썼다. 저자는 신경학자이자 소설가인 동시에 Salon.com의 기고가이기도 하다. 잘 쓰인 이 책은 지혜로운 임상의가 오랜 세월 깊이 생각해온 결과물이다. 당신이 확실하다고 생각하는 어떤 것이 있다면, 이 책을 읽고 나서 마음이 바뀔 것이다."

– 스켑티컬 인콰이어러

"재기 넘치는 책이다. 버튼은 '확신'이란 하나의 정신 상태가 분노나 자부심과 같은 하나의 느낌으로서 우리를 인도하는 데 도움이 될 수는 있지만, 객관적인 진실을 믿을 만하게 반영하지는 않는다는 사실을 체계적이고 설득력 있게 보여준다. 이 책은 이 시대의 필독서다."

- 포브스라이프

"버튼은 맛깔스럽고도 심오한 방식으로 재치와 통찰을 조합하는 대단한 재능이 있다."

- 요한나 샤피로 , 캘리포니아 대학교 교수

"새로운 방식으로 지식을 탐구한다. 잘 읽어보면 과학자에게도 일반 독자에게도 똑같이 도움이 되는 책이다 ."

- 커커스 리뷰

"올해의 가장 중요한 책에 들어갈 만하다. 너무도 많은 것들이 '확신'에 올라타 내달리고, 사람들이 어떻게 무언가를 확신하는 상태에 도달하는지에 관해서는 알려진 것이 아주 적은 지금, 식견 있는 신경과학자의 간단명료한 발언이 필요하다. 말콤 글래드웰의 『블링크』가 매혹적이지만 대부분 일화로 꾸며져 있었다면, 버튼의 책은 순간적인 판단과 의사결정 이면의 진정한 과학을 파고들어 간다."

- 하워드 라인골드, 미래학자

"흥미진진하다. 마음을 끌어당기는 버튼의 글이 우리를 의식 아래의 가장 깊숙한 구석으로 데려가, 우리의 가장 확고한 주장에 의문을 갖게 한다. 이 책을 읽은 어떤 사람도 다시는 버젓이 걸어나가 '나는 이걸 확실히 알아'라고 말하지 못할 것이다."

— 실비아 페이건 웨스트팔, 「월스트리트 저널」 과학 기자

"버튼은 생각을 불러일으키며 설득력 있게 주장한다. 우리는 자신의 믿음에 관해 더 회의적이 되어야 한다고 말이다. 또한 여러 계통의 연구에 관한 참신한 시각을 제공하여, 인지과학 입문서를 찾고 있는 독자들도 흥미를 느낄 것이다."

— 시드 매거진

"읽기 쉽고 참신한 발상들이 가득한 멋진 책이다. '확신의 느낌'을 연구의 주제로 부각시킨 것이 매우 새롭고, 창의적이고, 진정으로 마음을 뒤흔든다."

— 존 캠벨, 캘리포니아 대학교 교수

"틀린 확신도 하늘은 파랗다는 확신과 똑같이 느껴진다는 것을 깨달았을 때 우리는 어떻게 할까? 어쭙잖은 안내자라면 지식의 한계에 관한 초조한 의심에 빠져 옴짝달싹 못하게 될 것이다. 하지만 버튼은 이 뒤얽힌 영역의 매혹적인 아름다움을 분명히 드러낼 뿐만 아니라, 더 분명한 항행 감각을 가지고 우리를 반대편으로 데려가기도 한다. 멋진 작품이다. 당신도 이 작품을 좋아할 것이라고 거의 확신한다."

— 데이비드 돕스,
「산호초의 광기 : 찰스 다윈, 알렉산더 아가시와 산호의 의미」의 저자

애드리안을 위하여

Contents

확신은 어디에나 있다. 수많은 권위자들이 확고한 신념으로 가득 차 우리에게 말한다. 왜 우리가 X 국가를 공격해야 하는지, 왜 학교에서 『허클베리 핀의 모험』을 읽으면 안 되는지, 왜 토마토를 삶아 먹어야 하는지, 왜 주식시장이 결국에는 공전의 수익률을 내는 쪽으로 회귀할 수밖에 없는지, 어느 순간에 정자와 난자를 한 인간으로 인정해야 하는지, 뇌손상이 얼마나 심해야 정신지체라는 명칭이 정당화되는지를. 이들의 신념 변화는 온 국민의 뉴스거리다.

하지만 왜일까? 단순히 고집, 오만함, 잘못된 생각의 문제일까, 아니면 뇌 생물학과 깊이 관련된 문제일까? 나는 신경학을 배우기 시작한 이래, 이 기초적인 인지의 문제로 골치를 앓아왔다. 신념을 가진다는 것은 무슨 뜻일까? 얼핏 이 질문은 어리석게 들릴 것이다. 당신은 증거를 살펴보고, 찬반 양측의 득실을 저울질하고, 그런 다음 결정을 내린다. 증거가 충분히 강력하다면, 다른 답은 있을 수 없다는 신념을 갖게 된다. 그 결과로 얻은 확신은 의식적이고 신중한 일련의 추론에 의해 도출된 논리적이고 합리적이고 유일한 결론처럼 느껴진다.

하지만 현대 생물학은 다른 방향을 가리키고 있다. 잠깐 생각해보라. 급성 망상 증세를 보이는 어떤 정신분열증 환자가 절대적인 확신을 가지고 당신에게 말하고 있다. 다리 셋 달린 화성인이 몰래 내 전화를 도청한다고. 내 생각을 감시하고 있다고. 그 환자는 화성인이 실제로 존재한다는 확고한 신념을 갖고 있다. 그는 화성인을 볼 수는 없지만, 화성인이 존재한다는 사실을 '안다'. 그리고 그 사실을 납득하지 못한다는 것에 깜짝 놀란다.

우리는 정신분열증의 생물학적 원인을 이미 알고 있다. 정신분열증 환자의 뇌에서 신경화학물질이 미친 듯이 분비된 결과, 논리와 반대 증거를 가지고도 '말로 해서 쫓아낼' 수 없는 도저히 있을 법하지 않은 생각들이 생겨났다는 것을 알고 있다. 우리는 정신분열증 환자의 잘못된 신념이 신경의 교란에서 일어났다는 것을 알고 있다.

신경학자들은 정상적인 상황에서 뇌가 작동하는 방식을 탐구하기 위해 극단적인 뇌 기능장애 사례를 연구한다. 버몬트의 노동자였던 피니어스 게이지Phineas Gage는 1848년 철도 건설 사고로 쇠막대가 두개골과 뇌의 전두엽frontal lobe 부분을 뚫고 지나갔다.[1] 기적적으로 목숨은 건졌지만, 그의 성격은 극적으로 바뀌어 버렸다. 의사들은 사고로 변해버린 피니어스 게이지의 성격과 사고를 당하기 전의 성격을 비교함으로써 정상적인 전두엽이 인간의 행동에서 어떤 역할을 하는지 처음으로 증명할 수 있었다.

다시 못된 화성인으로 돌아가자. 우리는 피니어스 게이지의 외상 후 성격 변화 덕분에 정상적인 전두엽의 기능을 더 잘 이해하게 되었다. 그렇다면 뇌신경물질의 교란으로 인해 발생하는 정신분열증 환자의 잘못된 확신은, 정상인이 갖는 확신이 과연 어디에서 오는지에 대한 단서가 될 수 있지 않을까? 내가 무엇을 안다고 하는 느낌이 실제로도 틀림없이 맞을 거라는, 그 흔들리지 않는 믿음을 창조해내는 뇌의 능력에 대해, 정신분열증 환자의 착각은 우리에게 무엇을 말해주고 있을까? 확신과 신념은 순전히 신중하고 논리적이고 의식적인 선택일까, 아니면 겉보기와는 다른 어떤 무엇일까?

압도적으로 많은 증거들을 볼 때, 답은 놀랍게도 예상과는 정반대다. 그래도 어쩔 수 없다. 이 책의 중심이 되는 혁명적인 전제는 다음과 같다.

당신이 어떻게 느끼든 간에, 확신은 의식적인 선택도 아니고 논리적 사고의 결과물도 아니다. 확신과 우리가 알고 있다고 여기는 유사한 현상들은 마치 사랑이나 분노처럼, 이성과 무관한 무의식적인 뇌의 작용으로부터 일어난다.

이 책의 전반부에서는 우리가 '뭘 아는지를 안다'는 것이 심사숙고의 결과라는 신화를 깰 것이다. 그러기 위해 나는 뇌가 어떻게 '앎knowing'이라는 불수의적인(의지로 조절되지 않는) 감각을 만들어내는지, 그리고 수많은 유전적 요인에서부터 신체 감각의 착각에 이르기까지 주변 모든 것들이 이 안다는 느낌의 형성에 어떤 영향을 미치는지를 보여줄 것이다. 그것들을 보고 나면 이 **안다는 느낌**feeling of knowing이 결코 이성에서 나온 것이 아니며, 헤어날 수 없는 수많은 딜레마의 중심에 바로 이 '안다'는 느낌이 자리하고 있다는 사실을 깨닫게 될 것이다.

나는 소설가의 감수성을 지닌 신경과 의사다. 이 책은 가능한한 정확하게 쓰려고 노력했지만, 논쟁의 여지가 있거나 솔직하게 동의할 수 없는 부분들도 많을 것이다. 나의 목표는 모든 논지를 모든 비판으로부터 변호하는 것이 아니다. 우리가 뭘 아는지를 인지하는 메커니즘의 본질과 한계에 관한 논의를 일으키는 것이다. 책이 전문 용어들 때문에 지나치게 난해해지지 않도록, 전문적인 세부 사항이나 장황한 설명, 지극히 개인적인 여담, 그리고 참고 문헌 등은 책 뒤에 싣기로 했다.

바탕에 깔려 있는 의제도 고백해야겠다. 다른 의견은 처음부터 고려 대상에서 제외시키고 자기 의견만 절대적으로 확신하는 태도는 내겐 언제나 근본적으로 옳지 않은 것으로 여겨졌다. 하지만 그런 태도가 틀렸다는 비난도 자연과학이 뒷받침되지 않는다면 무의미하다. 그래서 나는 확신에 대한 우리의 믿음에 도전하기 위한 과학적 증거를 마련하는 데 착수했다.

그런데 여기에는 피할 수 없는 부작용이 있다. 과학적 증거는 과학적 탐구의 한계를 보여주기도 할 것이라는 점이다. 나는 과학적 사고를 포함한 '생각'의 생물학적인 한계를 지적하겠지만, 모든 관념은 동등하다거나 과학적 방법은 순전히 착각이라고 주장하지는 않겠다. 나는 무조건적인 믿음의 결정체인 신앙을 창조론이나 외계인 납치, 특정 인종의 우월성 등을 위한 증거로 둔갑시키려는 맹신도 군단에게 탄약을 제공하고 싶지 않다. 나의 목적은 과학의 기반을 무너뜨리는 것이 아니라, 단지 과학이 하는 질문과 그 해답들이 가진 한계를 지적하는 것이다.

목표는 확신이라는 불수의적 감각의 신경학적 근원을 노출시킴으로써 확신의 힘을 벗겨내는 것이다. 과학이 우리를 부끄럽게 하여 우리가 가진 신념의 본성에 의문을 갖도록 할 수 있다면, 우리는 서로 다른 관념들, 종교나 과학의 상호 모순적인 관점을 비롯하여 저녁 식탁에서 벌어지는 논쟁에 이르기까지 기꺼이 관용을 발휘할 수 있게 될지도 모른다.

개인적으로 덧붙이자면, 내가 이제부터 제시하려는 도식 덕분에 나는 예기치 않게도, 일상적인 문제들을 새로운 관점으로 바라볼 수 있게 되었다. 나는 각각의 쟁점에 대해, 그리고 그 쟁점들이 신경생물학과 어떤 연관이 있는지에 대해 생각하는 것이 아니라, 우리가 어떻게 아는지, 심지어 어떻게 질문하는지가 그날의 뉴스, 아내와의 대화, 철학적 물음에 대한 대답에 이르기까지 모든 것에 대한 나의 느낌과 반응을 형성해왔다는 관념 자체에 대해 생각한다. 나의 한계를 인정하는 마음이 내면에서 조용히 태어나는 느낌은 굉장한 것이었다. 이 느낌을 당신과 공유하고 싶다.

안다는
느낌

미국이 이라크를 공격한 첫 주의 어느 날, 나는 동네 사람은 의무적으로 참석해야 하는 칵테일파티에 붙들려 있었다. 가는 세로줄 무늬 양복을 빼입은 중년의 변호사가 단언했다. 자기는 미군이 바그다드에 도착할 때 정말 최전선에 있고 싶다고. "이건 완전 택배전투라니까." 우쭐해서 가슴을 부풀리며 그가 말했다. 그는 자신이 이라크 병사를 쏠 수 있을 거라고 장담했다. 학교 운동장에서 엎치락뒤치락한 것 외에 더 큰 싸움에는 끼어본 적도 없으면서.

"글쎄요." 내가 말했다. "난 강제로 끌려나와 싸우고 있는 젊은 애들을 쏘지는 못할 것 같은데요."

"전 아닙니다. 우리는 먹느냐 먹히느냐 하는 상황이라고요."

그가 얼굴을 찌푸리고 있는 아내를 향해 고개를 끄덕였다. 침공 반대자인 그녀에게 "사랑과 전쟁에서는 모든 것이 정당해"라고 말한 그는 다시 나를 향했다. "당신도 약해빠진 평화운동가인 건 아니죠, 그렇죠?"

"누군가를 죽인다는 게 괴롭지 않겠어요?"

"눈곱만큼도요."

"정말로요?"

"그렇고말고요."

그도 이웃이므로 나는 빠져나올 수 없었다. 그래서 나는 그에게 우리 아버지가 즐겨하시는 자조적인 이야기 가운데 하나를 들려주었다.

1930년대와 40년대에 아버지는 샌프란시스코의 무법자 동네 한 곳에서 약국을 하셨다. 아버지는 금전등록기 뒤쪽 아래에 작은 권총을 숨겨두고 계셨다. 어느 날 밤, 한 남자가 접근해서 칼을 뽑아들고, 등록기 안에 있는 돈을 몽땅 내놓으라고 했다. 아버지는 카운터 아래로 손을 뻗어 권총을 그러쥐고 강도를 겨누셨다.

"내려놔." 강도는 그렇게 말하며 아버지의 목에 칼을 겨누었다. "너는 날 쏠 생각이 없지만, 난 마음만 먹으면 널 죽일 수 있어."

잠깐 동안 할리우드 영화의 대치 장면이 연출되었다. 그런 다음 아버지는 총을 내려놓고, 등록기를 비워서 돈을 건네셨다.

"하시려는 얘기가 뭡니까?" 변호사가 물었다. "부친께서는 그놈을 쐈어야 했어요."

"그냥 분명한 건." 내가 말했다. "그 순간이 되어보기 전까지는 내가 뭘 하게 될지 언제나 알고 있는 건 아니라는 거죠."

"물론 당신은 그렇겠죠. 하지만 저는 확실히, 저를 위협하는 놈은 누구든 가리지 않고 쏠 거예요."

"전혀 주저 없이요?"

"전혀요. 저는 자신을 알아요. 제가 뭘 할지는 제가 안다고요. 더 이상 왈가왈부할 것도 없어요."

내 마음은 답하기 곤란한 질문들로 동요한다. '나는 나 자신을, 그리고 내가 뭘 할지를 안다'는 것은 어떤 종류의 지식일까? 깊은 자기반성을 바탕으로 한 의식적인 결정일까, 아니면 '육감'일까? 그렇다면 육감이란 무엇일까? 무의식적인 결정? 기분 또는 감정? 잘 정의되지 않지만 분명하게 인식할 수 있는 정신 상태? 아니면 이 모든 것들을 합친 상태? 우리가 뭘 아는지를 우리가 어떻게 인식하게 되는지 이해하려면, 먼저 몇 가지 기본 원리가 필요하다. 지식이라는 감각을 만들어내는 정신 상태들의 일반적인 명칭과 분류도 그 원리에 포함된다.

편의상 나는 거의 동류에 속하는 확신certainty, 옳음rightness, 신념conviction, 맞음correctness의 느낌들을 한 덩어리로 모아 '**안다는 느낌**feeling of knowing'이라는 용어로 부르기로 했다. 이 느낌들이 별개의 감각들인지 아니면 정도의 차이가 있을 뿐 공통적인 느낌인지는 중요하지 않다. 그것들이 실제로 공유하는 것은 공통의 질감이다. 저마다 상위지식metaknowledge(지식에 관한 지식)의 한 형태로서 우리 사고에 질감과 색감을 부여하면서, 거기에 옳고 그름의 감각을 불어넣고 있는 것이다. 나는 현상학(이 감각들이 어떻게 느껴지는가)에 초점을 맞출 때 **안다는 느낌**이라는 용어를 사용하기로 했다. 그러나 바탕의 과학에 관해 이야기할 때는 **앎**knowing을 사용할 것이다. 나중에는 이 범주를 확대하여 친숙함familiarity과 실제realness의 느낌(맞다는 감을 키워주는 질감들)을 포함시킬 것이다.

가장 흔히 인식되는 **안다는 느낌**은 누구에게나 친숙하다. 간혹 질문을 받았을 때 당신은 당장 떠오르지는 않지만 답을 알고 있음을 강하게 느낀다. 말로는 표현하기 어렵지만 쉽게 인식할 수 있는 이 느낌을 혀끝에 '맴도는 감각tip-of-the-tongue sensation'이라 한다. 잊어버린 이름이나 전화번호를 찾아 머릿속의 서류철을 뒤지면서 흔히 하는 말이 있다. "알긴 아는데, 생각이 안 난단말이야." 이 예에서 당신은 이 안다는 느낌이 무엇을 가리키는지도 모르면서, 무언가 알고 있음을 자각한다.

어려운 수학 문제로 쩔쩔매본 사람이라면, 불가해한 방정식이 갑자기 **이해되는** 통쾌한 순간이 어떤 것인지 알 것이다. 이 순간 우리는 '빛을 본다'. 이 소위 '**아하**' 경험은 우리 마음의 밑바닥에서 오는 통보이다. 문제의 핵심을 파악했으니 안심하라는 불수의적인 공습 해제 경보다. 우리는 그냥 그 문제를 풀 수 있는 것이 아니라, 동시에 그것을 우리가 이해한다는 것을 '안다'.

　안다는 느낌 대부분은 감정적인 것과는 거리가 멀다. 우리는 보통 그 느낌들을 사랑이나 행복과 같은 자연발생적 감정이나 기분으로 느끼지 않는다. 오히려 그것은 사고(일련의 추론을 구성하는 요소들)처럼 느껴진다. 우리는 2＋2의 계산법을 배운다. 선생님은 우리에게 4가 맞는 답이라고 말씀하신다. '그래', 우리는 우리 마음이 말하는 소리를 듣는다. 우리 안의 무언가가 우리에게 말한다. 우리의 답이 맞음을 우리가 '안다'고. 이 가장 단순한 수준에서, 우리의 이해에는 두 가지 구성 요소가 있다. 2＋2＝4라는 지식, 그리고 이 이해에 대한 평가가 그것이다. 우리는 2＋2＝4라는 우리의 이해 자체가 맞음을 안다.

　안다는 느낌은 그것이 없음으로 해서 인식되기도 한다. 우리 대부분은 다들 컴퓨터를 조작할 수는 있는데 컴퓨터가 실제로 어떤 원리로 작동하는지에 대해서는 아무런 '감'도 없다는 좌절감에 더할 나위 없이 익숙하다. 아니면 배운 것이 옳다는 '느낌'이 전혀 없는데도 물리학을 배우고 있다는 좌절감은 어떠한가. 나는 끊어진

전선을 이을 수는 있지만, 정작 전기의 본질을 생각하면 곤혹스럽다. 자석으로 클립을 집어 올릴 수는 있지만 자성이라는 것이 '이거다'라는 감은 눈곱만큼도 없다.

더 깊은 수준에서, 우리들 대부분은 확고하게 옳다고 여기고 있던 개인적 믿음에서 그것이 옳고, 맞고, 의미 있다는 본능적인 감이 갑자기 떨어져 나갔을 때 오는 그 메스꺼운 '신념의 위기'에 괴로워한 적이 있을 것이다. 우리가 가장 존중하던 믿음이 갑자기 '옳게 느껴지지' 않는다. 유사하게, 우리들 대부분은 가까운 친구나 친척이 예기치 않게 죽었다는 소식에 충격을 받은 적이 있고, 그럼에도 우리는 그가 여전히 살아 있는 것처럼 '느낀다'. 동요를 일으키는 그런 소식이 '가라앉는' 데에는 대개 시간이 약이다. 죽음에 관한 소식을 들을 때 느껴지는 이 불신은 지적인 지식과 느껴지는 지식이 때때로 완전히 별개의 것이라는 사실을 보여준다.

안다는 느낌에 관한 논의를 시작하기 위해, 다음의 예문을 찬찬히 읽으라. 대충 읽거나, 도중에 그만두거나, 바로 다음 단락으로 건너뛰지 마라. 일단 다음 단락을 읽어버리면 이 경험은 두 번 다시 반복할 수 없으므로, 잠깐만 멈추어 이 예문에 대한 느낌이 어떤지 자신에게 물어보라. 설명하는 글을 읽은 뒤, 예문을 다시 읽으라. 그렇게 하면서, 부디 당신의 정신 상태와 그 단락에 대한 느낌에서 일어나는 움직임에 면밀히 주의를 기울이기 바란다.

신문이 잡지보다 낫다. 해변이 거리보다 나은 장소다. 처음에는 걷기보다 뛰기가 낫다. 아마 여러 번 시도해야 할 것이다. 어떤 기술이 필요하지만, 배우기 쉽다. 어린 아이들도 즐길 수 있다. 일단 성공하면, 말썽은 거의 없다. 새들이 지나치게 접근하는 일은 별로 없다. 그러나 비는 매우 빠르게 스며든다. 너무 많은 사람들이 똑같은 것을 해도 문제를 일으킬 수 있다. 한 사람에게 많은 공간이 필요하다. 말썽이 없다면, 매우 평화로울 수 있다. 돌멩이가 닻이 되어줄 것이다. 그러나 그것이 거기서 떨어져 나가면, 다시는 기회를 얻지 못할 것이다.

이 단락이 이해가 가는가 아니면 말도 안 되는가? 당신의 마음이 가능성 있는 설명들을 찬찬히 가려내는 것을 느껴보라. 이제 단 한 단어를 제시했을 때 어떤 일이 일어나는지 지켜보라.

연kite. 예문을 다시 읽어보라. 뭔가 개운치 않았던 이전의 불편함이 옳다는 쾌감으로 변해가는 것을 느껴보라. 모든 것이 들어맞는다. 모든 문장이 제구실을 하고 의미가 있다. 예문을 한 번 더 다시 읽으라. 이해할 수 없다는 느낌을 다시 얻는 것은 이제 불가능하다. 한순간에, 마땅한 의식적 숙고 없이, 그 단락에는 돌이킬 수 없이 **안다는 느낌**이 주입되었다.

위 예문에 대한 다른 해석을 상상해보라. 내가 당신에게 이것은 3학년 학급에서 합작으로 지은 시라고, 또는 행운의 과자에 들어 있는 글귀들을 이어놓은 콜라주라고 말해준다고 가정하라. 당신의 마음은 진도가 나가지 않는다. 이 **안다는 느낌의** 존재가 다른 대안을 고려하려는 시도 자체를 물리적으로 차단한 것이다.

우리들은 아마도 각자 단락을 다소 다르게 읽겠지만, 어떤 공통적인 특징이 있는 것 같다. **연**이라는 단어를 본 뒤, 우리는 재빨리 앞으로 돌아가 예문을 다시 읽으면서, 문장들을 이 새로운 정보와 대조한다. 어느 지점에선가 우리는 맞다는 신념을 얻는다. 하지만 언제, 그리고 어떻게 말인가?

연에 관한 단락은 우리가 무언가를 어떻게 '아는가'를 이해하는 데 중심이 되는 몇 가지 의문들을 일으킨다. 이어지는 장들에서 각각의 의문에 관해 훨씬 더 길게 논의하겠지만, 여기서 먼저 슬쩍 살펴보자.

- **연**이 그 예문에 맞는 답이라는 것을 당신이 의식적으로 '결정'했는가, 아니면 이 결정이 불수의적으로 의식적 자각 밖에서 일어났는가?
- 어떤 뇌 기제(들)가 모름에서 **앎**으로의 이동을 일으켰는가?
- 이 이동은 언제 일어났는가? (연이 맞음을 안 것은 예문을 다시 읽기 전이었나, 읽는 도중이었나, 아니면 읽은 뒤였나?)
- 예문을 다시 읽은 뒤에도, 당신은 **연**이 맞는 답이라는 **안다는 느낌**을 추론에 의한 이해와 의식적으로 구분할 수 있는가?
- 당신은 **연**이 맞는 답이라고 확신하는가? 만일 그렇다면, 그것을 어떻게 아는가?

ON BEING CERTAIN

우리가 뭘 아는지를
우리는 어떻게 아는가?

　수학과 물리학의 '진도가 안 나갈 때' 부모님과 선생님들이 하는 가장 흔한 충고는 더 열심히 공부하고 문제에 관해 더 깊이 생각하라는 것이다. 그들의 가정은, 더 많이 노력하면 무미건조한 지식과 이해 사이의 틈새가 이어지리라는 것이다. 이 가정이 없다면, 우리는 무언가를 첫눈에 이해하지 못할 때마다 번번이 이해를 포기해야만 할 것이다. 하지만 예전에 만족스럽던 인생의 목적과 의미의 느낌들이 더 이상 '옳게 느껴지지' 않을 때가 있다. '그게 다 무슨 소용인가' 하는 순간들에 대해, 역사와 경험은 우리에게 다르게 가르쳐왔다. 논리와 이성이 '설득력이 있는convincing' 경우는 드물다(여기서 '설득력이 있는'은 사라져버린 이 '인생의 목적이 무엇인지를 **안다는 느낌을** 부활시키는'과 동의어다). 대신 우리는 금욕주의자, 신비주의자, 영적 구도자들의 이미지들을 불러낸다. 거친 고행자의 옷을 걸치고, 성 제롬처럼 걸어서 사막을 건너고, 동굴 속이나 나무 아래 가부좌를 틀거나, 수도원에서 고립과 침묵을 추구해온 사람들을 말이다. 동양의 종교는 잃어버린 의미감sense of meaning에 관해 적극적으로 생각하기보다는 '마음의 고요'를 강조한다.

그래서 어떤 것이 답일까? **안다는 느낌**의 부재를 치료하는 처방은 의식적인 노력과 생각을 더 열심히 하는 것일까, 아니면 덜 하는 것일까? 아니면 이 일상적인 가르침들은 모두 기본적인 신경생물학과 조화를 이루지 못하는 것일까? **맹시**blindsight라는 기묘한 현상을 생각해보자. 맹시는 아마도 지식이 존재하긴 하는데 **안다는 느낌**이 없는 경우를 보여주는 가장 적절한 연구일 것이다.

눈에서 멀다고 마음에서 먼 것은 아니다

뇌졸중으로 뇌의 후두피질occipital cortex, 즉 1차 시각 정보를 받아들이는 부위만 선택적으로 망가진 환자가 있다. 그의 망막은 여전히 들어오는 정보를 뇌로 보내지만, 제대로 작동하지 않는 시각피질이 망막에서 보낸 정보를 등록시키지 않았다. 그 결과 환자는 의식적으로는 아무것도 보지 못했다. 이제 그의 시야를 사분면으로 나누고 빛을 비췄다. 환자는 아무것도 보이지 않는다고 말하지만, 그럼에도 불구하고 빛의 위치를 사분면에 상당히 정확하게 대응시켰다. 그 환자는 자신이 단지 추측을 하고 있다고 느끼며, 자신의 추측이 우연에 의한 것보다 조금이라도 낫다는 것을 알지 못했다.

이런 일이 어떻게 가능할까?

먼저, '보이지 않는' 빛의 경로를 추적해보자. 망막에서 출발하는 일부 시각 신경 섬유들은 후두엽occipital lobe에 있는 1차 시각피질로 곧장 진행한다. 하지만 다른 섬유들은 의식적인 '보기'를 맡고 있는 영역을 우회하여 대신에 피질 아래 뇌간brainstem 위에 있는 영역으로 투사된다. 그런데 이 영역은 시각적 상을 만들지 않는다. 이 아래쪽 뇌 영역들은 주로 싸우거나 달아나기와 같은 자율적인 반사 기능들에 관여한다. 빠르게 접근하거나 불쑥 드러나는 물체를 보면 몸은 눈이 위협을 살필 수 있는 위치로 고개를 돌린다. 즉각적인 반사적 행위에는 더 많은 시간이 소모되는 의식적 지각과 숙고에 비해 분명한 진화적 이점이 있다. 가장 넓은 의미에서, 이 피질 아래 영역들은 시각적 상을 자각하지 않고도 위협을 '본다'고 말할 수 있을 것이다.

맹시는 환자의 피질이 장님이 됨으로써 나타나는 원시적이고 무의식적인 시각적 위치 확인 및 반응 체계이다. 빛의 위치에 대한 환자의 '의식되지 않는 앎'은 **안다는 느낌**을 촉발하지 않는다. 이

26

의식되지 않은 얇은 느낌을 발생시키는 더 고차원적인 피질 영역에 도달할 수 없기 때문이다. 그 결과, 환자는 자신이 빛을 본 적이 없다고 맹세하지만, 그럼에도 그는 분명 잠재의식에서 빛의 위치를 알고 있다. 섬광이 비치는 적절한 사분면을 선택할 때, 그에게는 그것이 맞는 답이라는 느낌이 전혀 없다. **그는 자신이 뭘 아는지를 모른다.**[1]

우리는 맹시의 예에서, 지식과 이 지식을 알고 있다는 느낌이 분리되는 것을 뇌 회로의 근본적인 결함과 연관이 있는 것으로 본다. 이 망가진 연결은 의식적으로 노력하거나 마음을 조용히 가라앉힌다고 해서 회복되지 않는다. 문제가 우리의 통제권 안에 들어 있지 않은 것이다.

임상적으로 증상이 뚜렷한 맹시는 대개 후두피질에 대한 혈액 공급을 방해하는 뇌졸중에 의해 일어나는 드문 현상이지만, 안다는 느낌의 그릇된 표현은 날마다 일어난다. 우리 자신의 기억에서 시작하자.

챌린저호 연구

존 F. 케네디가 암살되었을 때, 챌린저호가 폭발했을 때, 또는 세계무역센터가 무너졌을 때 당신은 어디에 있었는지 기억해보라. 그리고 그 기억을 어떻게 확신하는지 스스로에게 물어보라. 그

뉴스를 들었을 때 어디에 있었는지 정말로 확실하다고 믿는다면, 다음 몇 장에서 챌린저호 연구에 관해 읽는 동안 그 느낌을 마음속에 간직하라. 당신이 어디에 있었는지 기억나지 않는다면, 기억나지 않는다는 것을 당신이 어떻게 아는지 스스로에게 물어보라(이 질문을 할 때 맹시의 예를 유념하라). 어떤 식으로든, 그 느낌과 이 기억에 대한 확신의 정도를 이해하려고 애써보라.

최근에 있었던 의대 동창회 저녁 식사에서, 같은 반이었던 친구 몇 명이 케네디가 암살되던 때 자신들이 어디에 있었는지를 회상하고 있었다. 우리는 당시에 의대 2학년생이었고, 이는 우리 모두가 같은 수업을 듣고 있었음을 의미했다. 한 친구가 어딘가에 있었다면, 우리는 아마도 다 같이 거기에 있었을 것이다. 하지만 그 회상은 놀랍도록 달랐다. 식사 뒤에 그 논의는 점점 더 과열되어, 마치 각 급우들의 정신이 재판을 받고 있는 것 같았다. 비뇨기과 친구는 우리가 점심을 먹고 있었다고 생각했고, 내과 친구는 우리가 실험실에 있었다고 말했다. 병리학과 친구는 우리가 대학로 술집에 있었다고 기억했다. "그럴 리가 없어." 비뇨기과 친구가 말했다. "암살이 일어난 것은 댈러스 시간으로 정오였다고. 넌 수업이 끝나기 전에는 술집에 가지 않았잖아."

나는 소리 내어 웃다가 챌린저호 연구를 간단히 설명했다.[2]

우주왕복선 챌린저호가 폭발한 뒤 하루가 지나기 전에, '섬광

flashbulb 기억(매우 극적인 사건의 회상)'을 연구하고 있던 심리학자 울릭 나이서Ulric Neisser가 106명의 자기 반 학생들에게 그 폭발에 관해 어떻게 들었는지, 자신이 어디에 있었는지, 무엇을 하고 있었는지, 어떻게 느꼈는지를 정확하게 적어내라고 시켰다. 나이서는 2년 반 뒤 그들을 다시 면담했다. 그들 가운데 25퍼센트의 학생들의 설명은 원래 그들이 일지에 기입한 것과 깜짝 놀랄 만큼 달랐다. 반 이상의 사람들은 그나마 실수를 덜 했고, 10퍼센트 미만의 사람들만이 모든 세부 사항을 정확하게 기억했다(자신이 쓴 원래 일지를 보기 전에는, 대부분의 학생들이 자신의 기억이 맞을 거라고 추정했다).

우리들 대부분은 시간이 가면서 기억이 변한다는 사실을 마지못해 인정한다. 어릴 때 우리는 지나간 추억들을 매년 모닥불가에서 다시 말할 때마다 어떤 이야기가 어떻게 변하는지를 보았다. 가족 모임에서, 한때 함께 겪어 익히 알던 사건들이, 그에 관한 이야기라는 것을 알아들을 수도 없을뿐더러 종종 모순되기까지 하는 묘사로 변형되는 것을 우리는 지겨울 만큼 들어왔다. 따라서 2~3년 뒤의 회상과 일지의 기록이 다른 것은 놀랄 일이 아니다. 챌린저호 연구에서 나를 놀라게 한 것은 자신의 모순되는 설명을 대면한 학생들의 대답이었다. 많은 학생들이 자신의 손으로 쓴 일지를 마주하고도, 자신의 틀린 회상이 맞다는 높은 수준의 자신감을 표현했다. 두 손 두 발 다 들게 한 것은 한 학생의 말이었다. "그건 제

글씨네요, 하지만 일어난 일은 달라요."

그 학생들은 어째서 사건 직후의 기억이 몇 년 뒤 끄집어낸 기억 보다 더 정확하다는 것을 고려하려고 하지 않을까? 자존심, 고집, 혹은 실수를 인정한다는 두려움? 챌린저호 폭발의 세부 사항을 기 억하지 못하는 것이 그토록 압도적으로 강력한 반대 증거를 거부 해야 할 만큼 엄청난 개인적 실패를 의미하는 것은 아니다. 반대로 자신이 논리적이고 이성적이라는 자부심이 있다면, 학생들은 시 간이 가면 변할 수 있다고 스스로도 인정하는 기억력 대신 변치 않 는 자신의 필체를 선택하는 쪽으로 방향을 틀지 않을까?

열이 오른 비뇨기과 친구는 나를 가로막으며, 병리학과 친구에 게 그가 틀렸다는 것을 시인하라고 우겼다. 병리학과 친구는 부인 했고, 나를 돌아보더니 이렇게 말했다. "네가 말해봐, 버튼. 너 나 랑 같이 그 술집에 있었잖아."

"무슨 소리야. 난 그냥 기억이 없어."

"그건 불가능해." 팽팽하게 맞선 두 의사가 동시에 말했다. "케 네디 암살을 기억하지 못하는 사람이 어디 있어?"

나는 어깨를 으쓱하고, 내 급우들이 지닌 신념의 맹렬함에 조용 히 경이의 눈길을 보냈다. 심지어 챌린저호 연구 이야기를 듣고도 설득된 친구는 하나도 없었다. 친구들은 마치 바로 그 연구가 그 들의 기억을 묻고 있는 상황을 재현해내는 데 여념이 없는 것 같았다. 모두 자신이 옳다고 느꼈고, 케네디가 암살되었을 때 자신이 어디에 있었고, 무엇을 하고 있었는지를 맹세코 안다고 느꼈다.

인지 부조화

1957년, 스탠포드 대학교의 사회심리학 교수인 레온 페스팅거 Leon Festinger는 사람들이 '내가 하고 있는 행동이 내가 아는 내용과 일치하지 않거나, 내 의견이 나의 다른 의견들과 일치하지 않음을 발견하는' 괴로운 정신 상태를 묘사하기 위해 **인지 부조화** cognitive dissonance라는 용어를 도입했다.[3] 일련의 기발한 실험에서, 페스팅거는 사람들이 그 조화되지 않는 믿음이나 의견을 단념하기보다는 개인적 태도를 바꾸어서 그러한 긴장을 최소화하거나 해소하는 경우가 더 흔하다는 것을 보여주었다.

예를 들어, 페스팅거와 그의 동료들은 지구가 홍수로 파괴될 것이라고 믿는 어떤 종파를 묘사했다. 홍수가 일어나지 않자, 그 종파에 덜 심취한 신도들은 자신이 틀렸다는 것을 인정하는 쪽으로 기울었다. 하지만 그 종파를 위해 일하려고 가정과 직장을 포기하며 더 많은 것을 바쳤던 신도들은 십중팔구 증거를 재해석하고, 그동안 내내 자신들이 옳았지만 자신들의 신앙심 때문에 지구가 파괴되지 않은 것임을 보여주려 하였다.[4]

페스팅거의 중대한 관찰 사항은 우리가 어떤 믿음에 더 많이 헌

신할수록, 설사 압도적으로 강력한 반대 증거를 대면한다 해도 그 믿음을 단념하기가 더 힘들다는 것이다. 우리는 판단의 실수를 인정하고 그 의견을 버리는 대신, 그 의견을 정당화하고 유지시킬 새로운 태도나 믿음을 개발하는 경향이 있다. 이처럼 우리가 모순되는 가치를 받아들이는 방식을 연구하기 위한 모형을 제공함으로써, 인지 부조화 이론은 사회심리학에서 가장 영향력 있는 이론 가운데 하나가 되었다.

그렇지만 이 이론은 불합리한 의견을 단념하기가, 특히 겉보기에 그럴듯한 반대 증거에도 불구하고 왜 그토록 어려운지 설득력 있게 답하지 못한다. 사이비 종교인이나 기타 '정신 나간' 사람들의 그러한 행동을 무시하기는 쉽지만, 우리들 가운데 자신이 별로 괴짜가 아니라고 전제하는 사람들, 자신이 분별 있고 합리적이라고 자부하는 사람들은 어떨까?

우리는 챌린저호 연구를 그저 흔치 않은 기이한 일이라고 생각할 수도 있다. 하지만 옳지 않다는 것을 알면서도 그것이 옳다고 느껴져서 잘못된 믿음을 의식적으로 선택하는 사례를 찾기란 어렵지 않다. 첫 번째 예는 열세번 째 장 「신앙」에서 과학과 종교의 대립에서 빼놓을 수 없는 생물학적 요소에 관해 논의하기 위한 전주곡으로서 선택했다. 위약 효과의 인지 부조화를 부각시키는 두 번째 예는 부당한 앎의 느낌에도 적응적 이익이 있을 수 있다는 발상을 소개한다.

창조론을 심사숙고하는 지질학자

시카고 대학교에서 지구물리학 석사를 마치고, 하버드 대학교에서 지질학 박사 학위를 딴 다음, 하버드의 스티븐 제이 굴드Steven Jay Gould 밑에서 연구했으며, 테네시 주 데이턴에 있는 브라이언 칼리지에서 교수직을 맡고 있던 커트 와이즈Kurt Wise는 과학과 종교 사이에서 개인적으로 겪은 갈등을 이렇게 적는다.[5]

나는 진화론과 성서 사이에서 결정을 내려야 했다. 성서가 사실이고 진화론이 틀렸을까, 아니면 진화론이 사실이라서 내가 성경을 던져버려야 하나……. 내가 하나님의 말씀을 받아들이고, 진화론을 포함해 하나님의 말씀에 맞서게 될 모든 것을 물리친 것은 그때 그 밤이었다. 그리하여 크나큰 슬픔 속에서, 나는 과학 안에서 내가 품었던 모든 꿈과 희망을 불 속에 던져넣었다……. **우주 안의 모든 증거가 창조론을 부정한다면, 나는 누구보다도 먼저 그것을 인정하겠지만, 나는 여전히 창조론자일 것이다. 그렇게 하는 것이 바로 하나님의 말씀이 지시하는 바이기 때문이다.**

위약 효과를 멀쩡하게 대면하는 환자

무릎 골관절염을 앓는 180명의 사람들을 연구하던 의학박사 브

루스 모즐리Bruce Moseley 이하 휴스턴 외과의 팀은 '가짜' 관절경 수술을 받은 환자들이 실제로 수술 절차를 거친 환자들과 같은 만큼 통증이 경감되고 운동 능력이 향상되었음을 발견했다.[6]

제2차 세계대전에 참전했던 76세의 퇴역 군인 A씨는 X선 촬영 결과 퇴행성 골관절염으로 무릎을 못 쓸 정도의 통증에 시달린 지 5년이 되었다. A씨는 위약 집단에 배정되어 가짜 수술을 받았다. 가짜 수술에서는 전신 마취를 하고 무릎 위의 피부를 피상적으로 절개했지만, 실제로는 외과적 치료를 실시하지 않았다. 절차를 거친 뒤 의료진은 A씨에게 그 수술은 가짜였음을 알려주고, 실험 절차를 상세히 설명했다. 그럼에도 불구하고, 그의 증세는 극적으로 호전되었다. 몇 년 만에 처음으로 지팡이 없이 걸을 수 있을 정도였다. 질문에 대답할 때 그는 가짜 수술이 무슨 뜻인지도 완전히 이해하고 있었고, 동시에 자신의 무릎이 고쳐졌다고 완전히 믿고 있기도 했다.

"수술은 2년 전에 있었는데, 그 무릎은 그 이후로 한 번도 나를 괴롭힌 적이 없다네. 이제는 다른 쪽 무릎과 똑같아. 나는 모즐리 박사를 전적으로 믿는다네. 나는 텔레비전에서 그 양반을 볼 때마다 아내를 불러서 말하지, '이봐, 내 무릎을 고쳐준 의사가 나왔어!' 하고 말이야."[7]

창조론을 믿는 지질학자는 자신의 불합리함에 진력을 내지만, 그럼에도 자신에게는 선택의 여지가 없다고 선언한다. 어떤 환자는 자신이 치료를 위한 수술을 받은 적이 없음을 '안다'면서도, 의사가 무릎을 고쳤다고 주장한다. 만일 우리가 특정한 뇌 손상의 결과로 이성에 유사한 곤란이 생긴 환자를 발견할 수 있다면? 뇌의 기능장애로 유사한 논리적 결함이 생길 수 있다면, 그것은 인지 부조화의 생물학적 토대에 관해 우리에게 무엇을 알려줄까?

코타르 증후군

29세의 대학원생으로 급성 바이러스성 뇌염으로 입원한 B양이 불평했다. "아무것도 실제적으로 느껴지지 않아요. 전 죽었어요." 환자는 어떤 의학적 치료도 거부했다. "죽은 사람을 치료하는 것은 아무 소용도 없다고요." 그녀는 항변했다. 의사는 그녀를 이성적으로 깨우치려고 애썼다. 그는 그녀에게 가슴에 손을 얹고 심장이 뛰는 것을 느껴보라고 했다. 그녀는 그렇게 했고, 자신의 심장이 뛰고 있음을 인정했다. 맥박이 있다는 것은 그녀가 죽지 않았음을 의미할 수밖에 없다고 의사는 넌지시 이야기했다. 환자는 그 말에 반대했다. 자신은 죽었으므로, 자신의 심장이 뛰는 것은 살아 있다는 증거가 될 수 없었다. 그녀는 죽었다는 것과 뛰는 심장을 느끼는 것 사이의 논리적인 불일치를 인정하지만, 죽었다는 쪽이 살아 있다는 어떤 반대 증거보다도 더 '실제적'으로 느껴진다고 말했다.

몇 주 뒤, B양은 회복하기 시작했다. 마침내 자신이 죽었다는 것을 더 이상 믿지 않게 된 것이다. 그녀는 회복된 '현실'과 이전의 '망상'을 구분할 수 있었지만, 여전히 죽은 후에도 심장이 뛰는 것을 느끼는 것이 가능한 게 틀림없다고 믿었다. 어쨌거나, 그 일이 자신에게 일어나지 않았던가.

코타르 증후군Cotard's syndrome이라는 병명은 프랑스의 정신과 의사였던 쥘 코타르Jules Cotard에게서 유래한다. 그는 1882년, 자기부정의 망상 증세를 보이는 여러 명의 환자들을 기술했다. 이 자기부정은 신체의 일부가 없어졌거나 썩어버렸다는 믿음에서부터 몸의 존재를 완전히 부인하는 정도까지 광범위했다. 이 증후군의 원인은 다양한 뇌 손상, 뇌졸중, 치매를 비롯한 심한 정신병에 있는 것으로 설명되어 왔다. 이 증후군의 가장 범상치 않은 요소는 자신이 죽었다는 환자의 흔들리지 않는 믿음이다. 그 믿음은 어떠한 논리적 반대 결론도 제압해버린다. 자신의 뛰는 심장이 느껴지는 것도 자신이 죽었다는 더 강력한 실제감을 극복하기에 충분한 증거가 아니다.

급성 뇌 손상과 연관된 기타 망상 증후군에는 친구나 친척이 사기꾼이나 복제인간으로 바뀌치기 되었다거나 아니면 겉모습 또는 정체가 바뀌었다거나, 어떤 무생물이 더 조잡한 복제품으로 대체되었다는 믿음이 포함된다. 이 모든 증후군에 공통되는 임상적 특징은 환자가 스스로 논리적으로 잘못된 줄을 아는 믿음을 흔들지 못한다는 것이다.

한때 미술품 중개인이었던 고상한 C씨는 하룻밤 사이에 작은 뇌졸중으로 입원했다. 다음 날 아침, 그는 상태가 좋아서 퇴원했다. 집으로 돌아간 지 몇 초 만에, 그가 공포에 사로잡혀 내 진료실로 전화를 걸었다. 그는 자신이 가장 아끼는 골동품 책상이 싸구려 가구 회사의 복제품으로 바뀌었다고 확신했다. "얼른 와서 직접 보세요." 그는 진료실 근처에 살았으므로, 나는 점심때 잠깐 들러 보았다. 문제의 책상은 18세기에 이탈리아에서 제작된 거대한 식탁으로, 그의 서재 대부분을 차지하고 있었다. 열두 명쯤은 거뜬히 둘러 앉을 수 있을 정도의 크기였다. 들기만 하려 해도 최소한 장정 대여섯은 필요할 것 같았다. 게다가 책상이 너무나 넓어서 프랑스제 문짝을 떼어내지 않고는 문간을 통과할 수도 없었다. 나는 누군가 몰래 들어와서, 책상을 들어내고, 가짜를 대신 갖다놓는 것이 불가능함을 재빨리 지적했다. C씨는 고개를 저었다. "그래요, 책상이 바뀌었다는 것이 물리적으로 불가능하다는 것은 인정해요. 하지만 바뀌었다니까요. 내 말을 믿어야 해요. 나는 실물을 보면 실물인 줄 아는데, 이 책상은 실물이 아니에요." 그는 나뭇결을 따라 손을 움직이며, 두드러신 몇 개의 벌레 구멍들을 만지작거렸다. "말도 안 돼." 그가 당혹스러운 표정으로 말했다. "내 책상의 구멍까지 그대로 빼다 박았잖아. 하지만 눈곱만큼도 친숙하게 느껴지지가 않아요. 전혀요." 뒤이어 그가 똑똑하게 선언했다. "누군가 바꿔치기한 게 틀림없어요." 그런 다음 그는 인지의 장기판에서

'장군'을 불렀다. "어쨌거나, 내가 뭘 아는지는 내가 알아요."

뇌의 단일 영역이나 단 하나의 결정적 생리 현상으로 국한되지는 않지만, 이 망상적 착오 증후군delusional misidentification syndrome에 공통된 가장 놀라운 특징은 논리와 그에 반대되는 안다는 느낌 사이의 갈등이 결국은 느낌에 유리하게 해결되는 경향이 있다는 것이다. 그러한 환자들은 상식과 압도적인 반대 증거에 도전하는 관념과 믿음을 물리치기보다, 결국 비틀린 논리를 사용하여 **내가 뭘 아는지를 안다**는 더 강력한 감을 정당화하고 만다.[8]

C씨의 말들은 앎에는 친숙한 감이나 '실제'라는 느낌과 같은 정의하기 힘든 추가의 정신 상태도 수반된다는 것을 가리킨다. 아는 단어가 혀끝에서 맴도는 느낌(설단 현상)이나 어디선가 본 듯한 느낌(기시감)처럼, 친숙하다는 감은 어떤 사전의 경험이나 지식의 존재를 암시한다. 선다형 시험 문제를 풀다가 막히면, 우리는 가장 친숙하게 느껴지는 답을 고르는 경향이 있다. 아무 근거도 없지만, 우리는 그런 답들이 알아볼 수 없거나 친숙하지 않은 답보다 정답일 가능성이 높다고 가정한다. "실물을 보면 실물인 줄 안다"는 C씨의 말은 '실제'감이 우리를 어떤 것이 맞다는 생각에 대한 믿음을 향해 편향시키기도 한다는 것을 나타내준다. 망상적 착오 증후군 환자들은 종종 '맞다correct'라는 단어를 '실제다real'라는 단어와 구분 없이 사용한다.

C씨의 경우는 뇌졸중이 친숙함과 '실제'라는 느낌을 적절하게

경험하는 능력을 손상시킨 것 같다. 책상의 모습도 느낌도 이 느낌들을 촉발하지 않자, 그는 이 책상이 원래의 것이 아닐 수 있다고 결론 내릴 수밖에 없었다. 그러한 망상은 엄밀한 증거(탁자가 옮기기에는 너무 크다는)와 자신의 책상을 살펴볼 때 아무런 친숙함도 실제라는 느낌도 없는 것 사이의 인지 부조화를 해결하려는 시도로 볼 수 있을 것이다.

다음 장 「신념은 선택 사항이 아니다」에서 우리는 친숙함, 실제감, 신념, 진실감, 기시감, 설단 현상이라는 정신 상태들의 생리학이 **안다는 느낌**의 생리학과 유사함을 보게 될 것이다. 이 느낌들의 공통점에는 뇌의 변연계limbic system를 전기로 자극해서 직접 촉발시킬 수 있는 점도 포함된다.

맞는지도 모르지만, 안 맞는다

일전에 시내 주차장에서, 나는 차를 주차 도우미에게 맡겼다. 돌아와 차를 몰고 떠나려 했지만, 무언가 잘못되었음을 느꼈다. 나는 도우미의 시선을 의심스러워하며, 내가 수고비를 너무 많이 준 것은 아닐까 생각했다. 유량계를 점검하고, 열린 문이 없는지 살폈다. 다음 순간, 나는 그 도우미가 좌석을 조정했다는 것을 깨달았다. 그것은 보잘것없는 차이였다. 좌석은 평소보다 기껏해야 1.5 센티미터 정도 높았을 뿐이다. 내 엉덩이는 즉시 알았는데, 내가 그것을 알기까지는 상당히 오랜 시간이 걸렸다.

나는 루트비히 비트겐슈타인Ludwig Wittgenstein이 한 것으로 추측되는 어떤 이야기를 떠올렸다.

한 남자가 양복점으로 걸어 들어갔다. 정문에 걸린 간판에는 '고객 만족 보장'이라고 씌어 있었다. 남자는 양복을 맞추면서, 옷이 지금 입고 있는 양복처럼 꼭 맞게 해달라고 주문했다. 재단사는 정성 들여 모든 세세한 치수를 재어 그것을 공책에 기록했다. 일주일 뒤 고객이 새 양복을 입어보러 왔다.

"안 맞잖아요……." 고객은 곤혹스럽게 말했다.

"그럴 리가 없습니다." 재단사는 말했다. "여기, 제가 보여드리죠." 재단사는 줄자를 꺼내 들고, 양복의 치수와 공책에 기록된 치수를 대조했다. "보세요, 똑같잖습니까."

고객은 다시 새 양복을 입어보지만 여전히 불편하고 불쾌하다. "치수는 맞는지 모르지만, 나한텐 안 **맞아요**." 그는 양복 값 지불을 거절했다.

내 자동차 좌석의 경우, 나는 내가 무언가 잘못되었다고 느낄 수 있는 모든 이유들을 곰곰이 생각하지 않을 수 없었다. 다행히도, 거기에는 내가 **느끼고 있는 것을 설명**하는 측정 가능한 무언가(차 좌석의 새로운 각도)가 있었다. 하지만 재단사의 예에서는, 무언가 탐탁지 않다는 느낌은 취향의 문제이며, 표현할 수 없거나 잠재의식적인 미학의 문제다. 치수야 어떻든, 양복은 맞게 **느껴지지 않는** 것이다.

재단사는 자신의 돈을 요구했다. 고객은 그 양복이 자신의 치수 내역에 준한 것임을 인정하지만, 마음에 들지는 않으므로 양복을 살 의무가 없다. 각자 자신이 옳다고 **느낀다**. 여기에서 그 짜증나는 상투어가 나온다. 더 이상 왈가왈부하지 마.

우리는 종종 육감에 관해 이야기한다. 지금은 신경장腸성 neuroenteric 뇌에 관한 광범위한 문헌이 존재한다. 마치 어떤 형태의 사고는 실제로 위胃주머니에서 기원하는 것 같다. 아마도 그럴 것이다. 그래서 나의 몸은 내 자동차 좌석이 원래 상태를 벗어났음을 그냥 **알았을** 것이다. 하지만 그 감각의 기원이 무엇이 되었든, 주요한 특징은 그 바탕에 무언가가 맞거나 맞지 않다는 **감**sense이나 **느낌**feeling이 있는 것 같다는 점이다.

"그건 제 글씨네요, 하지만 일어난 일은 달라요"라고 말하는 챌린저호 연구 대상 학생의 어조와 "치수는 맞는지 모르지만, 나한텐 안 **맞아요**"라고 말하는 양복점 고객의 어조 사이에서 유사점을 살펴보라. 그러한 신념이 명백한 논리적 불일치나 과학적 증거를 타고 넘을 때, 어떤 일이 일어나고 있는가? 평범한 이성적 사고가 틀리거나 무관하다고 **느껴질** 만큼 너무도 강력한, **맞게 느껴진다**는 또는 **맞다**는 특정한 감각의 바탕에 신경생리학적인 근거가 있을 수 있을까? 신념 대 지식. 이 배심陪審은 조작되는 것일까? 다시 말해 자각 아래 숨어 있는 기초 생리학이 조작하는 게임일까?

ON BEING CERTAIN

신념은
선택 사항이 아니다

머릿속에서 목소리를 듣는 것은 전혀 대단한 위업이 아니다.
위업은 그 목소리가 진실을 말한다고 확신하는 것이다.

– 임사 체험을 묘사한 환자

맹시 연구는 지식과 이 지식의 자각이 별개의 뇌 영역에서 일어
난다는 것을 보여준다. 따라서 우리는 맹시에 반대되는 임상적 예
들, 다시 말해 뇌 기능이 이상하거나 변질되어 아무것도 모르면서
안다는 느낌을 표현하는 순간도 발견할 수 있어야 한다.

물론 얼핏 보기에는 **안다는 느낌**이 분리된다는 발상 자체가 우
스꽝스러워 보일 것이다. 지식의 감이라는 것이 어떤 의미를 가지
려면, 그것은 '알려진' 무언가를 가리켜야 한다. 우리가 아는 것은
'어떤 것something'이지, '없는 것nothing'이 아니다. **안다는 느낌**은
어떤 사고와 결부되어야 한다는 이 관념을 흘어버리기 위해, 이 장

에서는 자생적인 종교 체험과 화학적으로 유도된 종교 체험, 도스
토예프스키가 경험한 간질 발작의 전조처럼 서로 무관해 보이는
현상들을 비롯해 상세한 측두엽temporal lobe 자극 연구를 잠시 다
룰 것이다.

어떤 특정한 지식과도 연관되지 않은 이 광범위한 **앎**의 상태들
을 경험하기 위해, 한 세기 전에 윌리엄 제임스William James가 쓴
고전 『종교적 경험의 다양성The Varieties of Religious Experience』에서
시작하자. 나에게 이 책은 마음을 탐구하는 임상적 관찰의 위력을
보여주는 가장 우아한 증명서들 가운데 하나로 남아 있다. 윌리엄
제임스는 이 이해를 돕는 인용구들을 제시하고 뒤이어 자신의 의
견을 달았다.

알프레드 테니슨 경 Alfred Lord Tennyson : 나는 마취를 통해 계시를 받
은 적은 한 번도 없지만, 일종의 깨어 있는 혼수상태(더 나은 단어가 없
어서)는 외톨이였던 아득한 소년 시절부터 상당히 컸을 때까지 자주
경험하곤 했다. 이 상태는 내 이름을 나 자신에게 소리 없이 되뇌면 어
느 순간 느닷없이, 말하자면 강렬한 개인의식으로부터 벗어나 개인성
자체가 없는 존재 속으로 녹아 없어지는 듯 나에게 엄습했다. **이는 혼
란스러운 상태가 아니라 그 무엇보다 분명한, 확실하고도 확실한, 도
저히 말로 표현할 수 없는 상태……. 전능하신 하나님이 하신 일! 여
기에 망상 따위는 없을 터! 모호한 황홀경이 아니라, 절대적으로 투**

명한 마음과 연관된 초월적 경이의 상태이다.[1]

성 테레사 Saint Teresa : 어느 날, 한순간에 만물이 하나님 안에서 어떻게 보이고, 어떻게 하나님 안에 들어 있는지를 지각하는 은혜를 받았다. 나는 사물을 그것의 고유한 형태로 지각하지 않았지만, 그럼에도 불구하고 내가 보는 광경은 더할 나위 없이 분명했고, 여전히 내 영혼에 생생한 감동을 주었다……. 그 광경은 아주 미묘하고 섬세해서 이해로는 파악되지 않는다.[2]

제임스의 요약된 의견 : 개인적인 종교 체험은 신비적인 의식 상태에 뿌리와 중심을 갖고 있다……. 그 경험의 질은 직접 경험해야지, 다른 사람들에게 나누어주거나 전달할 수 없다. 이 기묘함 속에서, 신비 상태는 지성의 상태보다는 느낌의 상태에 더 가깝다……. **느낌의 상태와 그토록 유사함에도 불구하고, 신비 상태는 그것을 경험하는 사람들에게는 지식의 상태처럼 보이기도 한다.** 그것은 산만한 지성으로는 측량되지 않는 진실의 깊은 곳을 통찰하는 상태다. 그것은 의미와 중요성으로 가득한 해명이자 계시들이며, 전부 그대로 남아 있는데도 불명료하다. 그리고 여기에는 대개 장래를 좌지우지하는 묘한 권위감이 실려 있다.[3]

이는 종교 상태와 신비 상태를 **앎**의 감각과 대등하게 보는, 그리고 나아가 그러한 지식이 생각하는 것이 아니라 느끼는 것이라는 인식을 담고 있는 뛰어난 관찰이다. 현대 신경과학의 기법들이 없었음에도 제임스는 우리가 뭘 아는지를 아는 방식의 주요 특징을 곧바로 가리킬 역량이 있었다. "신비적 진실은…… 개념적인 사고가 주는 지식보다 감각에서 주어지는 지식을 더 많이 닮았다."[4]

제임스의 묘사는 완벽하게 직선적이다. 신비 상태에서, 사람들은 지식처럼 느껴지지만 어떤 특정한 지식도 없이 일어나는 자생적인 정신적 감각들을 경험한다는 것이다. 느껴지는 지식. 사고 없는 지식. 숙고도 없고 어떤 사고가 있었다는 의식적 자각조차도 없는 확신을 말이다.

신경 신학

제임스의 시절, 종교적 현현顯現의 원인에 관한 추측은 크게 두 진영으로 나뉘었다. 한 진영은 심리적 원인, 즉 히스테리, 전환반응, 분열성 인격장애 등을, 다른 진영은 영적 원인을 내세우면서 종교적 현현이 더 높은 권능에서 직접 내리는 계시라는 주장을 덧붙였다. 이제 우리에게는 제3의 가능성이 점점 더 크게 들린다. 최근의 신경생리학적 연구는 그러한 느낌들이 국지적인 뇌의 영역(변연계) 활성화(자생적인 것이건 직접 자극한 결과이건)로부터 곧바로 일어난다고 암시한다. 캘리포니아 대학교 로스앤젤레스 캠퍼스의 신경학자 제프리 세이버Jeffrey Saver에 따르면, 이는 사도바울, 무함마드, 에마누엘 스베덴보리Emanuel Swedenborg, 조지프 스미스Joseph Smith, 마저리 켐프Margery Kempe, 잔 다르크, 성 테레사의 신비 체험들에 대한 가장 설득력 있는 설명이다.[5] 신경학자들이 가장 흔히 인용하는 문장은 도스토예프스키의 일기에서 나온다. 병리학적으로 확인할 수는 없지만, 도스토예프스키가 겪은 발작의 성질은 측두엽-변연계 구조의 이상에서 일어나는 전형적인 발작이다.

1870년경 부활절 전날 밤, 도스토예프스키는 친구와 신의 본질에 관해 이야기를 나누고 있었다. 느닷없이 그가 부르짖었다. "신은 존재해, 그는 존재해." 그런 다음 그는 간질 발작을 경험하면서 의식을 잃었다. 도스토예프스키는 나중에 일기에 썼다.

나는 천국이 땅으로 내려오는 것을, 그리고 그것이 나를 집어삼킨 것을 느꼈다. 나는 정말로 신을 만졌다. 그렇다, 그는 나 자신 안으로 들어왔다. 건강한 당신들은 간질이 오기 직전에 간질 환자가 느끼는 행복을 상상도 할 수 없다……. 이 더없는 행복이 몇 초, 몇 시간, 또는 몇 달이나 지속될지는 모르지만, 장담컨대, 인생이 가져다줄 수 있는 모든 기쁨을 준다 해도, 나는 이 기쁨을 그것과 바꾸지 않을 것이다.[6]

오로지 다스리기 힘든 전자들electrons만으로도 황홀경이 촉발될까? 그러지 못할 건 무엇인가? 당신이 토론토의 심리학자 마이클 퍼싱어Michael Persinger의 연구를 인정한다면, 외부에서 뇌를 자극하여 같은 효과를 만들어낼 수도 있다.

자원자들은 자기磁氣 코일의 격자가 장착된 천으로 된 수영모를 쓴다. 자석을 사용하여 국한된 뇌의 영역을 자극하면서, 퍼싱어는 '현존의 감각' '또 다른 자기' '우주와의 합일(환자의 실제 묘사들)'의 느낌들을 일으킬 수 있었다. 기독교 가정에서 자란 사람들은 종종 예수의 존재를 묘사하고, 이슬람 배경을 가진 사람들은 무함마드의 존재를 묘사하곤 했다. 어떠한 특정한 관념이나 믿음과 결부된 것은 아니지만, 경외, 기쁨, 그리고 일반적으로 조화와 깊은 의미가 느껴지는 심오한 감정들도 자주 언급된다.

예컨대 『신은 왜 우리 곁을 떠나지 않는가Why God Won't Go Away』나 『뇌의 '신' 부위The 'God' Part of the Brain』와 같은, 종교적 충동의 생물학적 기원에 관한 문헌이 늘어나기만 하는 것이나, 나의 우편함에 '신경 신학Neurotheology'에 관한 주말 학술회의 초대장이 가득한 것은 놀랄 일이 아니다. 바탕에 깔린 핵심은 의미심장하기도 하고 자명하기도 하다. 설사 신이 존재한다는 감각의 기점이, 예를 들어 저 멀리 블랙홀, 전생, 죽은 친척, 천왕성의 고리나 자기 소유의 천국에 있는 신 등 몸 밖에 있다 하더라도, 그 메시지를 지각하기 위한 마지막 경로는 뇌 안에 있어야 한다는 것이다.

신비 상태를 화학적으로 자극해온 역사는 최초의 환각제만큼이나 오래되었다. 윌리엄 제임스는 몇 가지 마취제, 즉 클로로포름, 에테르, 아산화질소를 가지고 그 현상들을 묘사했다.

클로로포름으로 유도한 신비 체험은 화학적으로 유도한 인지 부조화의 좋은 예다. 신비 체험이 세속적인 화학의 결과임을 안다고 해서 신이 존재한다는 확신이라는 성가신 (그리고 끈질긴) 감각이 사라지지는 않는다는 말이다. 클로로포름이 **어떤 특정한 관념이나 사고와도 아무 상관없이** 순수와 진실의 감각을 불러일으켰다는 점도 유념하라.

> 내가 느낀 황홀경을 말로는 설명할 수 없다. 그때, 마취제의 영향에서 점차 깨어나면서, 내가 세상과 관계를 맺고 있다는 예전의 감이 돌아오기 시작했고, 내가 신과 관계를 맺고 있다는 새로운 감은 희미해지기 시작했……. 생각해보라. 순수와 다정함과 진실과 절대적인 사랑을 느꼈다는 것, 그런데 결국 나는 아무 계시도 받은 적이 없고 다만 비정상적인 뇌의 흥분에 의해 속았을 뿐임을 발견했을 때의 기분을. **그럼에도 불구하고, 이 질문은 남는다. 그 내면의 현실감이…… 망상이 아니라 실제 경험이었을 수도 있을까? 어떤 성인聖人들은 항상 느낀다고 말해온 것, 증명할 수는 없지만 논박할 수도 없는 신에 대한 확신을 내가 느꼈을 수도 있을까?**[7]

에테르로 유도한 다음의 예에서, 또 다른 실험 대상자는 마치 객관적인 증거보다 더 위대한 지식처럼 느껴지는 신비 체험의 위력을 확인했다. "그 순간, 무의미한 작은 고난의 조각들 하나하나를 포함해 나의 전 생애가 내 앞을 스쳐갔고, 나는 그것들을 이해했어요. 이것이 바로 그 고난이 이제껏 이루고자 했던 것이고, 이것이 바로 그 고난이 이제껏 완성에 기여해온 작품이었구나……. **나는 또한 결코 잊히지 않을 방식으로, 우리가 보는 것이 우리가 보여줄 수 있는 것보다 훨씬 많다는 것을 깨달았어요.**"[8]

정맥에 케타민(거리의 마약인 PCP, 세칭 '천사의 가루'와 분자 구조가 비슷한 마취제) 주사를 맞은 자원자들은 흔히 사고가 대단히 또렷해지는 것을 경험했다. 한 실험 대상자는 "모든 것을 이해하는, 우주가 어떻게 작동하는지를 아는 느낌"을 묘사했다.[9] 그러한 묘사는 심장마비나 마취 합병증으로 '임사臨死 체험'을 했던 사람들의 묘사와 비슷하다. 실제로, 거기에는 공통된 작용 메커니즘이 있을 것이다.[10] 뇌의 산소 부족은 특징적으로 신경전달물질인 글루탐산염의 방출을 촉발한다. 글루탐산염은 정상 조건에서 NMDAN-methyl-D-aspartic acid 수용체와 결합하는데, 과량이 되면 신경 독성을 띠게 되어 신성의 죽음을 촉진한다. 산소를 빼앗긴 뇌는 이 세포의 죽음을 막으려고 보호 화학물질을 방출하여 글루탐산염이 NMDA 수용체에 미치는 효과를 차단한다. 케타민에는 NMDA 수용체를 차단하는 것과 비슷한 효과가 있다. 정신이 맑아지는 느낌을 주는 것으로 알려진 또 다른 정신작용성 약물인 MDMA(엑스터시)도 마찬가지다.[11] 지금 임사 체험의 임상적 그림은 이 NMDA 수용체 차단에서 비롯되는 것으로 알고 있다.

변연계에서 들리는 목소리

앞의 묘사들 각각에서, 우리는 짧고, 감정적으로 격하고, 재현하기 힘든 환자의 반응들에 휘둘리고 있다. 다행히도, 우리에게는 이 **앎**의 정신 상태를 유발하는 더 일관성 있고, 통제되고, 재현 가능한 방법이 있다. 정식으로 뇌를 자극해서 측두엽 – 변연계의 지도를 그리는 것이다. 앞으로 나아가는 동안, 뇌 지도화는 신경학자들이 운동, 시각, 청각과 같은 기타 1차적인 뇌 기능들의 위치를 찾는 데 사용해온 것과 같은 기법이라는 사실을 염두에 두라. 하지만 먼저, 변연계에 관해 한마디 하자.

일부 신경과학자들은 특정한 실체로서 변연계가 존재하는가에 의문을 품지만,[12] **변연계**라는 용어는 가장 1차적이고 기본적인 감정에 기반이 되는 뇌 영역들을 논의하는 데 유용하다.[13] 변연계에는 피질과 피질 아래에서 진화적으로 가장 오래된 영역들, 즉 대상회cingulate gyrus, 편도amygdala, 해마hippocampus, 시상하부 hypothalamus, 그리고 복측피개영역ventral tegmental area(뇌의 주요한 보상계의 자리)을 포함한 전뇌기저부basal forebrain의 다양한 구조들을 비롯해, 감정 반응과 의사 결정에 연관되는 전두엽의 관련 영역

들이 포함된다.[14]

실험실 동물에게는 불행하게도, 그리고 상당히 시대에 뒤떨어지지만 가장 연구하기 쉬운 감정은 공포다. 뉴욕대학교의 신경과학 교수인 조지프 르두Joseph LeDoux의 이름을, 그의 도발적이고 독창적인 일련의 실험들과 함께 머리에 입력해두라. 르두는 종소리를 발바닥에 오는 전기 충격과 연관시키도록 쥐들을 조건화했다. 조건화가 된 뒤, 종소리는 전기 충격이 없어도 충분히 전형적인 공포 반응(순간적인 신체 운동의 정지, 심박, 혈압, 발한, 스트레스 호르몬 방출에서의 변화)을 유발할 수 있었다.[15] 르두는 이 공포 반응을 일으키는 경로를 찾아 나섰다.

그는 쥐의 청신경(귀와 뇌를 연결하는 신경)을 절단하자 공포 반응이 없어지는 것을 발견했다. (종소리가 뇌에 도달하지 않은 것이다.) 신경은 그대로 두고 청각피질(소리의 의식적 자각을 처리하고 일으키는 뇌 영역)을 수술로 제거하면, 쥐는 더 이상 소리를 '듣지' 못했지만, 그럼에도 두려워하는 태도는 지속했다.[16] 맹시 현상의 경우 시각적 상이 시각피질 이외의 영역들로 전달되어 거기서 처리되는 데 바탕을 두고 있는 것처럼, 종소리 역시 쥐가 의식적으로 종소리를 듣지 않아도 공포 반응을 촉발할 능력이 있는 피질 아래 뇌 영역들로 도달할 것이라고 르두는 추측했다. 르두는 청각피질을 우회하여, 오랫동안 공포 반응을 포함한 감정적 반응을 인식하고, 처리하고, 기억하는 데 결정적으로 중요하다고 알려진 측두엽 구조(편도)와 직접 연결되어 있는 신경 경로의 존재를 증명할 수 있었다. 편도에서 출발하는 이 신경섬유 경로는 교감신경계를 조절하여 심박, 혈압, 발한을 높이는 시상하부의 영역뿐만 아니라, 반사와 공포의 얼굴 표정을 조절하는 뇌간의 영역까지 이어진다.

르두의 실험은 유발 자극을 의식적으로 자각하고 인식할 필요 없이 공포 반응을 일으키는 데에서 편도가 하는 역할을 대단히 명확하게 밝혔다.[17] 기타 실험들에서도 편도를 직접 자극하면 르두의 조건화 실험에서와 같은 공포 반응이 일어나는 것이 확인되었다. 역으로, 쥐로부터 원숭이에 이르는 동물들에게서 뇌 양쪽의 편도를 제거하면, 동물들은 공포를 전혀 모르는 상태가 되었다. 편도에서 발현하는 유전자를 한 개만 파괴해도 쥐에게서 공포 반응을 크게 감소시킬 수 있었다.

이 공포를 모르는 상태는 양측 편도에 손상을 입은 희귀 환자들에게서도 관찰되었다. 그러한 환자들은 특징적으로, 새롭고 위험할 수 있는 상황에 두려움 없는 태도로 접근한다. 양측 편도가 손상된 한 남자는 시베리아에서 헬리콥터에 매달려 사슴 사냥을 하는 데 푹 빠졌다.

광범위하게 연구된 또 다른 환자로 SM이 있다. SM은 양쪽 편도가 석회화되어 위축된 젊은 여성이다. 느닷없이 100데시벨의 뱃고동을 터뜨려도 그녀를 깜짝 놀라게 할 수 없었다. 반복해서 조건화를 시도했지만, SM의 자율신경계에서는 맥박이나 혈압이 증가하는 등의 어떤 변화도 보이지 않았다.[18] 그녀의 결함을 광범위하게 연구한 행동신경학자인 안토니오 다마지오Antonio Damasio에 따르면, SM은 공포가 무엇인지를 지적으로 논의할 수는 있지만, 양측 편도의 손상 때문에 잠재적으로 위험한 상황의 중요성을 학습하지 못한다.[19] (아홉 번째 장 「사고의 쾌감」에서 우리는 무서운 사건을 처리하고 그 기억을 생성하는 데서 편도가 하는 역할로 돌아갈 것이다.)

그러한 연구의 결과로, 신경학자들은 이제 편도가 공포의 표현에 필수적임을 인정한다. 하지만 정확히 분류되지 않는 정신 상태들, 즉 기시감이나 불안감과 같은 것은 연구하기가 훨씬 더 어렵다. 이를 무어라 부를지도 문제고, 관찰을 어떻게 표준화할지도 문제다. 겁먹은 쥐를 인식하는 것은 쉽지만, 설치류의 소외감이란 그다지 명백하지 않다. 그 결과, 그런 정신 상태들에 관한 체계적인 정식 연구는 거의 없다. 우리가 가진 가장 근접한 연구는 측두엽 – 변연계 구조에서 발병하는 특정한 형태의 간질을 앓는 환자를 진단하는 동안 실시하는 비공식적인 조사들이다.

가장 흔히는 출산 도중의 손상이나 발달 이상의 결과로, 그리고 때때로 종양 때문에, 환자에게 특정한 형태의 간질인 복합부분발작이 생길 수 있다. 측두엽 – 변연계 구조로부터 자연히 발생하는 이 전기적 방전은 특징적으로 일시적인(몇 초에서 몇 분까지) 의식의 변경이나 혼미를 일으키며, 이는 종종 다른 정신적 느낌들(기시감, 불안, 공포, 심지어 도스토예프스키가 묘사한 것과 같은 종교적 느낌까지)의

침입과 연관된다. 그 느낌의 강도는 잠깐 자각에 착오가 일어나는 것으로부터 완전한 의식상실과 전신경련에 이르기까지 다양하다. 빈도 역시 편차가 크다. 어떤 환자들은 발작이 거의 일어나지 않아서 약물로 완전히 조절할 수 있지만, 그만큼 운이 좋지 못한 어떤 환자들은 약물을 최대로 투여해도 날마다 거의 수십 번씩 발작을 경험할 수도 있다.

후자의 경우, 측두엽의 손상된 부위를 수술로 제거하면 발작이 놀랄 만큼 줄거나 멈출 수 있다. 수술의 가장 큰 위험은 인접한 중요 영역에 손상을 입히는 것이므로, 집도하는 신경외과의는 먼저 주변에 있는 모든 뇌 조직의 기능을 확인해야 한다. 수술은 국부마취로도 수행할 수 있으므로(뇌는 통증에 무감각하다), 환자는 계속 의식이 있어서 자신이 경험하는 것을 정확히 묘사할 능력이 있다. 외과의는 대뇌피질의 작은 영역들을 차례차례 자극하면서, 환자의 반응을 기록한다. 이 피질 지도화를 마치면, 외과의는 뇌의 해부학적 구조와 기능의 훌륭한 상관도를 얻게 되어 부근의 중요한 영역을 건드리는 것을 더 효과적으로 피할 수 있다.

우리의 논의를 위해, 나는 수술을 위한 일련의 뇌 지도화 과정을 상세하게 보여주는 세 가지 예를 골랐다. 측두엽 자극에 대한 환자의 묘사가 가장 심도 있게 제시된 것이었다. 있을 수 있는 문화적 편견을 피하기 위해 캐나다, 프랑스, 일본 출신의 환자들에 대한 연구를 포함시켰다.[20] 배경, 문화, 언어의 명백한 차이에도 불구하고, 유사성들은 여전히 현저했다. 나는 환자의 묘사들을 일반적인 경험의 범주에 따라 묶었지만, 분명히 어느 정도는 겹치는 부분들이 있었다. 또한 이 '느낌들' 가운데 많은 것은 동시에 일어나거나 급속히 연달아 일어났다. 환자의 자생적인 발작에 대한 일부 묘사들도 포함시켰다. 피질 자극은 CS라 명명하고, 자생적 발작은 SZ라 명명했다. 각각의 묘사는 서로 다른 환자가 한 것이었다.

이 변연계의 목소리를 듣는 동안, 환자들이 묘사하는 내용은 어떤 것이든 앞서 있었던 특정한 생각, 일련의 추론, 기분, 성격적 기벽, 주위 상황에 의존하지 않는다는 점에 유념하라. 필요한 것은 한 차례의 전기 충격뿐이다.

기시감과 친숙한 느낌

SZ : "어딘지는 모르겠지만, 굉장히 눈에 익은 것 같아요……. 어떤 친숙한 기억이 금방이라도 떠오를 것 같은 느낌이에요."

CS : "벌써 여기에 와본 것 같은, 이미 이 일을 거쳤던 것 같은 인상을 받아요."

SZ : 환자가 어떤 생각이 든다고 말했는데 그는 그 생각을 전에 해본 것 같았다. 그것은 그가 과거에 듣고, 느끼고, 생각해본 어떤 것이었는데……. 그가 그것을 묘사할 수는 없었다.

SZ : 갑자기, 환자가 추억이 떠오르는 것을 경험한다. 그녀는 그것이 과거에 어디에선가 경험했던 장면이라고 느낀다. 마치 무언가 친숙한 것을 본 것 같다. 그게 무엇인지 기억해내려 애쓰면서, 즐거워한다.

글쓴이들은 평한다. "이 묘사에서, 친숙함이 기억과 결부되어 있지는 않은데 '안다는 느낌'이 마음속에 떠오른다."[21]

미시감과 기타 '낯설다는 느낌'

CS : "꿈을 꾸었어요. 저는 여기에 있지 않았어요……. 말하자면 현실과의 접촉을 잃었어요……." 같은 자리에 자극을 반복했다. "경고와 같은 작은 느낌." 자극을 다시 한 번 반복했다. "다시 **현실과의 접촉을 잃고** 있었어요."

SZ : 그는 '단어들이 낯설다'고 느꼈다. 마치 그 단어들을 전에 결코 보거나 들어본 적이 없는 것처럼.

SZ : 그의 전조는 **사물들이 기묘해 보인다**는 감각, 말이 이해는 되는데도 막연히 **낯설게 들린다**는 감각으로 시작된다.

CS : "**사물들이 변형되어 있어요……. 나는 다른 사람이고 다른 어딘가에 있는 것 같아요.**" 환자는 죽음이 임박했다는 느낌으로 괴롭다고도 묘사했다.

CS : 35세 때부터 환자는 갑자기 그리고 일시적으로 마치 자신이 또 다른, 그리고 무서운 세계 안으로 떨어지고 있는 것처럼 느껴왔다.

CS : 그는 자신이 **또 다른 세계에 혼자 있다**고 느꼈고, 무섭다고 느꼈다.

SZ : 자기 방에서 발작이 오면, 그는 마치 **자신의 방이 변했고 낯설어진 것처럼 느낀다.**[22]

낯설게 친숙한 – 정반대 느낌의 이중주

친숙함과 낯섦의 느낌을 동시에 포함하는 묘사들:

SZ : 의식을 잃지 않은 짧은 '꿈', 꿈에서 그는 갑자기 그가 이미 겪었던 것인데도 **기묘하게 느껴지는** 장면에 대한 매우 강렬한 기억을 떠올렸다. 나중에, 그 장면에 뒤따른 묘사는 이렇다. "내가 지금 하고 있는 과정을 이미 거쳤다는 인상을 받았다. 전체 상황을 이미 겪었던 것처럼 보이는데, **낯설다는 느낌**과 더불어 종종 두려움도 함께한다."

SZ : 두려운 느낌으로 시작한 다음에 찾아오는 막연히 **낯설다는 내면의 느낌. 그 느낌과 연관해 때로는 예전 기억이나 최근 기억이 출현**한다(기억은 감각적 이미지보다는 생각으로 제시됨).

SZ : **아주 기분 좋은 심미적 착각과 함께 시작된다**……. 그에게는 그것이 **장엄**하기라도 한 듯, 그에게 크나큰 기쁨을 주면서 나타나곤 한다. 거의 동시에, 그에게는 **강렬한 생각이 떠오르곤 하며, 그는 그 생각을 무비판적으로 수용한다.**

그것은 꿈에서 들리는 것 같은, 어떤 목소리일 수도 있다. **그는 누군가 자기를 해치려 한다고, 사람들이 자신을 헐뜯고 있다고 생각하지만, 동시에 이것을 즐긴다.**

SZ : 불안과 윗배가 조이는 느낌으로 시작된다. 주위 환경이 낯설고 비현실적이라는 느낌과 더불어 희미한 기시감이 들더니 이어서 접촉이 끊겼다.

"저는 모든 사람들이 서로 잘 아는 작은 마을에 있어요……. 그 사람들을 본 적이 있다는 인상을 받았고, 뱃속에서 무언가가 느껴졌어요, 공 같은 것이요……. 저는 그렇게 보았는데, 다른 것이었을 수도 있어요. 그것은 이미지라기보다는 아주 순간적으로 빠르게 제시된 관념에 가까워요. 그 **현실과 관계없는 낯선 것**은, 움직이지만, 꼭 그런 건 아니고, 생명의 색채를 띠고 있어요."

SZ : "막연한 공포의 느낌으로 시작해요, 때때로 내면의 속삭이는 목소리가 연관되기도 하는데, 그런 다음 **혹심하게 아픈 감정 상태가 '어떤 감정의 기억처럼' 친숙한 공명과 함께** 찾아와요."

내가 이렇게 상세한 묘사들을 제시하는 목적은 변연계가 친숙하다, 실제다, 안다, 생각이 맑아진다, 기타 등등의 느낌들이 비롯되는 범주적으로 유일한 자리임을 확인하기 위한 것이 아니다. 우리가 경험하는 방식을 한정하는 이 느낌들이 화학적으로든 전기적으로든 앞서서 그 느낌을 촉발하는 사고나 기억 없이도 유발될 수 있음을 보여주기 위한 것이다. 친숙하고 실제적이라는 느낌은 의식적으로 내린 결론이 아니다. 낯설고 기묘하다는 느낌도 마찬가지다. 그 느낌들은 연관된 어떠한 추론이나 의식적 사고 없이도 쉽게 유발된다. 하지만 이 '정신 상태들'이란 정확히 무엇일까? 한마디 해명할 차례다.

정신 상태의
분류

물고기 그물이 존재하는 것은 물고기 때문이다.
일단 물고기를 낚으면, 그물은 잊어도 된다. 토끼 올가미가 존재하는 것은
토끼 때문이다. 일단 토끼를 잡으면, 올가미는 잊어도 된다.
단어들이 존재하는 것은 의미 때문이다. 일단 의미를 파악하면,
단어들은 잊어도 된다. 어디에 가면 단어를 잊은 이를 찾아
그와 이야기를 나눌 수 있을꼬?

– 장자 (기원전 200년경)

　　철학의 어려움은 궁극적으로 언어의 문제로 귀결된다는 비트겐
슈타인의 관찰은 틀림없이 마음의 학문에도 적용된다. 오늘날의
정신 상태 분류법은 마음이 어떻게 작동하는지를 더 깊이 이해하
는 것을 가로막는 거대한 장애물이다. 공포는 분명 감정의 한 요소
인 반면, 혀끝에 맴도는 느낌부터 완전히 낯선 느낌, 완전히 실제
적인 느낌부터 딴 세상에 있는 것 같은 느낌에 이르기까지 대부분
의 느낌들은 순수한 감정도 아니고 순수한 사고도 아니다. 그것은
우리의 정신적 경험을 채색하는 여러 색조의 느낌들이다. 이 책을
쓰면서, 나는 이 느낌들을 뭐라 부를까 하는 문제와 씨름했다. 이

상적으로라면, 그 이름들은 바탕의 생리학을 정확히 반영해야 할 것이다.

행동신경학자 안토니오 다마지오는 무지한 현재의 상태를 요약한다. "감정을 구성하는 것이 무엇인지를 결정하는 것은 쉬운 일이 아니다. 일단 가능한 전 영역의 현상들을 조사하고 나서도 사리에 맞는 감정의 정의가 공식화될 수 있는지, 단 하나의 용어가 이 모든 상태를 묘사하는 데 여전히 쓸모가 있을지 의심스러워진다. 다른 사람들은 이 같은 문제와 씨름한 결과 그것은 가망이 없다는 결론을 내렸다."[1]

심리학자들은 흔히 일정한 느낌의 상태들을 행복, 슬픔, 공포, 분노, 놀람, 혐오와 같은 **1차 감정**primary emotion과[2] 당황, 질투, 죄책감, 자부심과 같은 **2차 감정**secondary emotion 또는 **사회적 감정**social emotion으로 나눈다.[3] 분류의 방법과 1차 감정의 개수는 무엇을 측정하느냐(보편적인 얼굴 표정이나 기본적인 운동 활동에서 우리가 감정에 관해 이야기할 때 사용하는 언어까지)에 따라 달라진다.[4]

당황이란 메스꺼운 느낌이며, 통상적인 용어로 말해서 달아오른 얼굴이나 가상 가까운 출구를 향하는 눈길과 같은 뻔백한 행동적 상관물에 의해 드러나는 어엿한 감정이라는 데에는 아무도 의문을 제기하지 않을 것이다. 하지만 이른바 감정적 색조가 전혀 없어서 사고에 가깝게 느껴지는 감정들은 어떤가?

감사는 감정인가, 사고인가, 아니면 또 다른 기분에 따라 왔다

갔다 하는 조합인가? 아침마다 나는 내가 얼마나 행운아인지 모른 다고 생각한다. 나는 스스로에게 감사하라고 말하고, 실제로 감사 한다. 나의 경우, 감사는 감정이라기보다는 지적 능력의 행사(그것 이 만족감을 낳기는 하겠지만, 만족감은 날것 그대로의 감정이라기보다는 기 분에 가깝다)로서 비교처럼 느껴진다. 내가 X에 대해 감사한다는 것 은 X가 Y보다 낫다는 의미를 함축한다.

자부심의 **대상이 되는 어떤 것** 없이 자부심을 느끼는 것은 상상 할 수 없다. 우리는 어떤 것에 대해 자부심을 느끼고, 감사하고, 당 황하고, 혹은 즐거워한다. 내가 알기로, 좀 더 복잡한 이 감정 상태 들이 복합부분발작이나 뇌 자극 연구로 일어나는 일은, 동반되는 사고나 기억에 의해 우연히 유발되지 않는 한, 만일 있다고 해도 드물다. 국지적인 뇌 손상의 결과로 자부심이나 감사가 분리되어 없어졌음을 보여주는 신경학 문헌은 전혀 없다. 그러한 감정들이 1차 감정으로 보이지 않는다. 이 감정들은 요소가 되는 다른 많은 정신 상태들의 최종 산물이다.

그 밖에 소위 1차 감정들은 어떨까?

놀라움이란 예기치 않은 사건에 대한 자생적인 반응이다. 하지 만 농담의 허를 찌르는 대목이나 괴기물의 커다란 반전에 의해 깜 짝 놀라려면 어느 정도 인지적 요소가 필요하다(나는 **인지적**cognitive 이라는 용어를 써서 의식적인 사고든 무의식적인 사고든 느낌, 기분 또는 감 정에 반대되는 모든 형태의 사고를 가리키고 있다). 당신은 어떤 것을 기대하는데 다른 무언가를 경험한다. 또한 놀라움의 감각은 뇌 자극으로 쉽게 유발되지 않는다. 그러면 행복은? 이것이 감정일까 아니면 기분일까? 한 사람의 행복은 사정이 더 나쁜 건 아니라고 다른 사람을 안심시킨다.

놀라움처럼 기본적인 감정도 생리학적으로 범주화하기 어렵다면, 훨씬 더 정의하기 어려운 **안다는 느낌**에는 어떻게 접근하는 것이 합리적일까? 유사한 상황은 아마도 내 머릿속 의식의 흐름이 내는 목소리일 것이다. 귀로 들리지는 않지만, 나는 내가 마음의 눈으로 사물을 '보는' 것과 똑같이 내면의 목소리를 '듣는다'. 둘 다 내 마음의 내부 상태를 나타내는 감각적 표상들이다.[5] **안다는 느낌**도 마찬가지다. 우리는 시각, 청각, 후각과 같은 1차 감각들을 통해 외부 세계를 지각하고, 친숙하거나 낯설다, 실제적이거나 비실제적이다, 맞다거나 틀리다는 등등의 느낌들을 통해 내부 세계를 지각한다.

앞서 나는 기시감을 '정신적 감각'으로 묘사할 수 있다고 언급했다. **정신적 감각**mental sensation이라는 용어는 부자연스럽고 거창하다. 아직도 **느낌**feeling이 차라리 낫게 느껴진다. 그럼에도 불구하고 우리가 무슨 확신'감sense'이라고 표현하듯이 이 느낌들을 최소한 감각으로서 고려해야 할 몇 가지 이유가 있다.[6] 시각이 눈과 뇌의 눈 관련 피질 영역의 감각 출력인 것과 같은 식으로, 감각이라는 범주는 국한된 신경 구조들에서 비교적 띄엄띄엄 생기는 출력이라는 신경생리학적 진실에 더 가까이 다가간다. 감각은 심리학적 요인들에 대한 강조를 최소화하는 경향이 있고, 느낌이라고 말하면 이 강조 관계가 강해진다.

하지만 이 정신 상태들을 감각으로 고려해야 하는 가장 실제적인 이유는, 그것들이 다른 감각계에 공통된 일정한 생리학적 원리들의 지배를 받기 때문이다. 예를 들어 팔의 안쪽 한가운데를 지나는 큰 신경인 정중신경이 끊기면 엄지에 감각이 없다는 느낌을 마음대로 없앨 수 없다. 감각계가 악영향을 받으면, 감각이 달라지는 것은 피할 수 없다.

뇌 안에서도 유사한 현상들이 일어난다. 환상지통phantom limb pain의 예를 생각해보라. 어떤 사람의 팔이 사고로 잘렸다. 지금은 없어진 팔로부터 예전에 감각 입력을 받던 뇌의 영역이 변화를 겪은 결과, 의도하지 않은 반응을 일으킨다. 없어진 팔이 유령처럼, 종종 통증과 함께 재생되는 것이다. 팔이 없는 사람은 팔이 없다는 것을 분명히 볼 수 있는데도 그 성가신 감각을 멈출 수 없다.

같은 선상에서 우리는 내가 죽었다는 느낌이나 나의 소중한 골동품 책상이 싸구려 모조품이 되었다는 느낌처럼 기묘한 믿음을 다시 생각해볼 수 있다. 그러한 믿음이 만일 변경된 정신적 감각계의 산물이라면, 우리는 그것이 이성이나 반대 증거를 통해 자기 마음대로 극복될 수 있으리라고 기대하지 않을 것이다. 같은 논리가 안다는 느낌에도 적용된다.

노벨상을 수상한 수학자 존 내시John Nash는 정신병이 두드러진 동안, 외계인들이 자신과 의사소통을 시도하고 있다고 믿었다. 그가 MIT의 전담 교수직을 수락할 수 없었던 이유는 "남극 대륙의 황제가 될 일정이 잡혀 있어서"였다.[7] 한 동료가 그에게 어떻게 그처럼 명석하고 논리적인 사람이 그런 터무니없는 것을 믿을 수 있는지 묻자, 내시는 두 가지 생각이 모두 같은 방식으로 떠오른다고 대꾸했다. 두 가지 사고 모두 **옳게** 느껴졌던 것이다.[8]

반대로, 심각한 강박장애가 있는 어떤 사람을 알고 있다면, 당신은 그들이 스스로 틀림없이 진실인 줄 아는 어떤 사실에 의존하지 못하는 것을 보았을 것이다. 그들은 가스를 잠갔는지 반복해서 점검하고, 이미 잠긴 것이 뻔히 보이는 자물쇠를 세 번씩 점검하거나, 잔돈을 세고 또 셀 것이다. 마치 객관적인 증거는 **안다는 느낌**을 적절하게 촉발할 수 없어서, 강박장애 피해자를 의심과 불안이 고조된 상태로 내버려두는 것 같다.

심리학자들은 최근에 **병적인 확신**과 **병적인 불신**이 정신분열증 및 강박장애와 관련해서 어떤 역할을 맡고 있는지 그 가능성을 고려하기 시작했다.[9] 두 가지 정신병 모두 유전자가 상당한 기여하는 것을 놓고 볼 때, 이는 흥미로운 가능성이다. 사람이 쉽게 '설득되는' 또는 '설득되지 않는' 정도에서 유전적 차이가 어떤 역할을 할 수 있을까? **안다는 느낌**이 발현될 때 일어나는 내재적 변이가 뭔지 아는 체하는 사람, 영원한 회의주의자(확실한 증거를 볼 때까지 믿지 않는 사람), 또는 검사 결과가 음성임에도 무언가 잘못되었음을 확신하는 심인성(어떤 병이나 증세 따위가 정신적·심리적 원인으로 생기는 성질) 불만을 가진 환자의 성격적 과도함에 기여하는 것일까? 하지만 내가 너무 앞서가고 있다.

정신 상태의 분류 역시 신경학적 자율성의 정도를 기반으로 할 것이다. 가장 기초적인 것은 보편적이고 우리의 신경 회로에 깊이 심어진, 그리고 어떤 사고와도 독립적으로 활성화될 능력이 있는 느낌과 감정들일 것이다. 공포와 편도, 또는 기시감과 측두엽의 명확하게 확립된 관계에서처럼, 비교적 특정한 어떤 자리가 어떤 느낌의 기점이라는 사실이 증명되면, 그 느낌이 기초적인 정신 상태라는 것이 더 확실하게 입증될 것이다.

더 복잡한 상태는 자리가 명확하거나 자발적으로 일어나지 않는 경향이 있어서 사고, 기억 또는 의식적 개입의 어떤 기여를 필요로 하는 상태들이다. 기시감은 보편적이고 자생적이지만, 죄책감과 후회는 그렇지 않다. (빌 클린턴이나 딕 체니에게 물어보라.) 뇌 자극 실험이나 띄엄띄엄 있는 뇌 손상들이 내면의 폄하, 고립된 자부심, 분개, 죄책감, 수치심을 일으키지는 않는다. 1차적 간질의 전조로서 아이러니의 감각을 경험했다고 기록된 사람은 아무도 없다. 희망과 같은 일부 뇌 활동들은 아예 범주화를 거부하는 것 같다.

요약하자면, 이 보편성의 기준들(해부학적 위치가 비교적 분리되어 있고 의식적인 인지적 입력 없이도 쉽게 재생됨)에 의하면 **안다는 느낌**과 그것과 비슷한 느낌들도 공포나 분노의 상태만큼 1차적인 것으로 여겨져야 한다. 최근에 규정된 공포나 불안과 의식적 사고의 관계는 **감성 지능**emotional intelligence의 개념을 낳았다. 이제는 그와 유사하게 **안다는 느낌**이 우리의 사고 형성에서 하는 역할을 조사할 때다.

ON BEING ? CERTAIN

신경망

본질적으로 뇌가 하는 모든 것은
시냅스 전달 과정에 의해 이루어진다.

– 조지프 르두, 「시냅스와 자아」

안다는 느낌이 어떠한 기본적인 지식 수준에도 의존하지 않는
1차적 정신 상태라면, 우리의 다음 단계는 의식적 사고와 불수의
적인 **안다는 느낌**의 상호작용이 어떻게 '우리가 뭘 아는지를 우리
가 안다고 느끼게 하는가'를 보는 것이다. 그렇다고 엄청나게 복잡
하고 상세한 바탕의 신경생물학 때문에 걱정할 필요는 없다. 중요
한 것은 뇌의 위계 구조를 다스리는 주요 요소들을 제대로 파악하
는 것이다. 점점 더 복잡해지는 신경망의 층들이 어떻게 이음매 없
이 매끈한 의식이 있는 마음으로 창발創發하는지를 이해하면, 사
고의 모순되는 측면들이 어디에서 충돌하며 어째서 확신이 기초

생물학의 원리에 위배되는지를 깨닫는 기반을 얻게 될 것이다. 이 장에서, 우리는 신경망을 들여다볼 것이다.

인간의 뇌에서, 전형적인 뉴런은 대략 1만 개의 다른 뉴런들로부터 정보를 받는다. 각 비트의 정보는 세포 발화를 자극(+를 입력) 또는 억제(-를 입력)한다. 뉴런은 작은 계산기처럼 작용한다. 입력들의 총합이 결정적인 문턱 수준에 도달하면, 전하電荷가 신경섬유(신경세포의 축삭돌기)를 따라 신경전달물질이 저장되어 있는 영역으로 이동한다. 그리고 신경전달물질들은 시냅스 틈으로 방출된다. 이 신경전달물질이 인접한 뉴런에서 그 전달물질을 수용하는 자리(수용체)를 발견하면, 이 인접한 뉴런에서 앞의 과정이 반복될 것이다.

가장 먼 수상돌기로부터 가장 먼 축삭돌기에 이르는 신경 활동 과정의 모든 단계는 수많은 조절 기제들에 의해 정교하게 조율된다. 최소 30가지 별개의 신경전달물질이 있는 것으로 추산되는데, 유전에서 질병에 이르는 모든 것에 의해 영향을 받는 각 전달물질의 생성과 파괴에는 또 여러 효소 단계들이 동반된다. 게다가 되먹임feedback 회로들은 시냅스 건너 수용체 자리의 이용 가능성 및 수용 능력뿐만 아니라 세포가 서로 신호하고 달라붙는 방식까지 변경시킨다. (이 조절 기제를 이해하는 것이 현대 신경생물학의 주요 과제다.)

상호작용하는 여러 기제들이 진정한 교향악을 연주하고 있음에도 불구하고, 뉴런은 궁극적으로 두 가지밖에 선택할 수 없다. 발화하거나 발화하지 않거나. 가장 기본적인 이 수준에서, 뇌는 온오프 스위치들을 산더미처럼 쌓아놓은 것처럼 보일 수 있다. 하지만 뉴런들 사이의 연결망은 고정된 실체가 아니라, 끊임없는 흐름 속에서 계속되고 있는 자극에 의해 강화되거나 약화되고 있다. 연결망은 사용하면 강해지고, 무시하면 약해지며, 연결망 자체도 같은 뉴런들로 이어지는 다른 연결망에 의해 영향을 받는다. 일단 두 뉴런 사이의 개별 시냅스들을 떠나면 복잡성은 개별 뉴런들로부터 각각 수천의 연결을 가진 천억 개의 뇌세포까지, 하늘 높은 줄 모르고 치솟는다. 개별 뉴런들이 집단적으로 사고를 창출하는 방식을 해명하는 것은 신경과학의 성배聖杯로 남아 있지만, 인공지능계는 이것이 어떻게 일어날지에 관한 흥미로운 단서들을 가져다주었다.

생물학적인 뉴런과 그것의 연결망을 모형으로 사용하여, 인공지능 과학자들은 체스를 두거나 포커를 치고, 얼굴을 읽고, 말을 알아듣고, Amazon.com에서 책을 추천할 수 있는 인공 신경망Artificial Neural Network을 제작할 수 있었다. 표준 컴퓨터 프로그램은 한 줄씩 차례로, '예 또는 아니요'로 모든 결말이 프로그램을 통해 예정된 상태로 작동하는 반면, 인공 신경망의 접근법은 완전히 다르다. 인공 신경망은 처음에는 아무런 특정 가치가 없는 수학적 프로그램을 기반으로 한다. 프로그래머가 제공하는 것은 방정식들뿐이며, 연결이 형성되는 방식이나 다른 모든 연결망에 대한 각 연결의 강도(또는 비중)는 들어오는 정보가 결정한다. 어떤 문제에 대해 예측 가능한 답이 있는 것이 아니라, 한 연결이 바뀌면 다른 모든 연결이 같이 바뀐다. 이 이동하는 상호 관계들이 바로 '학습'의 기초다.

인공지능계는 비중의 책정weighting이 일어나는 이 가상공간에 **숨겨진 층**hidden layer이라는 이름을 붙였다.

인공 신경망에서 **숨겨진 층**은 획득하는(들어오는) 모든 정보와 이 정보를 처리하는 데 사용하는 수학적 부호 사이의 복잡한 상호 관계 안에 개념적으로 위치한다. 인간의 뇌에서 **숨겨진 층**은 별개의 인터페이스나 특정한 해부학적 구조로서 존재하는 것이 아니라, 어떤 신경망에 관련된 모든 뉴런 사이의 연결들 안에 거주한다. 하나의 망은 비교적 국한되어 있을 수도 있고(전문화된 시각 모듈이 후두피질의 작은 영역에 국한되어 있듯이), 뇌 전체에 넓게 분산되어 있을 수도 있다. 작가 프루스트Proust가 베어 문 마들렌 과자의 맛은 시각, 청각, 후각, 미각 피질을 필요로 하는 어떤 기억(복잡한 기억을 구성하는 다중감각의 피질 표상들)을 촉발했다. 충분히 감도 높은 fMRI로 스캔한다면, 프루스트가 마들렌 생각에 잠겼을 때 이 모든 영역에 불이 들어온 것이 보일 것이다.

보통 인공지능 전문용어로 취급되는 **숨겨진 층**이라는 용어는 뇌의 정보 처리에 대한 강력한 은유가 되어준다. 생물학의 모든 요소들(유전적 질병 소인에서부터 신경전달물질의 변이와 변동)과 기억나는 것이든, 오래 잊고 있던 것이든 모든 과거 경험이 들어오는 정보의 처리에 영향을 미치는 곳이 **숨겨진 층**이다. 그것은 들어오는 감각 데이터와 최종 지각 사이의 인터페이스, 곧 본성과 양육이 만나는 해부학적 교차로다. 그것이 바로 당신이 느끼는 빨강이 내가 느끼는 빨강과 다른 이유, 당신이 가진 미의 관념이 내가 가진 미의 관념과 다른 이유이며, 한 사건을 목격한 사람들이 서로 다른 설명을 내놓는 이유, 또는 우리가 전부 같은 룰렛 숫자에 돈을 걸지 않는 이유다.

내가 인공지능계에서 **숨겨진 층**이라는 용어를 빌려온 이유는 신경생리학의 결정적인 한 요소를 강조하기 위해서다. 셀 수 없이 많은 신경망들 사이에서 연합을 이동시킴(상대적으로 가치를 평가함)으로써 관념과 정보를 조작하는 모든 사고 역시 이 숨겨진 층들에서 일어나야만 하는 것이다.

숨겨진 층은 너무도 중요한 개념이므로, 우리들 대부분에게 익숙한 인공 신경망인 Amazon.com에서 제공하는 책 추천 프로그램의 내부 작업들을 따라가 보자. 한 번 이상 Amazon.com에서 책을 구매해본 사람이라면 웹사이트로에서 당신이 좋아할 만한 책을 추가로 제의받고 동요해본 경험이 있을 것이다. 당신에게 조언을 하는 그 소프트웨어는 당신이 아마존에서 방문하는 모든 책 사이트의 데이터베이스를 컴퓨터 언어로 번역하는 인공 신경망 프로그램이다. 당신이 아마존에 처음 로그인했을 때는 아무 추천도 하지 않는다. 인공 신경망에 당신의 선호에 대한 관념이 없기 때문이다. 수학적 방정식들은 갖추어져 있지만, 당신의 입력이 없으면 소용이 없다.[1] 다음으로 당신은 검색을 시작한다. 어떤 책을 클릭할 때마다 그 정보는 인공 신경망의 데이터베이스로 입력된다. 점차 어떤 패턴이 발생한다. 당신이 그 책을 클릭만 했는지, 맛보기 장까지 읽었는지, 아니면 그 책을 구매했는지에 따라, 책들은 서로에 대한 관계에서 순위가 매겨진다(비중 책정). 분명 아마존 입장에서는 맛보기 장을 자세히 읽은 뒤의 거절보다는 구매 쪽에 더 큰 비중을 둘 것이다.

결과적으로 인공 신경망은 당신의 선호를 학습하면서, 만일 추천을 받는다면 당신이 어떤 책을 살 가능성이 높은지를 학습한다. 그리고 당신이 처음으로 구매한 책과 아마존에 있는 유사한 책들 사이에 신경 연결과 대등한 것을 형성한 것이다. 만일 당신이 처음으로 아마존 사용을 시작했을 때 범죄 소설만 검색하고 범죄 소설만 구입했다면, 이후의 제안은 주로 이 장르에서 이루어질 것이고, 범죄 실화나 셜록 홈즈의 전기처럼 가장 관련성 높은 영역과 겹치는 책들이 곁들여질 것이다. 당신이 범죄물을 많이 살수록, 바탕의 신경망은 유사한 책의 추천에 비중을 둘 것이다.

그때 아내가 당신의 독서 취향에 대해 깔보는 말들을 연달아 쏘

아댄다. 마지못해 자기를 좀 돌아본 당신은 시무룩하게 아내의 말을 인정하고, 통속소설 사재기를 일시 중단하기로 합의한다. 대신, 당신은 실존주의 철학과 부조리극의 희곡들을 읽기 시작할 것이다. 핀터Pinter와 베케트Beckett를 클릭하고, 『고도를 기다리며 Waiting for Godot』를 주문한다. 다음번에 당신이 아마존에 들어가면, 여전히 범죄소설을 추천받겠지만, 목록의 맨 아래에는 카뮈 Camus의 『페스트Plague』가 달려 있을 것이다. 어딘가 스릴러처럼 들리는 구석이 있어서, 당신은 그 책을 주문한다. 그 다음번에는 부조리 문학의 거장 사르트르Sartre와 이오네스코Ionesco의 책이 추천되어 있다. 스릴러 작가 엘모어 레너드Elmore Leonard의 최신작은 목록 아래로 더 내려가 있다. 당신이 범죄소설 읽기를 꽤 오래 중단하면, 데이터베이스 안에서 범죄소설의 비중은 점차 0을 향해 후퇴할 것이다.

본질적으로, 프로그램은 당신이 읽는 것과 읽지 않는 것, 구매하는 것과 구매하지 않는 것을 계속해서 상세히 추적함으로써 당신의 취향을 학습하고 있다. 새로운 경험(데이터베이스가 '경험'을 한다고 말할 수 있다면)에 따라 끊임없이 조정되는 관계 데이터베이스를 구축하고 있는 것이다. 만일 당신이 하드보일드 추리소설 작가 레이먼드 챈들러Raymond Chandler의 비정한 대화를 좋아한다면, 당신이 리얼리즘의 대가 헨리 제임스Henry James의 산문을 선호할 때보다 짐 톰슨Jim Thompson의 『도박사들 The Grifters』을 음미할 가능성이

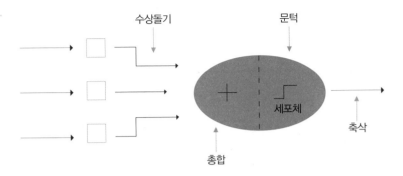

뉴런

높다고 말하는 것은 논리적으로 보일 것이다. 그렇다면, 모종의 정적인 연산 프로그램도 미리 계산된 대로 추천하는 능력을 가질 수 있을 것이다. 하지만 한 줄씩 고지식하게 짜인 프로그램은 변덕스럽고 예측할 수 없는 취향의 본성을 흉내 낼 수 없다. 그 프로그램은 다시 쓰이지 않는 한 계속해서 똑같은 책을 추천할 것이다.

그에 반해, 인공 신경망은 자신의 실수로부터 끊임없이 학습을 하고 있다. 그것은 당신의 구매 기록에 접근해서 자신이 추천했던 목록을 점검할 수 있다. 만일 목록이 괜찮으면(제임스와 레너드의 명백한 차이에도 불구하고 당신이 둘을 모두 산다면) 인공 신경망은 당신의 특이한 심미안에 관한 정보를 즉시 돌려받을 것이다. 주관성, 변덕, 그리고 온갖 종류의 예측할 수 없는 상호 관계들이 이 비중 책정에 포함될 것이다.

심지어 다른 사람들의 구매도 그 비중 책정에 영향을 미친다. 엘

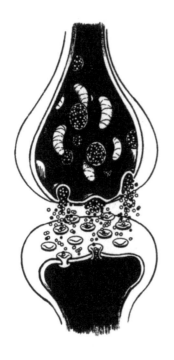

시냅스

시냅스 앞의 끝(위)에는 신경전달물질 분자들로 가득한 직경 20~30나노미터의 소포체(세포 내 망상구조)들이 대기하고 있다. 활동전위(극파)가 도달하면, 소포체 일부가 세포막과 융합하여 신경전달물질들을 시냅스 틈으로 확산시키고, 확산된 신경전달물질은 반대편의 수용체(보이지 않음)에 도달한 다음 이 수용체에 결부된 이온 통로들을 연다. 어떤 시냅스의 효율은 예컨대 소포체가 커지거나 작아지는 데 따라, 또는 얼마나 많은 자리를 방출에 이용할 수 있느냐에 따라 커지거나 작아지며, 그동안 시냅스 건너에서는 이온 통로들의 숫자나 열려 있는 시간이 늘거나 준다. 그렇게 다는 아니지만 대부분의 활동적인 과정이 시냅스 전후의 세포막에서 일어나고 있다. 그 결과를 학습이라 한다.

그림은 미국 콜로라도 주 오로라에 있는 Synaptic Corporation에서 제공했다.

모어 레너드의 독자 천 명이 갑자기 다니엘 스틸Danielle Steel의 소설을 산다면, 당신도 그녀의 최신 연애소설을 사라는 추천 공세를 받을 것이다.

아마존에 올라 있는 책들 각각을, 다른 이용할 수 있는 모든 책들(뉴런들)에 연결된 하나의 뉴런으로 본다면, 우리는 신경망을 본뜬 출발 모형을 갖게 될 것이다. 한 책과 또 다른 책의 관계는 모든 책들 사이에서 왔다 갔다 하는 관계를 토대로 계속해서 다시 계산되고(비중이 책정되고) 있다.

중요한 개념적 요점을 짚어보자.

독자는 자신이 어떤 책들을 클릭했는지를 꾸준히 파악하면서 자신의 입력을 도표화할 수 있다. 그는 아마존의 추천 목록(출력)을 기록할 수도 있다. 하지만 세상에서 가장 영리한 인공지능 조언자도 인공 신경망이 그렇게 행동한 이유를 독자에게 미리 말해줄 수는 없다. 이유를 담고 있는 기초 프로그램이나 알고리즘 같은 것은 없다. 과정은 상호 관계들의 전체 집합에 의존하며, 상호 관계들 가운데 고정되어 있는 것은 하나도 없다. 망의 한 조각을 끄집어내어 따로 관찰할 수 없는 것은 페르시아 양탄자의 실 한 가닥을 뽑아내서 양탄자의 무늬가 어떨지를 추론할 수 없는 것과 마찬가지다.

사건의 순서는 다음과 같다.

입력 : Amazon.com에서 책을 클릭하기.

숨겨진 층 : 클릭하거나 구매한 모든 책들 사이의 관계에 비중을 책정하기. 이 사건은 신경망의 육감을 구성하는 상호 의존적 공식화들 안에서 일어난다.

출력 : 추가 구매를 위한 추천 목록.

가장 단순한 신경망은 하나만 입력하여 하나만 출력한다. 더 복잡한 망들은 입력과 출력이 많은 데서 생기는 결과다.

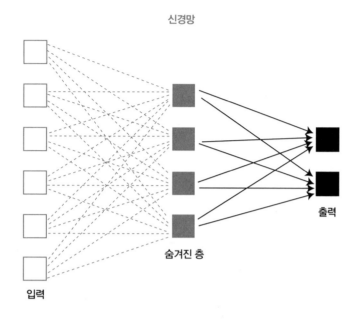

신경망

숨겨진 층

출력

입력

이제 더 욕심을 내서 작동 중인 인간의 신경망을 보도록 하자. 밝은 빛이 잠깐 동안 눈 속으로 들어간다. 망막은 그 섬광을 전기 데이터로 바꾸어 시신경을 따라 뇌로 보낸다(입력). 하지만 데이터는 정확하고 변질되지 않은 섬광의 복제품을 가지고 의식에 직접 도달하는 대신, 먼저 잠재의식의 대기역으로 가서 당신의 모든 생물학적 성향과 과거 경험들을 대변하는 선별 위원회의 면밀한 조사, 평가, 논의를 거친다. 이 위원회는 문을 닫아 걸고, 의식의 밖에 있는 숨겨진 층에서 회의를 진행한다.

각각의 운영 위원들을 한 벌의 신경 연결망으로 간주하자. 한 위원은 토스터가 누전되어 화재가 났을 때 비슷한 섬광을 보았던 어린 시절의 기억을 대변할 수 있다. 두 번째 위원은 최근 테러의 가능성에 대해 매우 민감하게 신경이 곤두서 있는 전반적인 경보 체계다. 세 번째 위원은 록 콘서트에서 섬광을 보았던 복합적 기억이고, 네 번째 위원은 밝은 빛에 반사적으로 유난히 더 깜짝 놀라게 하는 유전적 소인이다. 각 위원은 자기 나름의 견해가 있고 한 표를 행사할 수 있다. 모든 주장을 들은 뒤, 모든 위원들이 투표하여 표를 집계한다(비중 책정). 가장 기초적인 수준에서, 섬광을 완전히 억압할지 또는 의식에게 보낼지(출력) 하나의 결정이 내려진다. 시야 주변에서 겨우 감지되는 빛에서부터 정면 중앙에 번쩍이는 밝은 빛까지, 발생시킬 자각의 정도를 저울질하는 것도 이 결정의 또 다른 기능이다.

어린 시절의 기억은 찬성표를 던진다. 빛을 자각으로 보내라고 판단한다. 그 빛이 테러로 인한 폭발을 암시할까 봐 두려워진 경보망도 찬성표를 던진다. 록 콘서트에서 똑같은 섬광을 수도 없이 보았던 록 콘서트의 기억은 무심하게, 그런 빛쯤은 무시해야 한다고 느끼고 반대표를 던진다. 유전적 소인은 반사적으로 찬성표를 던진다.

세 번째 위원은 투표 수로 지고, 섬광은 높은 우선순위로 의식에 전달된다. 당신은 충격에서부터 테러리스트의 폭탄 폭발까지 모든 가능성을 극도로 경계하며, 심장을 쿵쾅거리면서 주위를 둘러

본다. 하지만 당신은 결혼식장에 있고, 모든 사람이 신부의 사진을 찍고 있을 뿐이다. 당신은 안도의 숨을 내쉬고, 그렇게 불안해하지 말자고 자신에게 말한다.

다음번에 비슷한 빛을 받으면, 위원회는 각 위원들에게 지난번의 경보는 잘못된 것이었음을 상기시킨다. 전에 찬성표를 던졌던 위원들 일부는 이제 소심해져서 투표를 하지 않는다. 위원회는 그 상을 거의 완전히 억압하기로 표결한다. 유전적 소인은 무시당한다. 그래서 당신은 아이가 학교 연극에서 만화 주인공 엘머 퍼드를 연기하는 것을 지켜보는 동안 전구가 나가고 있는 것을 거의 알아차리지 못한다.

마침내, 위원회에 충분한 시간 동안 빛이 제시되었는데 아무런 폭발도 화재도 없다면, 가장 과민한 위원들까지도 마지못해 자신들의 입장을 포기한다. 이 시점에 당신은 신경망이 들어오는 빛의 억압 쪽에 큰 비중을 두었다고 말할 수 있을 것이다. 그 후에도 화재나 폭발과 같은 다른 결과가 없다면, 투표는 무조건 거부권을 행사하는 쪽으로 진화할 것이다. 대표적인 예로 전문 사진사들은 번쩍거리는 다른 카메라들에 아무런 주의도 기울이지 않는다(특종을 빼앗기고 있다고 생각하지 않는 한).

이 도식에서, 각 위원은 나름의 특정한 성향이나 편견을 가지고 있는 하나의 신경망을 대변한다. 일부 배선된 유전적 성향은 예외일 수 있지만, 각 위원들은 다른 망에 귀를 기울이고 그에 의해 영향을 받을 능력도 있다. 그가 다른 어떤 망의 세계관을 좋아한다면, 이 다른 망과의 연결을 늘림(보강함)으로써 당원들을 포섭할 것이다. 그 반대의 경우라면, 그는 그 불쾌한 위원(망)과의 연결을 줄일 것이다. 다른 위원들 각각이 어떻게 반응할지를 모르는데 우리가 각각의 위원이 어떻게 반응할지를 아는 것은 불가능하다. 모든 위원이 다른 모두를 계속해서 지켜보고 있고, 각각의 결정이 다른 위원들의 행동에 의해 영향을 받고 있는 것이다.

이 과정의 규모에 대한 감을 얻기 위해, 수십억 위원들 각각이 최소한 1만 개의 손을 뻗어 다른 위원들과 악수하고, 그들을 들쑤시고, 유혹하거나 받아넘기고 있는 것을 상상하라. 이 완전한 난장판이 기적적으로, 비교적 매끈하고 집중된 의식의 흐름으로 변형된다. 어떤 순간에 들어오고 있는 정보의 양을 얼마로 가정하든, 우리는 의식의 단일한 측면에 집중할 수 있으며 의식 수준 아래의 엄청난 소음을 알아차리지 못하거나 무시한다.

숨겨진 층의 도식은 뇌 전체에 걸쳐 미세하게 서로 엮여 있는 거대한 신경 연결망의 개념적 모형을 제공한다. 그러한 신경망들은 칙칙한 백색질의 닫힌 문 뒤에서 열심히 작업 중인 뇌의 막후 실세, 영향력 전파자이자 의사 결정자이다. 의식이 어떻게 일어나는가는 여전히 완전한 수수께끼지만, 개념적으로, 그것이 이 숨겨진 층들로부터 일어나는 것만은 틀림없다.

신경망의 개념은 확립된 습관, 믿음, 판단을 바꾸기가 어째서 그토록 어려운지를 설명하는 데 도움이 되기도 한다. 강바닥이 점차 형성되는 과정을 상상해보라. 맨 처음에는 물의 흐름이 완전히 제멋대로이고 우선적인 경로는 전혀 없을 것이다. 하지만 일단 시내가 형성되고 나면, 물은 십중팔구 저항이 최소인 이 새로 생긴 경로를 따를 것이다. 물이 끊이지 않으면, 시내는 깊어지고 강이 생긴다.

당신은 아마존에 처음 방문하면서 특정한 책을 염두에 두지는 않는다. 당신은 베스트셀러 한 권(예를 들자면 엘모어 레너드의 소설)을 되는 대로 찍는다. 다음번에 아마존을 클릭하면, 당신은 다른 범죄 소설들을 추천하는 아마존의 공세를 받을 것이다. 어쩌면 당신은 다른 책을 살 계획이 없었지만, 추천 문구와 서평에 혹할지도 모른다. 결국, 당신이 받게 되는 추천에는 우연한 최초 구매가 반영된다. 시내가 무심하게 스스로 깊어지면서 시작되듯이.

뇌는 지극히 인간적이다. 뇌 역시 확립된 길에 의존하는 것이다. 뉴런들 사이의 연결이 늘어나면서, 그 연결들을 이겨내기는 더 어려워진다. 골프채를 휘두를 때의 잘못된 동작, 손톱 깨물기, 틀린 생각을 고집하기, 1999년 말에 닷컴 주식을 내버리지 않기 등, 정신적인 것이든 신체적인 것이든 습관은 이 미세한 연결 고리의 위력을 보여주는 약오르는 예들이다. 우리들 대부분은 가장 개인적인 수준에서, 어떤 식으로든 이 신경망들을 고통 없이 바꿀 수만 있다면 실패한 자기 개선의 노력들 다수를 그만둘 수 있을 것이라

고 시무룩하게 인정한다. 그럼에도 불구하고 스키너B. F. Skinner는
행동의 수정을 강요한다고 가차 없이 야유를 받았다. (만일 그가 자
신의 뜻을 펼쳤다면, 우리는 송아지 고기처럼 길러졌을 것이다.) 하지만 그
는 혼자가 아니었다. 어떤 식으로든 회로를 해체한다는 발상이 공
상과학 소설의 소재인 것만은 아니다. 그것은 의학에서 되풀이하
여 떠오르는 주제이다.

1935년, 포르투갈의 신경학자이자 노벨상 수상자인 에가스 모
니즈Egas Moniz는 이렇게 관찰했다.

"해당 관념을 수정하고 생각을 강제로 다른 통로로 집어넣으려
면, 반드시 이 시냅스가 적응한 상태를 바꾸어서 신경 충동들이 연
속적으로 지나가면서 선택하는 경로를 변화시켜야 한다……. 나
는 기존에 적응한 상태를 뒤엎고 다른 연결망을 가동시킴으로써
정신적인 반응을 변형하고, 그럼으로써 환자의 고통을 덜어줄 수
있게 되기를 기대한다."[2]

1936년, 모니즈 박사는 주로 정신분열증을 치료하기 위해 외과
적 절차인 전두엽 앞부분의 백질 절제술prefrontal leucotomy을 도입
했다. 나중에 '전두엽 절제술frontal lobotomy'로 불리게 된 그 수술은
전두엽 영역과 뇌의 다른 부위들 사이의 연결을 파괴할 목적으로
고안되었다. 1949년, 노벨 위원회는 모니즈의 업적을 가리켜 이렇
게 말했다.

"수술 방법의 일정한 한계에도 불구하고, 전두엽 백질 절제술은

정신병 치료에서 이루어진 가장 중요한 발견 가운데 하나로 여겨야 한다."[3]

모니즈에 관해 주목할 만한 것은 신경망들을 외과적으로 바꿀수 있다는 믿음으로 신경망의 위력을 예측한 그의 선견지명이었다. 수술을 받은 환자들이 어떻게 되었는지를 보고 싶다면, 조지로메로George Romero 감독의 〈살아 있는 시체들의 밤Night of the Living Dead〉이나 밀로스 포만Milos Forman 감독의 〈뻐꾸기 둥지 위로 날아간 새One Flew Over the Cuckoo's Nest〉를 보면 된다. (모니즈에게 공정하게 말하자면, 당시의 의학은 심각한 정신장애자들에게 달리 제공할 것이 거의 없었다. 현대의 정신약리학은 1954년, 최초의 페노사이아진phenothiazine인 소라진Thorazine(약 이름)이 소개되면서 시작되었다.)

하지만 낡은 관념들은 쉽게 죽지 않는다. 아마도 우리가 의학의실제를 개념화하는 방식 자체가 바뀌기 어려운 패턴이기 때문일것이다. 이로부터 "병이 든 것 같으면 잘라내라"는 외과적 심리가지속되었다. 클리블랜드 클리닉의 정위기능 신경외과(뇌기능 때문에 생긴 몸의 이상에 수학의 3차원 공간좌표 원리를 이용하는 치료 분야) 과장은 최근에 미세신경 외과수술 기법들, 이식되는 컴퓨터 처리장치들, 진화하는 분자생물학적 전략들을 조합하면 "정신병과 기타신경병으로 영향을 받게 되는 신경망 전체를 교체"[4]할 수 있게 될지 모른다고 말했다.

이것은 공상과학 소설일까, 희망에 의거한 생각일까, 완전한 광기일까, 아니면 이 본질적으로 유한한 연결들을 틀에 넣어 실용 가능한 의학적 모형을 찍어내려고 분투하는 신경과학자들의 진심 어린 시도일까? 신경망은 자동차 흙받기에 슨 녹 한 점처럼 모여 있지 않다. 그것을 구성 성분들로 분리할 수 없는 것은 케이크를 공학적으로 달걀, 설탕, 밀가루, 물, 초콜릿으로 되돌릴 수 없는 것과 마찬가지다. 이 망들이 곧 뇌다.

모듈성과
창발

복잡성 구성하기

개별 뉴런들을 그저 켜고 끄는 하나의 단순한 '장치'로 보는 것은 편리하긴 하지만, 사실은 심각한 기만이다. 발화할 것인가, 발화하지 않을 것인가의 마지막 예−아니요 결정은 유전자의 상호작용에서부터 호르몬 수준의 순간 이동에 이르는 복잡한 조절 기제들에 의해 영향을 받는다. 마음의 작동 방식을 이해하려면 적어도 매순간 이 관계들을 완전히 이해해야 하고, **게다가** 그러한 경합하는 힘들의 최종 출력을 정확하게 예측할 수 있는 능력도 있어야 한다. 일단 개별 뉴런을 떠나면, 상호작용의 규모는 기하급수적으로 더 커진다. 다행히, 우리의 논의를 위해서는 그러한 기제들에 관해 현재 무엇이 알려져 있는지를 끝없이 추측하고 매순간 최신 정보를 파악하느라 꼼짝 못하게 될 필요가 없다. 어떤 사고의 출처를 이해하는 일이라면, 우리는 각각의 '무심한' 뉴런들이 모여서 신비스럽게 마음을 만들어낸다는 가장 총체적인 단순화만으로도 그럭저럭 해낼 수 있다. 이는 우리를 모듈성, 위계 구조, 창발 emergence이라는 상호 관련된 개념들로 데려간다.

모듈

아마도 가장 광범위하게 연구되었을 뇌의 영역인 시각계로부터 우리는 뇌가 낮은 수준의 기능들을 높은 수준의 행동들로 변환하는 방식을 훌륭하게 일반화할 수 있다. 시각피질은 불연속적인 각도, 선, 모서리, 전경과 배경을 인식하는 세포로부터 운동과 색을 탐지하는 세포까지, 다양한 시각의 성분에 선택적으로 반응하는 세포들의 집단으로 구성되어 있다. 그러한 뉴런들은 일정한 범주의 자극이 제시될 때만 발화하고, 다른 자극에는 발화하지 않는다. 예를 들어, 어떤 세포는 한 각도의 빛에만 최대로 반응하고, 다른 각도의 빛에는 덜 강하게 반응하고, 또 다른 각도의 빛에는 전혀 반응하지 않을 것이다. 특정하게 한 가지 시각 기능만 하도록 고도로 개별화한 이 뉴런들의 집단을 **모듈**module이라 한다.[1]

감각 데이터의 위계적 배치

당신의 망막은 주황과 검정의 팔랑거림을 탐지한다. 그 정보는 1차 시각피질로 보내진다. 각 범주의 모듈이 그것이 담당한 특정한 데이터(수직이나 수평의 움직임, 색, 모양, 크기와 같은)를 수집한다. 어떤 단일한 모듈도 하나의 시각적 상像을 만들어낼 수는 없다. 각각의 출력이 시각 연합 영역 안에 있는 더 고차의 망으로 흘러들어가 거기에서 비非시각 회로에서 오는 다량의 입력들(비슷한 무늬가 산의 호수 위를 떠다니는 것을 본 기억, 할아버지와 함께 자연과학 박물관에 간 기억, 혼돈 이론chaos theory에 관한 책표지, 〈양들의 침묵Silence of the Lambs〉에 나오는 무서운 장면)과 통합된다. 시각 연합을 담당하는 숨겨진 층 안의 감각 탐지 위원은 그 입력들의 비중을 책정하고 자신의 표를 던진다. 출력은 현관에서 제왕나비가 맴돌고 있다는 지각과 인식이 된다.

모듈들은 시각의 서로 다른 측면을 처리하지만, 그럼에도 하나의 팀으로 일한다. 우리에게는 운동 탐지를 위한 모듈이 있음에도 불구하고, 우리가 순수한 운동을 볼 수는 없다. 우리는 움직이고 있는 물체나 형태를 보아야 한다. 유사하게, 우리는 어떤 형상 없이 순수한 색을 볼 수도 없다. 개별 모듈들이 자각되는 때는 주로 그것들이 제대로 작동하지 않아서, 우리 지각의 구조에 구멍을 남길 때이다.

예를 들어, 움직임의 탐지를 조절하는 후두피질 영역에 국한해서 작은 뇌졸중이 일어나면, 갑자기 움직이고 있는 상이 보이지 않게 될 수 있다. 그렇게 된 어떤 환자는 어느 정도 떨어져 있는 도로에 멈춰 있는 차를 보았는데, 계속해서 그 차를 보고 있는 동안 그것이 갑자기 곧장 앞으로 불쑥 튀어나온다고 보고했다. 움직임을 탐지할 수 없는 그녀는 그 자동차의 띄엄띄엄 찍은 일련의 정지 사진들만을 본 것이다. 차를 따를 때에도, 그녀는 흐르는 물이 아니라 얼어붙은 활 모양의 차를 보았다. 바닥에 물이 고이는 것을 보고 나서야 잔이 넘쳤음을 깨달았다. 그녀는 자동차가 다가오고 있는 것도, 잔이 차오르고 있는 것도 볼 수 없었다.[2] 그러한 사례들로부터 거슬러 연구함으로써, 신경학자들은 시각적 상을 발생시키는 최소한 서른 가지 별개의 모듈을 확인할 수 있었다(아마 그 밖에도 더 밝혀질 것 같지만).

모듈은 지각의 구성 성분이지만, 보통 개별적으로 검출할 수 있는 것은 아니다. 여담이지만, 우리가 시각적 상에 기여하는 각 모듈의 분리된 효과를 평소에 경험하지 않는 것에 감사하라. 만약 지각을 형성하는 보조 과정을 끊임없이 자각한다면 우리는 좌절과 혼란에 휩싸일 테고, 들어오는 감각 정보는 우리가 보거나 만지는 모든 품목에 이름표를 붙이는 일만큼이나 쓸모가 없어질 것이다. 식사와 함께 그 조리법까지 먹어야 하는 세계를 상상해보라.

골자만 추린 뇌 위계의 모형은, 아무 심상도 들어 있지 않고 자각의 밖에서 작동하는 개별 뉴런들이 점차 더 고차의 망들로 흘러

들어가 마침내 하나의 그림이 창발하는 것이다. 가장 원시적인 동물의 뇌와 비교해도 터무니없이 단순한 인공지능 모형에서 낮은 수준의 정보가 최종적인 상으로 변환되는 과업은 신경망의 **숨겨진 층** 안에서 일어나는 일련의 수학적 계산을 통해 달성된다. 정확한 기제들은 여전히 심오한 수수께끼이자 의식이 어떻게 '무심한' 뉴런들로부터 일어나는가를 이해하기 위한 열쇠다. 이 비범한 과정을 상식적으로 설명하기 위해, 과학자들은 우리에게 자기 언어로 자기를 기술하는 꼴이지만 그래도 직관적으로 호소력 있는 **창발**의 이론을 제공해왔다.

창발

창발의 고전적인 예는 흰개미들이 보잘것없는 뇌를 가지고 7미터도 더 되는 높이의 거대한 탑을 쌓을 수 있는 원리다. 탑을 어떻게 또는 왜 쌓는가에 대한 단서를 갖고 있는 흰개미는 한 마리도 없다. 흰개미의 뇌는 그런 정보를 담을 정도로 크지 않다. 물론 흰개미 공학자나 건축가, 비평가 따위는 없다. 모든 흰개미들이 청사진도 없이, 또는 흰개미 탑에 대한 관념조차도 없이 일하는 저급한 노동자들이다. 그럼에도 불구하고 탑은 세워진다. 어떤 식으로든 저급한 능력들의 상호작용이 고급한 활동을 낳는다.[3]

같은 과정이 인간의 뇌에도 적용된다. 각각의 뉴런은 흰개미와 같다. 뉴런은 완전한 기억을 담을 수도 없고, 지적인 논의를 할 수도 없다. 뉴런들을 감독하는 슈퍼뉴런이 있는 것도 아니고, 각 뉴런 안에 기본 계획이 들어 있는 것도 아니다. 각 뉴런의 DNA는 한 세포가 어떻게 작동하고 다른 세포들과 어떻게 관계를 맺을지 일반적인 지침을 줄 뿐, 논리나 이성, 또는 시를 위한 지침을 주지는 않는다. 그럼에도 불구하고, 이 세포들의 덩어리에서 셰익스피어와 뉴턴이 나온다. 의식, 지향성, 목적, 의미 모두가 이 요소들을 담고 있지 않은 수십억 뉴런들 사이의 상호 연결에서 창발한다.[4] 흰개미와 흰개미 탑의 관계는 단일 뉴런과 마음의 관계와 같다. 1차 모듈들이 **벽돌과 회반죽**을 제공하고, 2차 연합 영역들이 집house을 지으며, 이 건물을 진정한 **집**home이라 부르려면 더욱더 복잡한 상호작용들이 필요하다.

모듈성은, 점점 더 복잡해지는 신경망의 층들이 이루는 도식적인 위계적 배치와 창발이라는 개념과 결합하면, 뇌가 어떻게 복잡한 지각, 사고, 행동을 구축하는지를 효과적으로 보여주는 훌륭한 모형이 되어준다. 하버드의 심리학 교수인 스티븐 핑커Steven Pinker는 심지어 **모듈**이라는 용어를 '정신기관mental organ'과 동의어로 사용하여, 뇌가 기능적으로 전문화된 많은 기제들로 구성되어 집단적으로 '마음'을 창조한다는 점을 강조하자고 제의하기까지 했다. 물론 이것이 말 그대로 사실이라는 것은 아니다.

뇌는 단일한 기관이다. 하지만 모듈은 복잡한 행동의 여러 측면들을 더 다루기 쉬운 조각들로 해체할 수 있는 방식을 개념화하는 데 도움이 된다. 모듈성의 개념을 행동에 적용할 때 귀담아 들어야 하는 나쁜 소식과 중대한 경고는 환원주의를 너무 강조하거나 행동의 정의를 흐리면 터무니없는 결과를 낳을 수 있다는 점이다. 록펠러Rockefeller, 카네기Carnegie, 게이츠Gates의 전기에 익숙한 사람이라면 자선 행위를 쉽사리 명확한 동기와 충동 또는 이타주의적 유전자의 탓으로 돌릴 수 없음을 깨닫는다. 한 사람의 동정심이 다른 사람이 볼 때는 세금 공제인 것이다.

모듈의 국재局在성에 관해 잠시 한마디 하자면, 신경학자들이 시각 모듈에 관해 이야기할 때 가리키고 있는 것은 시각피질 안에 다닥다닥 붙어 있는 세포 기둥들이다. 시각적 상을 만들어내는 데 필수적인 여러 과제를 수행하는 이 모듈들은 해부학적으로 떨어져 있고, 뇌의 작은 영역에 국한되어 있으며, 미세 전극을 사용한 세포 내 기록과 같은 표준적인 신경생리학 연구를 통해 확인할 수 있다. 행동을 위한 모듈들은 명확하게 한곳에 모여 있지 않고, 어떤 공통 기능의 널리 분포된 여러 측면을 대표한다. 스티븐 핑커의 속이 뒤집히는 기막힌 묘사는 반복할 가치가 있다.

'모듈'이란 말은 붙였다 뗐다 할 수 있는 부속 장치 같은 느낌을 주지만 사실은 그렇지 않다. 마음 모듈은……. 뇌의 표면 위에 경계를 구분한 영역들로 표시되지 않는다. 마음 모듈은 오히려 차에 치여 팔다리를 쭉 뻗고 뇌의 불룩한 곳과 갈라진 틈을 너저분하게 덮고 있는 동물에 가깝게 보인다. 또는 신경섬유로 연결되어 하나의 단위처럼 활동하는 몇 개의 부위로 구성될 수도 있다.[5]

언어 습득에 관련된 수많은 성분들(기호의 시각적 인식과 말소리, 즉 음소의 청각적 처리로부터 미묘한 차이와 함축된 역설의 분류까지)을 생각해보라. 때로 인종적 별칭은 상황, 얼굴 표정, 신체 언어, 억양에 따라 비난의 말이 될 수도 있고 애정을 표현하는 말이 될 수도 있다. (코미디언 조지 칼린George Carlin은 예기치 않은 상황에서 정치적 저의가 있는 단어들을 사용함으로써 출세했다.) 하나의 단어를 해석할 때도, 넓게 분리되어 있지만 상호 연결되어 있는 피질의 커다란 영역들이 하나의 행동 단위로 기능한다. 여기에서 **모듈**이라는 용어의 응용 가능성이 나온다.

이 수준에서 끊이지 않고 널리 퍼져 있는 모듈이라는 분류 체계를 적용하려면 신념의 도약(해부학적으로 떨어져 있지만 하나의 행동에 기여하는 이 뇌의 영역들이, 조립식 장난감의 성분들이 총괄적인 설계의 일부인 것처럼 실제로는 유전적으로 연결되어 있다는)이 필요하다. 조만간, 일부 행동적 특성들은 그러한 기준을 만족시킬 것 같고, 다른 특성들은 한물간 심리학의 쓰레기 더미로 가게 될 것이다. 그럼에도 불구하고, 모듈성의 일부 버전은 행동 생물학을 뒷받침하는 데 꼭 필요하다. 위험 감수나 절대음감, 수학 능력에 대한 유전자에 관해 이야기하든, 동정이나 사기, 권모술수의 적응적 가치에 관해 이야기하든, 진화 심리학자들은 일정한 생물학적 속성들이 행동적 특성의 발현에 없어서는 안 된다는 가정을 출발점으로 삼는다. 만일 진화에 책임이 있다면, 행동 특성도 유전적으로 전달된다고 가정할 수 있다.

모듈성이라는 일반 개념은 우리의 사고 형성 방식을 포함해 뇌가 어떻게 기능하는가를 일반화하는 강력한 도구이다. **안다는 느낌**은 보편적이고, 뇌의 국한된 영역 안에서 비롯될 가능성이 높고, 직접 자극하거나 화학적으로 조작해서 활성화할 수 있지만, 의식적으로 노력해서 촉발되지는 않는다. 그 느낌을 1차적인 뇌 모듈로 포함시키기 위한 이 논거들은 사기, 동정, 용서, 이타주의나 권모술수를 위해 가정되는 논거들보다 설득력이 있다. 뇌를 자극해서 **안다는 느낌**을 만들어낼 수는 있지만, 뇌를 자극해서 정치가를 만들어낼 수는 없는 것이다.

이 얼마나 벗어나기 힘든 곤경인가. 사고가 더 전문화된 모듈들, 우리의 통제와 자각 밖에서 작용하는 일부 모듈들에 의해 생겨난다는 관념은 직관적으로 명백하기도 하고, 한편으로는 우리가 사고를 경험하는 방식에 반대되기도 한다. 나는 의식적 인지와 무의식적 인지의 차이에 관해 이야기하고 있는 것이 아니라, 우리가 '출발선'으로부터 사고를 세워가는 방식을 가리키고 있는 것이다. 문제는 이성적인 마음의 개념이다. 이 탐색을 시작하기 위해, 우리는 신경학자의 뇌 기능에 대한 접근법을 따라 모듈의 부적절한 활성화가 예기치 않고 의도하지 않은 방식으로 사고에 영향을 미치는 조건들을 찾아봐야 한다. 가장 매혹적이고 통찰을 주는 조건들 가운데 하나가 공감각synesthesia 현상이다.

공감각

1880년, 찰스 다윈의 사촌인 프랜시스 골턴Francis Galton이 처음 서술한 공감각은 흔히, 광경과 소리처럼 보통 관계없는 두 가지 감각 양상이 저절로 합쳐지는 현상을 대변하는 것으로 생각된다. 공감각을 느끼는 사람들은 두 가지 별개의 감각을 단 하나의 단위로 경험하며, 제2의 감각 입력을 의지로 억압할 수 없다.

어떤 사람은 색깔을 듣고, 모양을 맛보고, 누군가의 목소리나 음악의 색, 모양, 맛을 묘사할 수도 있다. 공감각을 느끼는 사람들을 상당 시간 면담해온 신경학자들에 따르면, 이 지각은 단순한 착각, 환각, 또는 '마음의 눈'에 보이는 것과 반대 의미로서 '실제'로 경험된다고 한다.[6]

두 가지 전형적인 묘사를 소개한다. 47세의 심리학자는 말한다.

"뉴올리언스 타입의 재즈가 세차고 따가운 빗방울처럼 온몸을 때린다. 기타 소리는 언제나 누군가 나의 발목에 입김을 뿜고 있는 것처럼 느껴진다."

기고가이자 미국공감각협회의 공동 창시자인 패트리샤 더피

Patricia Duffy는 말한다.

"그의 이름이 기억나지는 않지만, 자줏빛이라는 건 안다."[7]

다음은 알파벳에 관한 블라디미르 나보코프Vladimir Nabokov의
묘사다.

영어 알파벳의 기다란 a는 …… 풍화된 나무의 색조를 가진 것으로
보이지만, 프랑스어의 a는 광택이 있는 흑단을 떠올리게 한다. 또한
이 검은색의 무리에는 딱딱한 g(유황 처리된 고무)와 r(찢기고 그을음 묻
은 넝마)이 포함된다. 오트밀의 n과 흐늘흐늘한 국수의 l, 뒷면이 상아
색인 손거울의 o는 흰색 무리에 속한다……. 파란색 무리로 넘어가 보
면, 철의 느낌이 있는 x가 있고, 천둥의 z, 월귤나무의 k가 있다. 소리
와 모양 사이에는 미묘한 상호작용이 있기에, 내게는 q는 k보다 더 짙
은 갈색이며, 하늘빛과 자개빛이 오묘하게 섞여 들어간 s보다 c가 더
흐린 파란색이라고 본다.[8]

아르튀르 랭보, 바실리 칸딘스키, 블라디미르 나보코프, 데이비
드 호크니David Hockney,[9] 알렉산더 스크리아빈Alexander Scriabin은
이 오싹한 능력을 가졌던 위대한 예술가들 가운데 소수에 지나지
않는다. 이 불수의적인 감각들이 행동과 사고 둘 다를 형성하는 방
식을 보려면, 메트로폴리탄 오페라를 위한 무대 디자인 창작에 관
한 데이비드 호크니의 묘사를 들으면 된다.

"라벨의 음악을 들었는데 그 곡의 한 부분에는 나무 한 그루가 있고, 그 나무에 따르는 음악이 있습니다. 내가 그 음악을 들을 때면, 그 나무가 그냥 저절로 칠해집니다."

호크니의 경우는 라벨 곡 한 구절의 음악 소리가 방아쇠를 당겨 그의 뇌로 하여금 '나무를 보도록' 했다. (호크니는 자신이 칠한 색깔들이 들린다고 말하기도 했다.)[10]

러시아의 작곡가이자 피아니스트였던 알렉산더 스크리아빈은 자신의 색-음 연상을 철저하게 목록화한 최초의 공감각 경험자들 가운데 한 사람이었다. '올림 다'는 보라색이었고, '마'는 진줏빛 나는 흰색인 동시에 어렴풋한 달빛이기도 했다.

신경학자 라마찬드란 V. S. Ramachandran은 공감각이 일어나는 방식에 관해 설득력 있는 추측을 내놓는다.

"아마도 돌연변이로 인해, 보통은 분리되어 있는 뇌 영역들 사이에 연결이 생길 것이다. 아니면 돌연변이의 결과로 기존 연결을 쳐내는 능력에 결함이 생겨서 보통은 드문드문하게만 이어질 영역들이 단단히 이어진 채 남게 되는 것일 수도 있다."

라마찬드란은 처음에는 물리적으로 배선이 교차한다고 생각했지만, 지금은 영역들 사이의 신경화학적 불균형으로도 같은 효과가 일어날 수 있다고 믿는다.

"예를 들어, 이웃하는 뇌 영역들은 흔히 서로의 활동을 억제하고, 이것이 상호 대화를 최소화하는 역할을 한다. 그러한 억제가 감소되어, 예컨대 억제성 신경전달물질의 작용이 차단되거나 억제물질을 생산하지 못함으로써 화학적 불균형이 일어나면, 한 영역에서의 활동이 이웃 영역에서도 활동을 유발할 것이다. 그러한 교차 활성화는 원리적으로 넓게 분리된 영역들 사이에서도 일어날 수 있을 것이고, 이는 덜 흔한 형태의 공감각 일부를 설명해줄 것이다."[11]

공감각은 흔히 가계를 타고 흐르므로, 대부분의 신경학자들이 유전적 요소를 인정한다. 다음은 뉴욕의 예술가인 캐럴Carol S의 일기다.

"나는 가족들과 저녁 식탁에 둘러앉아 있다가 말했다. '숫자 5는 노란색이야.' 잠깐 침묵이 흘렀고, 아빠가 말씀하셨다. '아냐, 그건 황토색이야.' ……그 당시에 나는 숫자 2가 녹색이고 숫자 6이 파랑인지, 아니면 그와 반대인지를 결정하느라 애를 먹고 있었다. 그래서 나는 아빠한테 물었다. '숫자 2가 녹색이야?' 아빠는 대답하셨다. '그럼, 물론이지. 그건 녹색이야.'"[12]

흥미로운 곁다리 소식 한 가지. 한 가족의 일원이라고 해서 반드시 같은 색깔을 경험하는 것은 아니며, 심지어 같은 유형의 공감각을 경험하는 것도 아니다. 공감각에 바탕이 되는 것으로 추정되는 똑같은 유전자(또는 유전자들)가 유사한 경험을 만들어낼 수도 있고 유사하지 않은 경험을 만들어낼 수도 있다. 이는 특정 행동과 관련된 유전자와 행동의 실제 발현은 구별해야 한다는 또 다른 논거다.

사유의 섬들

공감각 경험자인 패트리샤 더피는 서로 다른 세계관의 중심에 이 지각의 차이들이 있음을 우아하게 요약한다.

삶에서, 아주 많은 것들이 "당신에게도 내가 보는 것이 보이나요?" 라는 질문에 달려 있다. 그 가장 기본적인 질문이 인간을 사회적으로 묶어준다……. 누군가가 지각하는 것을 확실하게 지지해주지 않으면 그는 세상에서 유달리 외로움을 느낄 수 있다……. c는 남색이고, d는 흑갈색이고, 7은 반짝이는 녹색이고, v는 와인색인 나만의 사유의 섬에 고립된 채. 내가 그 외의 다른 무엇을 또 나머지 세상과 다르게 보았을까? 나는 궁금했다. 나머지 세상은 내가 보지 못한 무엇을 보았을까? 어쩌면 세상 사람 각자가 자신도 깨닫지 못하지만 약간 기이한 지각을 가지고 있어서 그 때문에 타인과 분리된 불가사의한 존재로 사유의 섬에 갇히는 것은 아닐까. 이 사유의 섬들이 세상에 있었던 사람들의 숫자만큼 많을 것이라 생각하니 갑자기 현기증이 났다.[13]

공감각은 놀라운 통찰을 제공한다. 더 저급한 뇌 모듈이 우리의 평범한 감각 지각뿐만 아니라 우리가 글자나 숫자와 같은 추상적 기호를 경험하는 방식에도 근본적으로 영향을 미칠 수 있다는 것이다.

사고라는 것이 단어와 기호의 조작이라면, 다름 아닌 우리 사고의 구성 요소들 역시 불수의적으로, 심지어 유전적으로 영향을 받아서 우리들 각자를 지각하고 사고하는 '사유의 섬들'로 만드는 것은 아닐까 생각해볼 필요가 있다.

사고는
언제 시작될까?

타이밍, 그 착상은 닭인가, 갓 부화한 병아리인가

당신은 어떤 착상에 대해 숙고한다. 찬찬히 관찰하고, 되새기고, 명상하고, 자면서도 생각한다. 당신은 점차 설득되어 자신에게 말한다. "그래, 바로 그거야." 사고, 사고의 평가, 맞다는 느낌의 이 명백한 인과적 시간 순서가 바로 **안다는 느낌**에 권위를 부여하는 것이다. 다른 어떤 순서도 이해가 되지 않을 것이고 **안다는 느낌**에서 모든 실제적 가치를 없애버릴 것이다. 하지만 경험은 우리에게, **안다는 느낌**과 의식적 '추론'의 시간 관계는 가변적이라고 말한다.

가능한 타이밍 순서에는 다음 예들이 들어갈 수 있을 것이다.

각본 A에서, 우리는 어떠한 사고도 동반하지 않고 **안다는 느낌**을 경험한다. 신비 체험이나 뇌 자극 연구에서 이를 볼 수 있다. 이 느낌에 대한 해석이나 설명은 모두 경험 이후에 일어난다. 현대의 흔한 예는 심오한 영적 '일체감sense of oneness'으로, 이 '순간'이 신의 계시를 대변했다는 해석이 뒤따른다.

각본 B에서는 일련의 무의식적 연상이 '맞다는 감'과 융합된다. 사고와 **맞다는 느낌**feeling of correctness은 하나의 단위로 의식에 도달하고 통찰이나 '아하' 하는 순간으로서 함께 경험된다. 많은 위대한 과학자들이 자신이 찾은 돌파구를 체계적인 심사숙고의 산물이 아닌 '갑작스런 사고의 정지'로, 혹은 '그냥 머릿속에 느닷없이 떠올랐다'고 묘사해왔다. 그들은 준비(토대 쌓기)가 되어 있지 않았을까 말하지만 실제적인 통찰은 천만뜻밖의 것이었다. 유명한 인도의 수학자 스리니바사 라마누잔Srinivasa Ramanujan은 일찍이, 자신은 수 이론에서 어떤 복잡한 결과가 참이라는 것, 그래서 그것이 오로지 나중에 증명하기만 하면 되는 문제라는 것을 '그냥 안다'고 말했다.

어려운 수학적 정리가 앞서 어떤 심사숙고도 준비도 없이 나타날 수 있다는 것은 전혀 그럴법하지 않다. 하지만 끝을 보지 못한 이전의 반추나 반쯤 형성된 질문들, 또는 희미한 육감의 재작업에서 새로운 연상이 일어난 결과로서 통찰이 일어난다는 것은 쉽게 인정할 수 있다. 이 연상은 숨겨진 층 안에서 시작되고, 일단 맞다고 판단되면, 다음에는 의식으로 전달된다. 우리는 그 사고와 맞다는 느낌을 동시에 **유레카**eureka나 **진실의 순간**moment of truth으로 경험한다.

각본 C에서는, 어떤 착상을 처음으로 맞닥뜨린다. 우리는 그것이 맞는지의 여부가 객관적으로 결정된 다음에야, 그 답이 맞음을 '안다'. 예를 들어, 친구가 초인종에 답해야 친구의 집을 찾은 줄 알고, 전화번호를 누른 다음에야 통화하려고 한 부서에 연결된다. 각본 C의 경우, 어떤 사고가 맞다는 느낌은 분명 의식적 평가와 시험 뒤에 온다.

안다는 느낌이 정당한 결론을 대변한다고 무조건 신뢰하려면, 이 세 각본들 가운데 실제로 일어난 각본은 어떤 것인지 알 필요가 있다. 타이밍이 전부다. 하지만 뇌 안에 일련의 사건들에 대한 지각을 재배열하는 기제들이 들어 있다면 어쩔 것인가? 뇌가 우리에게 속임수를 써서, 사실은 사건 X가 사건 Y보다 앞서는데 사건 Y를 뒤따른다고 믿게 만들 수 있다면? 앞뒤가 뒤바뀐 제안처럼 들리지만, 이 재배열이 일련의 사건들을 적절히 지각하는 데 걸림돌이 되는 또 다른 생리학적 장벽을 극복하기 위해 필수적이라면?

일단 설명된 착시는 우리가 실재라 일컫는 것을 우리의 뇌가 어떻게 조립하는지에 대해 통찰하게 해주는 것처럼 느껴진다. 하지만 당신은 최근에 언제, 제시되는 시간을 착시라고 보았는가?

주관적인 시간의 역방향 투사

> 샌디 쿠팩스Sandy Koufax의 속구는 어찌나 빨랐던지, 어떤 타자들
> 은 그가 마운드로 가는 동안 스윙을 시작했다.
>
> – 짐 머레이

블로J. Blow는 타격 부진의 수렁에 빠진 채, 찌는 듯이 덥고 제대로 꾸미지도 않은 피츠버그 호텔 방에 앉아 있었다. 그의 팀은 최하위이고, 그는 앞으로 삼진 몇 개면 저 밑바닥의 2군으로 내려 보내질 판이다. 시합 날 아침, 그는 아내에게서 연말 특별 상여금이 나올 것인지 묻는 전화를 받았다. 두 딸 모두 치열교정도 해야 하고 발레 교습도 받아야 했다. 여섯 살 먹은 아들 녀석이 전화를 받아서 아빠가 보고 싶다고 말하더니, 조그만 목소리로 속삭였다. 돌로 된 심장이라도 무너뜨릴 그 목소리.

"절 위해서 홈런을 때려주세요."

그는 전화를 끊고 자이언트 팀의 경기를 보았다. 배리 본즈Barry Bonds가 2루타 하나와 홈런 하나를 포함해 3타수 3안타를 때렸다. 블로는 지갑을 열어 구겨지고 노랗게 빛바랜 신문 쪽지들을 꺼냈다. 야구 역사에서 가장 위대한 타자들 가운데 세 사람인 본즈, 테드 윌리엄스Ted Williams, 스탠 뮤지얼Stan Musial의 말들을 인용한 신문기사를 오려낸 것들이다.

본즈는 사이 영 상Cy Young Award(미국 프로야구 양대 리그의 최우수 투수상)을 수상한 경력이 있는 해설자 릭 서트클리프Rick Sutcliffe에게, 자신은 스트라이크존을 아주 조그맣게 줄여놓고 거기만 바라본다고 말했다. "대략 4분의 1 크기로요."

1986년, 테드 윌리엄스는 말했다. "투 스트라이크가 될 때까지, 1달러 은화 크기 정도의 한 영역에 들어오는 공 하나를 기다렸습니다."[1]

스탠 뮤지얼은 어떤 신출내기 선수에게 말했다. "땅볼을 치고 싶으면, 나는 3등분한 공의 꼭대기를 때리지. 직선 타구를 치고 싶으면 중간을 때리고, 플라이를 치고 싶으면 맨 아래를 때리는 거야."[2]

이들은 어떻게 그럴 수가 있을까? 블로는 자신에게 물었다. 요즘 나는 투수의 손에서 공이 떠나는 것도 간신히 볼까 말까인데.

야구장에서, 감독은 안도감을 주기도 하고 미묘하게 위협이 되기도 하는 복합적인 존재다. "방망이만 갖다 대. 넘길 생각으로 휘두르지 말고. 걱정 마. 아마 스프링필드(마이너리그 트리플 A)에 가면 자신감을 찾을 수 있을 거야……."

블로가 타석을 향해 걸어가는 동안 그의 머리를 휘젓고 있는, 의식적이고 무의식적인 모든 입력을 생각해보라. 아버지는 미심쩍고 실망한 표정으로 얼굴을 잔뜩 찡그리고 계시고, 어머니는 치맛단을 돌돌 감았다 풀었다 하면서 가만히 기도를 하고 계신다. 고등학교 시절의 코치는 나를 씹고 있다. "그 자식 선발 출장 선수 명단에 들어가게 되는 건 이번이 처음이라니까. 잘난 척은 다 하면서 겁도 많아요."

숨겨진 층은 할 일이 많다. 어린 시절의 멸시, 잊은 지 오래된 실패의 기억들, 예기치 않았던 예전의 승리들, 부모님의 태도, 기타 정신분석의 타이타닉을 침몰시킬 만큼 어마어마한 양의 변수들을 일일이 지정하는 일도 비중을 책정하는 일만큼이나 녹록지 않다.

블로는 결론을 내렸다. '감독이 말하는 대로 해, 아들놈한테는 언제든지 승리가 개인의 통산보다 더 중요하다고 설명할 수 있잖아. 공과 접촉만 하자. 아주 느긋하게 휘두르는 거야.' 블로는 타석을 딛고 서서 준비를 끝냈다.

감아올리고, 던졌다……. 중간 속도에, 커브도 아니고, 보름달만큼 큰 것이, 타석을 향해 거의 둥둥 떠온다고, 공이 떠나는 순간 투수의 손을 보고 판단을 내리면서, 블로는 생각했다. 피질 아래 운동 중추들이 침을 흘리기 시작했다. 그것들이 이 사건을 그냥 보낼 리 없었다. 그리고 블로는 그저 공을 만나겠다는 일념으로 있는 힘을 다해 방망이를 휘둘렀다.

그는 굉장한 좌월 홈런을 날렸다. 팀은 1 대 0으로 승리했다. 블로는 오늘의 영웅이었다. 경기가 끝난 뒤, 코치가 블로에게 물었다. 왜 자신의 지시를 무시했느냐고. 블로는 완전한 대뇌피질적 정직성을 가지고 말했다. "저도 몰라요. 뭔가에 씐 게 틀림없어요."

프로야구 투수들이 던지는 공의 속도는 시속 130에서 160킬로미터에 달한다. 공이 떠나는 순간부터 본루를 지나는 순간까지 걸리는 시간은 대략 0.380에서 0.460밀리초다. 공이 떠나는 상이 망막에 도달하는 순간부터 스윙을 시작하는 순간까지 최소 반응 시간은 대략 200밀리초다.[3] 스윙에는 160에서 190밀리초가 더 걸린다. 반응 시간과 스윙 시간을 합친 시간은 대략 속구가 마운드를 떠나 본루까지 오는 데 걸리는 시간과 맞먹는다.[4]

문제의 중대성을 이해하기 위해 생각해보라. 당신의 망막이 공이 투수의 손을 떠나고 있다는 최초의 공지를 전달하고 뇌가 그것을 받아 처리하기까지, 이 속구는 약 9미터를 날아갈 것이다.[5] 투구를 완전히 지각하기까지는 상당히 더 긴 시간이 걸린다. 처리가 지연된다는 것은 공이 중심 위치에 있는 것으로 나타날 때쯤이면 실제 공은 더 이상 그 위치에 없다는 뜻이다. 공이 '있게 될 곳'을 보려면, 뇌는 동작의 속도를 시간에 대해 적분하여, 자세 이동의 정도를 추산한 다음, 이것을 현재 시점에 보이는 물체의 모습과 통합해야 한다.[6] 타자가 스윙을 시작할 때 경험하는 '지금'이 의식되지 않는 복잡한 계산들에서 생기는 '가상'이라는 사실은 상당히 놀랍다. 오로지 전망에만 근거한, 미시적 버전의 예지가 아닌가.

일단 공이 공중에 뜨면, 자세히 생각해보기에는 너무 늦다. 타자는 공이 떠나 행로를 시작하는 것을 보고, 그다음에는 자동으로 움직인다. 이 말은 어쩐지 키를 조종하는 기계가 안에 있다는, 베이브 루스Babe Ruth나 배리 본즈 같은 타자를 관리하는 모종의 로봇 신경 뭉치들이 있다는 소리처럼 들린다. 그렇지만 우리 모두는 어떤 타자의 기량이 단순한 운동의 열의를 넘어, 사전의 연습과 광범위한 게임 연구에 의존한다는 것을 알고 있다. 훌륭한 타자들은 상대 투수들의 성향을 광범위하게 꿰고 있다. 그 성향에는 투수가 어떤 유형의 공을 다양한 조건에서 언제 던질지도 포함된다. 3 대 0 만루일 때에는 0 대 2로 베이스가 비었을 때보다 공이 중간 아래로 내려갈 가망성이 높다. 상황의 조합은 무한하지만, 그럼에도 각 타자는 다음 투구의 속도, 궤적, 위치의 윤곽을 개연적으로 그려낸다. 훌륭한 선수들이 신출내기 선수들보다 월등하게 정확한 부분이 바로 이 영역이다.[7]

공을 때리는 행위에는 근본적으로 다르지만 떼려야 뗄 수 없이 서로 연결되어 있는 두 가지 전략이 필요하다. 사건 이전에 의식적으로 분석하는 것과 사건의 시작과 함께 거의 순간적으로 잠재의식적 계산에 의존하는 것이다. 피질은 스윙을 언제 어느 방향으로 할지 일반적인 지침을 제시한 다음, 더 빠른 피질 아래 기제들로 통제권을 넘긴다.[8] 투구의 물리학을 광범위하게 연구한 컴퓨터 과학자 겸 공학자가 제공하는 단순화된 도식은 다음과 같다.

"우리는 투구를 3기로 나눈다. 1기 동안 타자는 감각적 데이터를 수집하고, 2기 동안에는 계산(공이 언제, 어디서 방망이와 충돌할지 예측)을 하며, 3기 동안 방망이를 휘두른다. **스윙을 하는 동안은 타**

자가 눈을 감아도 아무런 차이가 생기지 않을 것이다. 그는 이미 스윙을 바꿀 수 없다. 그가 할 수 있는 최선은 그 스윙을 점검하는 것이다."[9]

이런 연구들은 탁구에서 스쿼시, 크리켓에 이르는 다른 스포츠에서도 똑같이 재현되었다. 권투 시합에서, 선수가 날아오는 주먹이 완전히 보이고 분석될 때까지 기다렸다가 어찌 행동할지 결정하는 것을 상상할 수 있는가? 즉각적인 행위가 생존에 득이 됨은 너무도 자명하다.

결론적으로, 타자는 면밀히 관찰된 공이 아니라, 미리 결정된 개연성에 의거하여 스윙을 하고 있는 것이다. 배리 본즈와 같은 전설적인 타자는 공이 포물선을 그리는 중간에 스윙을 미세하게 조정하는 실력이 평균적인 타자보다 더 뛰어나지만, 그것이 의식적으로 지각하고 숙고한 다음 결정한 결과는 아니다. 단순히 그럴 만한 시간이 없는 것이다.[10]

그럼에도 불구하고 본즈, 윌리엄스, 뮤지얼은 자신들이 야구공 직경 크기나 그보다 작은 표적 안에서 스윙의 크기를 조절할 수 있다고 단언한다. 공의 초기 비행경로에 가장 수준 높은 물리학을 적용해도 그렇게까지 정확한 예측은 할 수 없음을 놓고 볼 때, 진정으로 비범한 재주가 아닐 수 없다.

그렇다면, 세상에서 가장 훌륭한 타자들은 정말로 이상적인 사상가일까? 나는 공을 때린다, 그러므로 그것이 접근하는 것을 보았다? 선수들이 보았다고 믿는 것과 과학자들이 생리적으로 가능하다고 말하는 것의 균형을 우리가 어떻게 맞출 수 있을까?

'지금' 그것이 보여도, '지금' 보는 것이 아니다

우리가 우주를 내다볼 때는, 태양에서 오는 빛이 지구에 도달하는 데 9분이 걸린다. 그래서 우리는 9분 전의 사건을 보고 있다는 것을 이해하기가 쉽다. 먼 은하로부터 우리에게 도달하는 빛도 도달하는 데 몇 광년이 걸릴 뿐, 그것이 과거의 사건임을 이해하기 쉬운 건 마찬가지다. 우리는 현재와 과거가 모두 우리 망막에서 **지금**으로 표상되고 있는, 동시적이지 않은 우주 안에서 사는 데 아무 어려움도 겪지 않는다. 태양과 은하까지의 거리는 솔직히, 우리의 일상생활에서 차이를 만들기에는 너무나 멀다. 하지만 빠르게 접근하고 있는 야구공은 어떨까?

타격 코치들은 "공에서 눈을 떼지 말 것"을 강조한다. 어떤 코치들은 당신이 공을 타석의 1미터 안으로 들어올 때까지 볼 수 있다고 말하고, 어떤 코치들은 공이 방망이를 때리는 것까지 볼 수 있다고 말한다. 그건 아무래도 좋다. 기묘한 것은, 스윙을 마치고 공이 이미 담장을 넘고 있거나 포수의 장갑 속에 들어 있을 때까지는 그런 상들이 의식에 도달하지 않을 것이라는 점이다. 만일 접근하고 있는 야구공의 상을 뇌가 어떤 식으로든 과거 시간으로 투사해서 상쇄하지 않는다면, 당신은 이미 공을 때리고 난 뒤에야 공이 타석에 접근하는 것을 보게 될 것이다.

지각되는 시간의 구조에서 일어나는 이러한 착오는 비非인과성을 뒷받침하는 증거로부터 의도가 자각보다 앞선다는 결론까지, 온갖 것을 나타내는 것으로 뜨겁게 논란이 되어왔다. 하지만 그 설명이 심오하게 철학적일 필요는 없다. 이 입력의 조정은 날마다 일어나는 일이다. 당신이 온몸으로 문을 들이박으면, 코에서 입력되는 감각이 엄지발가락에서 입력되는 감각보다 일찍 뇌에 도달하지만, 그럼에도 당신은 문을 때린 것을 온몸으로 동시에 지각한다.[11] 뇌가 이 시간 지연을 조정하는 것이다. 내가 발을 구를 때, 그 운동적 움직임motor movement은 나의 발이 땅을 치는 것과 동시에 일어나는 것으로 느껴진다. 땅을 치는 발의 감각이 뇌에 도달하여 처리되는 데 걸리는 시간의 길이는 느껴지지 않는다. 그러한 조정이 없다면, 온갖 감각 입력이 제각기 다른 시간만큼 지연되어 시간 감각은 만화경처럼 펼쳐지고, 현재는 순간적인 '지금'이 되는 대신 넓은 시간대로 퍼질('두꺼워질') 것이다.

파이 현상

과거로의 주관적인 투사를 눈으로 보고 싶다면, 간단한 실험을 해보라.[12] 근접한 두 불빛이 빠른 속도로 잇달아 켜지면, 점 A로부터 점 B로 움직이는 하나의 빛만 보일 것이다(구식 옥외광고에서 뚜렷한 움직임을 만들어내는 기초). 뇌는 이 두 개의 섬광을 마치 빛이 두

점 사이를 움직이고 있는 것처럼 해석한다.

이제 빛에 색을 입히자. 점 A를 빨간빛으로, 점 B를 초록빛으로 바꾸라. 빛이 점 A에서 점 B로 움직이는 것을 보는 동안, 그 빛은 대략 두 빛의 중간 지점에서 갑자기 빨강에서 초록으로 바뀔 것이다.[13] 다시 말해, 우리는 초록빛이 실제로 켜지기도 전에 초록빛이 번쩍하는 것을 볼 것이다. 망막에서 피질로 정보가 전달되고 처리되는 사이에 아직 알려지지 않은 기제들에 의해, 뇌가 번쩍이는 초록의 상을 과거로 밀어낸 것이다(우리는 그것을 실제보다 더 일찍 경험한다). 들어오는 감각 데이터를 지각으로 출력하기 전에, 데이터 처리에 필요한 시간의 창을 이용해 불일치하는 뇌의 시간과 '외부' 시간을 다시 정렬함으로써, 지각이 이음매 없는 '지금'의 세계를 창조하게 하는 것이다. 추산에 따르면 뇌는 제2의 상을 120밀리초까지 뒤로 투사해서 그 불일치를 일상적으로 무마할 수 있다고 한다.[14] 이 기묘하지만 꼭 필요한 신경생리학에 따르면, '그 순간에 존재하기'란 최근의 과거와 임박한 미래 둘 다에서 훔쳐오는 가상의 조리법이다.

지각의 타이밍 문제에 설상가상으로, 다가오는 야구공이 타자와 당신, 즉 본루 뒤에 앉아 있는 관찰자에게 얼마나 다르게 보이는지를 생각해보라. 투수는 시속 150킬로미터의 속구 셋을 연달아 뿜어내며 화려하게 자신을 과시한다. 타자는 처음 공을 가볍게 보내버리더니 다음 둘을 파울로 날려버린다. 그는 또 하나의 스모크

볼(눈에 보이지 않을 만큼 빠른 투구 – 옮긴이)을 맞을 채비를 한다. 투수는 스모크볼 대신, 가볍게 시속 100킬로미터의 변화구를 던져 올려 타자를 현혹시킨다. 타자는 너무 일찍 방망이를 휘두르는 바람에 삼진 아웃된다. 당신은 즐겁게 구경하다가 자문한다. 저 타자가 어떻게 연봉 500만 달러를 벌 수 있는지, 당사자가 아닌 당신 눈에는 소년 야구 리그 선수라도 칠 수 있을 것 같은 공을 어떻게 그토록 잘못 판단할 수 있는지 말이다.

차이라면, 타자는 투수가 느린 공을 던졌다는 것을 완전히 의식적으로 이해하기 전에 스윙을 결정하기 시작하는 반면, 당신은 공이 타석을 향하는 전체 경로를 보는 호사를 누린다는 점이다. 스윙을 할 것인가 말 것인가를 당장 결정해야 하는 압박이 없으므로, 당신에게는 당신이 속지 않는 공에 타자가 꼼짝없이 농락당하는 꼴이 보이는 것이다.

기본적인 신경생물학적 원리는 바로, 들어오는 정보에 즉각 반응할 필요가 있으면 지각의 정확도가 떨어진다는 것이다. 우리들 대부분은 고속 스포츠와 상관이 없지만, 무엇보다 중요한 일상 활동인 평범한 대화에서 누구나 이 한계를 경험한다. 실제로, 대화란 최정상급 탁구 시합에 비견되는 고속 경기다.[15]

먼저 듣기 행위를 살펴보자. 우리에게는 한데 엮이어 단어와 구와 문장을 이루게 될 개별 음소들이 속사포처럼 쏟아진다. 그것을 처리하는 데에는 시간이 걸린다. 처음에는 한 단어도 해독되지 않을 것이다. 말을 더 해야만 그 단어가 명확해진다. 외국어 악센트나 지역 사투리가 묻어 있는 누군가의 말을 우리가 어떻게 듣는지 생각해보라. 우리는 하나의 구절이 맥락 안으로 들어갈 때까지 그것을 단기기억 안에 지니고 있다. 현대의 언어 인식 프로그램이 작동하는 것을 지켜보면, 더 많은 정보(그 이상의 단어들)가 입력되면서 단어들이 수정되고 있는 것이 보일 것이다.

예를 들어, 새로운 언어 인식 프로그램을 시험하면서, 나는 "자상도, 타박상도, 열상lacerations도 없다"고 구술했다. 프로그램은 자막을 내보냈다. "자상도, 타박상도, 약소 아시아인들lesser Asians도 없다." 나는 가능한 한 느리게 또박또박 말하려 애썼지만, 소용이 없었다. 내가 "그 환자의 X - 선 사진에는 가느다란 골절 부위가 보였다"라는 구절을 덧붙이자, 프로그램은 비로소 몇 초 간 뜸을 들인 뒤, **약소 아시아인**을 **열상**으로 고쳤다. 프로그램이 정확도를 높이려면 더 많은 정보가 필요했다.

우리의 언어 인식도 비슷한 방식으로 작동한다. 우리는 오랜 시간에 걸쳐 글자, 단어, 구, 인칭 구문 등등을 인식하는 방대한 신경망을 구축한다. "그는 싸구려 옷을 입고 있는in cheap clothing 늑대다"라고, 상용 문구를 살짝 바꾸어 구술해보라. 언어 인식 프로그램은, 만일 데이터베이스에 원래의 문구를 가지고 있다면, 계속해서 화면에 "양의 탈을 쓴in sheep's clothing"을 내보낼 것이다.

컴퓨터로 작동되는 언어 인식 프로그램과 달리, 우리에게는 표정과 몸짓 등 의미에 대해 추가의 암시를 주는 모든 비언어적 단서들을 볼 수 있는 이점이 있다. 우리는 화자의 어투, 미소의 유무나 무표정을 보고 그의 이상한 단어 선택이 의도적인 것(말장난)이었는지, 의도하지 않은 것(오용)이었는지를 더 훌륭하게 결정할 수 있다. 이것을 해석하는 데에도 상당한 시간이 더 걸릴 것이고, 우리는 그것이 끝난 뒤에야 처음에 받은 인상을 수정할 수 있다. 허를 찌르는 농담이나 동음이의어의 오해가 주는 즐거움을 통해 의미란 맥락에 좌우되며 뒤이어 말하기 나름이라는 점을 알 수 있다.

이제 대화를 복잡한 관념들을 교환하는 수단이라고 상상해보라. 각 참여자는 그 관념이 맞다고 믿는지 아닌지에 따라 다르게 반응하고 있다. 각 토론자가 속구를 던지는 대신, 상대방에게 하나의 관념을 던지고 있는 것이다. 만일 듣는 사람 쪽에서 그 관념이 맞다고 판단하면, 그는 스윙을 하지 않을 것이다(그 관념을 있는 그대로 받아들일 것이다). 만일 자신에게 접근하고 있는 그 관념이 맞지 않는다고 생각하면, 그는 스윙을 할 것이다(즉각적으로 항변을 구성하고 어쩌면 상대의 말 도중에 끼어들어 그 관념을 고치려 들 것이다).

자, 와인드업windup. 여기 사고가 간다. 그 사고가 맞는가에 관한 듣는 사람의 결정은 상대방의 입술을 떠나고 있는 그 관념을 흘긋 본 것, 한숨, 몸짓, 표정 등 신체 언어에 대한 순간적 판단, 단어 해석에 기여하는 온갖 다양한 언어적·비언어적 단서들을 바탕으로 할 것이다. 듣는 사람이 빠른 반응을 강요받는다면, 그 사고가 맞는가에 관한 결정은 날아오는 공에 대한 타자의 평가와 똑같은 생리학적 제약을 받을 것이다. 그럼에도 불구하고, 주관적으로 시간이 뒤로 보내지는 탓에, 듣는 사람은 그 사고가 맞는지를 결정하기 **전에** 그 사고를 충분히 고려했다고 느낄 것이다(배리 본즈가 스윙을 시작하기 **전에** 4분의 1 크기의 스트라이크존에서 공을 볼 수 있다고 믿는 것과 마찬가지다). 출중한 타자들은 3할을 치지만, 3할 대의 대화자라면 순전히 마이너리그다.

대답해야 한다는 의무감이 없을 때 대화는 얼마나 다르게 들리는지. 아무 상관없이 느긋하게 더 많은 처리 시간을 누리고 있는 구경꾼으로서의 우리는 대부분의 대화에서 얄팍함, 모호함, 실제적인 관념 교환의 부재를 쉽게 볼 수 있다. 우리는 대충 그때그때 봐 가며 하는 대부분의 대화들을 신뢰할 만큼 어리석지 않다. 우리는 사운드 바이트sound bite(뉴스의 핵심을 전달하기 위해 주로 정치인의 연설이나 인터뷰에서 뽑아낸 몇 마디 말로, 실제로는 진상을 왜곡하기 쉽다 -옮긴이)에 대해 불평하고, MTV가 잠시도 방송에 정적이 들어가지 않도록 재빠른 반응을 강조하는 것에 대해 투덜거린다. 또 대통령 후보들이 토론에서 전형적으로 빨리빨리 제대로 대답하지 못하는 것에 진력을 낸다. 하지만 아무것도 변하지 않는다. 슬프게도, 문제는 최소한 부분적으로는 대화의 생리학에 있다. 조용한 관찰자에서 적극적인 토론자로 옮아가면서, 우리는 극복하려고 애쓰는 바로 그 처리 문제에 빠지게 된다. 속사포 대화에 시간 제약이 주어지면, **안다는 느낌**이 들어오고 있는 관념을 완전히 지각하기 전에 촉발될 것임에도 불구하고, 마치 그 관념을 숙고한 다음에 오는 것처럼 느껴지는 것이다.

시간 스펙트럼의 끝 무렵에는 주관적으로 **안다는 느낌**을 뒤로 보낸 것이 잘못된 결론으로 이어질 수도 있음을 보는 것이 가능하지만, 시간적 착각은 훨씬 더 긴 시간 폭에 걸쳐서 일어난다. 이는 우리를 결정적인 질문으로 데려간다. 사고는 언제 시작되는가? 야구의 예에서는 사건의 순서가 뒤바뀌어 지각되는 것을 탐지할 수 있다. 왜냐하면 우리는 공의 속도뿐만 아니라 중추신경계와 말초신경계 안에서 전기 충동이 전도되는 속도도 측정할 수 있기 때문이다. 하지만 사고의 타이밍은 어떻게 측정하면 좋을까?

안다는 느낌은 사고 다음에 올 수 있다. '이마 클루츠의 전화번호가 뭐지?' (이 장 첫 부분의 각본 C) 당신은 전화번호부를 뒤져서 다섯 개의 똑같은 이름과 번호들을 찾는다. 당신은 그것이 맞는지 틀리는지도 모르는 채로, 첫 번째 번호로 통화를 시도한다. 이마가 받으면, 그 번호가 맞다는 것을 금방 **안다**. **안다는 느낌**은 이마의 전화 목소리를 들은 다음에 온다.

하지만 가장 단순한 인과의 예를 떠나면, 우리는 살얼음판을 밟게 된다. 새로운 연상들을 수반하는 복잡한 사고가 창발하는 데는 몇 밀리초가 걸릴 수도 있고 몇십 년이 걸릴 수도 있다. 나는 오늘 거리에서 어떤 여자를 지나치고서, 내일(그쯤이 될 것 같다) 느닷없이 오래전의 여자 친구를 떠올릴지도 모른다. 새 책을 위한 착상이 싹트는 데 걸리는 시간은 몇 년이 될 수도 있다. 어떤 사고가 자각에 도달하기 전에는, 표준적인 과학적 측정법으로 그 사고에 접근하는 것은 불가능하다. 그 사고는 숨겨진 층 안을 소리 없이 여행하는 '보이지 않는 여행자'이기 때문이다. 하지만 어떤 결론이든 이끌어낼 수 있을지를 알아보기 위해, 간단한 사고 실험을 시도해볼 수는 있다.

이지 너츠는 필버트 거리 123번지에 산다. 당신은 저녁 식사에 초대받았지만, 그의 집에 가본 적은 없다. 당신은 차를 몰고 필버트 거리를 달리다가 123이라는 이정표를 본다. 이 예에서, 우리는 '저기가 필버트 123번지로군' 하는 생각을 우리가 언제 했는지, 그리고 그 생각이 맞다는 것을 언제 알았는지를 아주 잘 알고 있다. 당신은 123이라는 표지를 지각하고, 그런 다음 "저기다"라고 말한다.

이제 다른 줄거리를 생각해보자. 당신은 20년 전에 아내와 함께 이지의 집에 가본 적이 있고, 그것이 상당히 분명하게 기억난다고 생각한다. 이번에는, 날이 어둡고 날씨도 험악하다. 인근의 거리 표지판들은 바람에 날려 떨어져버렸다. "문제없어." 당신은 아내에게 말한다. "그 친구 집은 손바닥 보듯이 구석구석 기억이 난다니까.” (배우자와 함께 여행을 해본 사람이라면 이 이야기의 결말이 어떻게 될지 잘 알 것이다.) 한참 말다툼을 한 뒤, 당신은 기억 속의 필버트 거리와 꼭 닮은 어떤 거리에 차를 세운다. “믿어도 돼.” 당신은 아내에게 말한다. 그녀는 독신 생활을 심사숙고 중이다. 당신은 이지의 집과 똑같이 생긴 어떤 집을 본다. “저기 있다.”

“확실해?” 아내가 묻는다. “내가 기억하는 집하고는 전혀 안 닮았는데.”

“틀림없어. 내가 아는데, 이 집이 그 집이야.”

당신은 차에서 내려, 초인종을 누르고, 거주자로부터 여기는 필버트 거리조차도 아니라는 말을 듣는다. “이지는 한 블록 너머에 산대.” 차로 돌아온 당신은, 아내가 정나미가 떨어져서 어깨를 으쓱하는 동안, 그 집 안의 남자가 틀린 거라는 이상한 생각을 떨쳐버리려 애쓴다. 이지네 집이 틀림없는데. 그 집은 당신이 기억하는 집과 똑같다. “내가 틀렸나 봐.” 당신은 마지못해 인정하고, 그런 다음 덧붙인다. “그게 그 친구 집이라고 맹세할 수도 있었는데.” 아직도 완전히 납득할 수 없는 것이다.

이 사례에서, 당신이 이지의 집을 ‘안’ 때는 언제인가? 당신은 20년 전, 이지와 함께 그의 거실에서 저녁을 보냈다. 당시에 당신에게는 그 집이 이지의 집이라는 압도적인 증거가 있었다. 학습 과정에 필수적인 **맞다는 느낌**이 그 저녁의 기억과 융합되어 이지의 집을 표상하는 신경망을 형성한 것이다. 이 망이 옛날 전화 배전반처럼 기능한다고 상상해보라. 여러 가입자들의 회로가 한데 연결되어 있다고 말이다. 회로가 그 상태인 채 통신이 끊임없이 계속되므로, 사생활은 눈곱만큼도 없다. 모든 사람이 다른 모든 사람의 통화 내용을 듣는다. 집의 이미지와 앎은 서로로부터 도망칠 수 없다. 20년 뒤라도, 당신이 저장된 이지의 집 이미지와 비슷한 집을 보면, 둘이 모두 활성화된다.

느껴지는 순서는 당신이 집을 보고, 그런 다음 당신 자신에게 말하는 것이다. "그래, 저 집이 이지네 집이야." 다른 어떤 타이밍도 이해가 되지 않을 것이다. 당신이 그 집을 보았다고 느끼기도 전에 거기가 이지의 집이라는 느낌이 일어난다면 얼마나 혼란스럽겠는지 상상해보라. 그렇지만, 당신으로 하여금 그 집을 알아보고 이지의 집이 틀림없다고 말하게 한 것은 20년 묵은 **안다는 느낌**이었다.

날마다 일어나는 사건임에도 불구하고, 시간적 재정리는 여전히 제대로 이해되지 않는다. 우리에게 기초 해부학이나 생리학에 관한 단서가 있다는 뜻은 아니지만, 중앙의 표준시간을 동기화하는 기제는 개념적으로 존재해야만 한다. 이 성가신 격론이 특정한 뇌 활동에 관해 우리에게 말해주는 것은 아무것도 없지만, 우리 내부의 '뇌 시간'이 '외부 시간'을 정확하게 반영하는 것은 아닐 수 있음을, 그리고 뇌는 우리의 내부 – 외부 시간 불일치를 자신의 목적에 알맞도록 매끄럽게 다듬는 능력이 있다는 것을 깨닫는 데에는 도움이 된다.

이전의 사고와 기억을 활성화하는 사고들의 경우, 우리는 사고의 어떤 부분이 현재 형성되고 있는지, 어떤 부분이 회상되고 있는지, 또는 언제 **안다는 느낌**이 일어났는지 알 수가 없다. 인과(A가 B에 앞서고 C를 일으킴)처럼 보이는 것도 사건의 순서가 정확하다고 언제나 믿을 수 있는 것은 아니다. 뇌 시간에는 그 나름의 의사일정이 있다.

지각적 사고 :
그 이상의 설명

이지 너츠의 집에 대한 당신의 잘못된 기억은 또한 기억의 신뢰도라는 풀기 힘든 문제를 일으킨다. 우리가 필버트 거리 123번지 표지를 본다면, 그리고 초인종 소리에 이지가 답한다면, 그 **안다는 느낌**은 적절한 것이다. 하지만 그것이 이지의 집이 아니었던, 두 번째 각본은 어떨까? **안다는 느낌**은 똑같았지만, 이번에는 그것이 믿을 만하지 않았을 뿐이다. 맞는 결론과 틀린 결론에 똑같은 **안다는 느낌**이 결부되어 있는 문제를 이해하려면, 오늘날 우리가 기억에 대해 이해하고 있는 것을 잠깐 훑어볼 필요가 있다.

일화 기억 대 의미 기억

내가 다닌 초등학교는 수십 년 전에 헐렸고, 고등학교는 관공서로 바뀌었다. 하지만 학교 이름들은 나의 뇌 안에 여전히 새겨져 있다. 신경심리학자들은 이것을 **의미** 기억semantic memory이라 부른다. 이에 반해, **일화** 기억episodic memory은 그 학교들에서 일어났던 일에 대한 기억들을 가리킨다.

의미 기억에는 진주만 공격의 날짜와 시간, 베이브 루스가 친 홈런의 숫자로부터 당신의 현주소와 주민등록번호까지 모든 것이 포함된다. 이것은 외부에서 입증하고 승인할 수 있는 구체적인 정보들의 묶음이다. 우리는 엠파이어스테이트 빌딩의 층수를 셀 수 있다. 나는 옛날 고등학교 졸업 앨범을 꺼내서 표지에 볼록하게 새겨진 로웰 고등학교라는 이름을 볼 수 있다. 1피트는 언제나 12인치일 것이다.

반대로, **일화** 기억은 **먼저 이것이 일어났고, 다음에 저것이 일어났다**는 이야기를 통해 한데 엮인 특정한 일화들의 기억을 가리킨다. 이것은 뒤이은 경험에 의해 개정되는 기억들이다.[1]

'목격'의 정확성

형제나 자매와 옛날을 추억하다 보면, 십중팔구 당신은 어린 시절에 함께 겪은 일이라고 생각했는데 서로의 설명이 비슷하지 않다는 사실을 알게 될 것이다. 내 누이와 나, 각자의 이야기에는, 우리가 다른 행성에서 자랐다고 해도 좋을 만큼 유아기 때부터 겹치는 부분이 너무도 적었다. 심지어 일요일마다 먹던 질긴 닭고기도 생닭이거나 냉동 닭이었으며, 양념이 약하거나 강했고, 뜨겁거나 차게 상에 올랐다. 내 친구 하나는 누이가 어린 시절의 회고록을 출판했는데, 그는 그것을 읽는 동안, 그 책을 쓴 사람이 자신의 누이가 맞는지 확인하기 위해 계속해서 표지의 사진을 다시 들여다보았다.

내 누이가 옳다고, 그 닭고기는 정확히 누이가 지금 묘사하는 그대로였다고, 그리고 나도 원래는 정확히 누이가 본 것을 보았다고 가정하자. (이것은 양보가 아니라, 가설일 뿐이다.) 지금, 나의 기억은 누이의 기억과 다르다. 하지만 나에게는 어떤 기억이 바뀔 때면 나에게 경고를 보내는 경보장치나 팝업 대화상자가 장착되어 있지 않다. 나는 통고를 받지 못했다. 나는 예전 기억의 돌연변이를 경험한 적이 한 번도 없다(나는 의도적으로 **돌연변**이라는 단어를 쓴다). 그러한 변화가 추적 불가능한 침묵 속에서 일어난다면, 나는 나 자신이 전형적인 탈근대주의의 신빙성 없는 화자임을 인정해야 한다. 앞서 경험한 **나**란 존재는 예측할 수 있는 구석이라고는 없는 순간적 패턴일 뿐이고, 나란 그 무엇도 아닌 나의 과거다.

우리들 가운데 기억이 이처럼 망가지기 쉽다는 것을 본능적으로 믿는 사람은 아무도 없다. 일화 기억 회상의 정확성에 의문을 제기하는 심리학 연구들이 늘어나는데도 불구하고, 우리는 우리의 과거가 얼추 우리의 기억에 해당한다는 믿음을 고수한다. 때때로 세부 사항들이 약간 흐릿해지는 것을 느끼기는 하지만, 어떤 기억의 요체를 의심하는 일은 드물다. 우리는 적어도 과거의 기억들이 기본적인 진실을 반영한다는 관념에 의지한다.

너무나 유혹적인 논지를 들어보자. 나의 출생지를 내가 자신할 수 있다면, 그리고 이 **안다는 느낌**이 쉽게 입증될 수 있다면, 맞게 느껴지는 나의 모든 기억들을 신뢰해야 하지 않겠는가? 내가 똑똑히 들리지 않는 비틀스 노래의 가사를 완전히 외워서 부를 수 있고 그 가사의 정확성을 어느 인터넷 웹사이트에서 또 한 번 확인할 수 있다면, 분명 나는 "당신이 나를……"라고 비난했거나, "나에게……"라고 장담했거나, "내가 너한테 똑똑히 말했잖아"라고 했던 그 무시무시한 대화에서 두 줄쯤은 기억할 수 있을 것이다.

대화는 대화다. 기억은 기억이다. 그렇지 않은가? 당신 생각처럼 뇌가 이것을 규칙대로 달성한다면, 당신이 아래처럼 옥신각신하며 분통을 터뜨린 적은 한 번도 없었을 것이다.

"네가 시작했잖아."

"아냐, 먼저 네가 말했고, 그다음에 내가 ……라고 말했어."

"딱 한 번만, 확실히 좀 할 수 없겠니? 네가 말했고, 그다음에 내가 ……라고 말했잖아, 그리고 말이 나왔으니 말인데, 그건 도대체 내가 실제로 한 말도 아냐."

"내가 똑똑히 들었거든. 이건 네가 나를 ……라고 비난해서 시작한 거야…….”

“나는 입도 뻥긋하지 않았거든. 찍소리도 안 했다고.”

“그러니까 지금 그게 내 상상이라는 거야? 대화를 녹화라도 해야겠네.”

“우린 언제 카메라를 켤지도 합의하지 못할걸.”

누가, 무엇을, 누구에게, 왜 말했는지에 관해서도 그토록 쉽게 헷갈린다면, 우리가 어떻게 이 기억들을 정확하다고 간주할 수 있을까? 그렇지만 그것이 우리가 사는 방식이다. 일화 기억이 본질적으로 불안정하고 믿을 수 없다는 데 관해 의문이 든다면, 단지 챌린저호 연구, UFO와 외계인 납치의 증거들, 또는 심슨O. J. Simpson 재판을 생각해보면 된다. (여기는 일화 기억의 연약함에 관해 구구절절이 인용할 자리가 아니다. 불완전한 회상, 왔다 갔다 하는 기억, 거짓 기억 증후군을 훌륭하게 요약한 글을 원한다면, 하버드의 심리학자 다니엘 샥터Daniel Schacter의 뛰어나고 읽기 쉬운 글들을 찾아보라.)[2]

기억에 상당히 뚜렷이 구분되는 두 가지 형태인 의미 기억과 일화 기억이 있음을 인정한다면, 사고 역시 유사하게 서로 다른 범주로 구분될 가능성도 생각해볼 수 있을 것이다. 스펙트럼 한쪽 끝의 사고는 사실들을 도구로서 맹목적으로 암기하고 기계적으로 사용할 것이다. 고등학교에서 $f=ma$를 배운다면, 당신은 뒤이어 어떤 경험을 해도 변하지 않을 방정식을 암기한 것이다. 설사 양자역학이 원자 밑에서 기어 나와 $f=ma$는 맞지 않다고 말해도, 그 방정식에 대한 당신의 기억은 정확하게 남아 있다. 사실을 암기하는 데 논리, 인과나 상당한 추론 능력은 요구되지 않는다.

어떤 사고들은 의미 기억처럼 본질적으로 자기를 규정한다. 성탄절은 12월 25일이다. 1피트는 언제나 12인치이다. 숨겨진 층에서는 어떤 복잡한 처리도 할 필요가 없다. 사실은 영원히 사실로 머무를 것이다(최초의 바탕 가정이 존속되는 한). 성탄절이 12월 25일이라는 사실은 추론할 필요가 없다. 12월 25일은 성탄절 정의의 일부이기 때문이다.

편의상, 암기만을 요구하고 의사결정, 논리적 분석이나 추론을 요구하지 않는 사고들을 **의미 사고**semantic thought라 부르자. 그다지 호소력 있는 용어는 아니지만, **의미 기억**과의 유사성을 연상시키는 용어로는 쓸 만하다. 그에 비해, 숨겨진 층 안에서의 복잡한 계산으로 일어나는 사고들은 의식 아래에서 끊임없이 개정, 확대, 축소되고 있는 일화 기억의 등가물로 볼 수 있을 것이다. 일화 기억과 마찬가지로, 그러한 사고들도 지각의 요소를 필요로 하고 다양한 지각적 착각의 지배를 받는다. **일화 사고**episodic thought라는 용어는 좀 껄끄러워서, 나는 더 서술적인 용어로 **지각적 사고**perceptual thought를 골랐다.[3] 생각하기에 관해 이어지는 논의에서는, 주로 지각적 사고를 다룰 것이다.

사고의
쾌감

안다는 느낌이 학습 과정에 필수라는 점은 분명하지만, 그것의 엄청난 위력을 이해하려면 뇌의 보상 체계를 논의해야 한다.

나는 고질적인 포커 중독자다. 나는 자신의 타락을 정당화하기 위해 경쟁의 짜릿함, 적절한 승률을 재빨리 계산하는 재미, 공평한 경쟁의 장(스테로이드를 맞아도 도움이 안 되는), 최고수가 언제나 이긴다는 점(부정 심판도 없고, 스트라이크존이 유동적이지도 않고, 점수 계산에 편법을 쓸 수도 없다)에 관해 웅얼거리는 것으로 유명했다. 소설가 폴 오스터Paul Auster가 울고 갈 만큼, 나는 심지어 예측 불가능성의 세계 속에 울려 퍼지는 가능성의 음악에 관해 점점 더 시적이 되어가는 것 같다.

위의 모든 예찬이 사실일 수도 있지만, 그럼에도 불구하고 나는 더 강력한 동기를 고백하지 않을 수 없다. 나는 행운을 느끼기 위해서 포커를 치는 것이다.

"난 안 그래." 통계학자는 항변한다. 포커는 도박이 아니라고. 멀리 보면, 카드는 피장파장이 될 거고 기술이 득세할 거라고. 공정히 말하자면, 나는 겉으로는 확률의 법칙에 대해 100퍼센트 공치사를 하는 꾼들을 만나왔지만, 아무래도 그것은 단순히 대단한 포커페이스가 아닐까 한다. 결정적인 카드를 받은 순간, 당신은 나에게 결국은 한 도박꾼의 모습을 보여줄 것이고, 나는 당신에게 평범함에서 스스로를 구해낼 기적을 기다리면서 달을 향해 울부짖는 한 원시인의 모습을 보여줄 것이다. 포커 게임을 할 때 이성주의자 중에서도 가장 이성적인 사람에게 착 붙어서 그의 잠재의식에 거짓말 탐지기를 연결하면, 소리 없는 애원이 들릴 것이다. 오, 포커의 신이시여, 저에게 에이스를 주시옵소서.

룰렛 원반이나 복권 당첨 발표 시간에 편의점 주위로 모여든 사람들, 또는 타임스 스퀘어에서 나스닥 증권시세표 앞에 못박힌 사람들에게서 적나라한 희망의 표정들을 자세히 살펴보라. 라스베이거스의 수화물 찾는 곳에 서 있는 당신은 무릎까지 찌릿찌릿한 흥분에 빠진다. 가방을 움켜쥐고 한판 때리기를 초조하게 기다리고 있는 사람들은 도시를 떠나는 사람들이 걸치고 있는 절망의 신체 언어와 견딜 수 없는 진실의 표정들을 아랑곳하지 않는다. '대박'의 암울한 가능성은 순식간에 무시된다. 소망에 찬 생각에 의한 왜곡된 승산에 따르면, 다른 모든 사람들이 거의 다 잃었다는 소식은 당신이 딸 가능성이 더 클 것이 틀림없다는 것만을 의미한다. ("저 슬롯머신을 당겨보자. 며칠 동안 돈을 내놓지 않았으니까, 때가 된 게 틀림없어.")

또한 주식시장 거품은 대부분 불신이 불합리하게 정지한 데 의존한 것이었다. 사람들은 투자를 들먹이지만, 자기 주식이 올라가는 것을 지켜보는 짜릿함은 단순히 돈을 버는 것에 관한 문제가 아니었다. 주식 가치란 포물선을 그리는데도, 분석가들 대다수는 역사의 교훈을 팽개치고 걷잡을 수 없는 시장의 초 단위 중독을 택했다. 우리 모두 필시 그것이 좋지 않음을 알고 있었지만, 우리 자신을 어쩔 수 없었던 것이다.

쾌감 원리

실험용 생쥐의 뇌에 있는 쾌감 중추에 전극을 꽂으면, 쥐들은 먹이도 물도 팽개치고 쾌감을 일으키는 그 전극을 자극하는 막대를 쓰러질 때까지 계속해서 누를 것이다.[1] 신경과학자들은 미세전극 이식뿐만 아니라 뇌 영상과 상세한 해부학 연구를 이용해서, 쾌감 - 보상 체계, 정서와 감정, 아편계 펩타이드(엔도르핀)를 책임지고 있는 뇌의 영역들 사이에 광범위한 연결망이 존재함을 보여주었다. 뇌의 보상 회로를 구성하는 주요 성분은 **중뇌변연관련 도파민계**mesolimbic dopamine system로, 뇌간 상부(복측피개영역)에서 시작되는 신경세포들의 집합이다. 여러 신경전달물질이 관련되겠지만, 이 보상 회로를 활성화하는 데에는 도파민이 필수적인 것으로 여겨진다.[2] 이 체계는 변연계 및 안와전두피질의 일부와 중격의지핵nucleus accumbens, 즉 중독 행동과 관련된 것으로 널리 생각되는 뇌 바닥의 한 영역을 포함해, 감정과 인지를 통합하는 영역들로 연장된다.

뇌 영상 연구에서 우리는 보상계가 자연적으로 열심히 돌아가고 있는 모습(예를 들어 여러 묶음의 뉴런들이 쾌감을 주는 맛, 냄새, 촉감, 음악에 반응하여 확실하게 빛나는 것)을 볼 수 있다.[3] 인간은 정신약리학적 재주가 늘어가는 속에서, 뇌를 속이는 방법들을 묵인해왔다. 코카인, 암페타민, 알코올, 니코틴은 모두 유사한 영역들을 활성화한다.[4] 도박에서 따면 안와전두피질은 순수한 네온사인으로 변한다.[5] 이러한 희열이 없다면, 중독도 없을 것이다. 역으로, 전두엽 절제술로 안와전두 영역을 제거하면, 냉담하고 아무 동기도 없는 인간 좀비가 된다. 장기적인 목적이 완전히 사라진다.[6]

마약, 알코올, 도박, 담배 중독에 관한 연구는 행동이 보상되는 방식을 밝히는 데 도움이 되어왔다. 최악의 코카인 중독이나 우표 수집이나 쓸데없는 공상에 똑같이 적용되는 일반적인 원리는, 행동이 지속되려면 뇌가 전해주는 보상이 있어야 한다는 것이다.

우리가 이제 다루어야 하는 질문은 이것이다. 사고의 보상 체계는 무엇일까?

만일 당신이 순간적 판단이나 통찰력 있는 숙고를 통해 황급히 나무에 오름으로써 돌진하는 굶주린 사자를 피한다면, 당신에게는 사고의 가치에 대한 명확한 증거가 있는 것이다. 사자는 슬그머니 물러나 점심은 가젤 타르타르(생고기 스테이크 - 옮긴이)로 결정한다. 당신은 무언가를 배웠다고 느끼며 나무에서 기어 내려온다. 그 **안다는 느낌**과 나무에 오르자는 결정은 함께 연결되어 '사자가 돌진하는 경우에 할 일'이라는 표지를 단 신경망이 된다. 그 경험이 강렬할수록, 그리고 자주 일어날수록, 그 결정과 그 결정이 맞다는 느낌 사이의 연결 고리는 점점 더 튼튼해진다.

안다는 느낌과 그에 관련된 친숙하다는 느낌은 시각계가 보는 일에, 후각계가 냄새 맡는 일에 필수적인 만큼 학습에 필수적이고, 싸우거나 달아나기 위한 기제들만큼 기본적이다.[7] 낯설고 친숙하지 않다는 느낌은 우리에게, 우리가 생각하는 중에 잘못된 길로 접어들고 있다는 경고를 할 수 있다. ("그건 옳게 느껴지지 않아." "덴마크에서 수상한 냄새가 나." "말도 안 돼. 온통 나쁜 낌새로군.")

안다는 느낌은 십중팔구 사고의 맨 처음 아첨꾼이었을 것이다.

"넌 하나밖에 없는 영리한 친구야." 그 느낌은 하이파이브를 하면서 탄성을 지르고, 그 뒤에는 종종 "머리는 그렇게 쓰는 거야"와 같은 자기 부풀리기가 따른다. 인간은 진화해왔다. 사고는 더 복잡해졌고 더 추상적이 되었다. 오늘날 우리가 생각하는 많은 것은 분명한 답도, 명백한 인과적 결과도 없고, 쉽게 측정할 수도 없다. 이라크를 침공하기로 한, 줄기세포 연구를 제한하기로 한, 개인의 권총 소지를 허가하기로 한 결정들이 최선의 결정인지 아닌지 우리는 결코 확실하게 알 수 없다. 예기치 않은 결말의 법칙은 우리에게, 겉보기에 긍정적인 오늘날의 결과가 다음 십 년의 재난이 될 수도 있다고 말해준다. 알츠하이머 유전자 검사를 받을까 말까부터 소설 제목을 『캐치 - 22Catch-22』로 할까 말까(원제 선정에 우여곡절을 겪은 것으로 알려진 조지프 헬러의 소설 - 옮긴이)를 결정하는 일까지, 개인적 결정들은 시험할 수 없다. 우리가 하는 너무도 많은 생각들이 어둠 속에서 일어난다.

우리의 캐치 - 22(진퇴양난의 상황을 가리키는 표현 - 옮긴이)는 다음과 같다. 어떤 새로운 사고를 추구하려면, 그것을 뒷받침하는 증거나 변호하는 이유를 갖기 前에 그 사고가 추구할 만한 가치가 있다고 느껴야 한다는 것이다. 그렇지 않으면, 우리는 맞다고 이미 알고 있는 착상들만을 고려할 것이다. 하지만 새롭거나 독특한 착상을 위한 보상은 무엇이 될까? 우리는 지식을 위한 지식의 쾌감을 이야기하지만, 이는 당신이 획득하고 있는 것이 참된 지식일 것이라고 가정한다. 사고의 가치에 대한 어떤 느낌도 없이 진행되는 것은 우선순위가 높은 활동이 아니다. 당신의 아이가 숙제를 피하면서, 라틴어나 논리학을 공부하는 것을 아무 쓸모도 없다고 강하게 불평하는 것만 보아도 안다. "무슨 소용이야?"라는 말은 사고의 보상계 스위치가 꺼져 있다는(당신이 신경화학적 은유를 선호한다면, 활기를 잃었다는) 말에 지나지 않는다.

계속할 능력은 없다, 계속해야만 할 뿐이다

나는 크로스워드 퍼즐을 싫어하지만, 그것에 중독된 친구들은 얼마든지 있다. 26번 가로: '술 취한'이라는 뜻의 여섯 글자 단어. s로 시작해서 d로 끝난다. 당신은 생각할 수 있는 모든 단어를 대충 훑은 다음, 차례로 그 단어들을 넣어본다. stewed? stoned? 한동안 고심한 뒤, 퍼즐이 암시하는 것과 꼭 맞는 단어를 떠올린다. soused! 당신은 '내가 알아냈다'는 작은 전율로 보상을 받는다. 이것을 몇 번만 하면 당신은 걸려든다.

이 크로스워드 퍼즐의 예에서는, 피드백이 상당히 즉각적이다. 일단 몇 단어만 자리를 잡으면, 당신은 이후 선택의 여지를 재빨리 평가할 수 있다.

이제 도전의 시야를 넓혀보자. 혼자 힘으로 축구장 크기의 퍼즐과 맞붙는다고 상상해보라. 여러 해가 흘러야 아무 패턴이든 식별

할 수 있을 것이다. 그때까지는 당신이 선택한 것들이 퍼즐의 다른 부분들과 들어맞는지 어떤지 되돌아볼 수도 없다. 우리는 대부분 두 손을 들어버릴 것이다. 끝내야 할 중요한 이유가 있지 않은 한 말이다. 만일 그 퍼즐이 아부그라이브 교도소(후세인의 정치범 학살과 차후 교도소를 접수한 미군의 죄수 고문으로 악명을 떨친 이라크의 교도소 - 옮긴이)쯤은 플라자 호텔처럼 보이게 하는 악몽 같은 제3세계 교도소에서 사형당할 위기로부터 탈출할 수 있는 열쇠라면 어쩔 것인가? 당신의 생명이 그 퍼즐을 가능한 한 정확하고 빠르게 끝마치는 데 달려 있다면?

막상 시작하면, 칸마다 가능성이 너무도 많다. 어느 정도의 연결 단어들 없이 25,999,000개의 가로 단어를 45,999,990개의 세로 단어와 짝을 짓는다는 것은 상상도 할 수 없다. 당신은 일말의 격려를, 따뜻한 정신적 토닥거림을 갈망한다. 증거가 없어도, 당신은 그릇된 희망과 불합리한 대안들을 기꺼이 받아들일 것이다. 당신은 자신을 돌아본다. 만일 당신이 신의 계시를 믿는다면, 당신은 선택한 단어가 **옳은 것이 틀림없다**는 신께서 친히 서준 보증을 받을 수 있다. 은혜롭게도 최고 권위자의 공식 승인을 얻은 당신의 선택들은 아무도 몰아세울 수 없다. 하지만 당신에게 이러한 신앙이 없다면 어쩔 것인가? 입증되지 않은 사고들이 주는 고독한 쾌감으로 충분한가? 기억하라, MTV는 몇 밀리초면 쾌감을 선사하지만, 이 과제를 완수하기까지는 몇 년이 걸린다는 것을.

생리학적 보상계 대부분의 시간은 달력이 아니라, 스톱워치로 측정된다. 싸우거나 달아나기의 경우, 달아나기로 한 것이 옳은 선택이었는지 아니었는지를 당신은 금방 안다. 코카인과 도박은 **지금** 보상한다. 한 달 뒤에 즐거움을 경험하겠다는 목표로 바흐를 듣거나, 당신을 내년에 웃게 하려고 농담을 하는 사람은 아무도 없다. 쾌감계에게는 기억이 없다. 시냅스 전달과 신경전달물질 대사의 시간 틀 안에서 측정되는 쾌감계에게는, 지금이야말로 다시없는 기회다. 보상이 계속되려면 뇌 자극이 계속돼야 한다. 쥐들조차도 이것을 알아냈다.

오늘날 fMRI로 보상계를 연구하는 사람들은 단기 결과들을 측정한다. 자원자는 MRI 스캐너 안에 편안히 누워서 비디오게임을 하고, 이기거나 지는 데 대한 반응들은 단 한 번 스캔하는 동안 영상화된다. 장기 연구에는 엄청나고 아마도 극복할 수 없을 논리학적 난제들뿐만 아니라 해석의 지뢰밭이 가득하다. 종합운동장 크기의 퍼즐을 끝마쳐야 할 이유를 조사하든, 어떤 서사시를 강박적으로 반추하는 데 십 년을 바칠 이유를 조사하든, 내다볼 수 있는 미래를 위한 장기 보상계에 대해 우리가 이해하는 것은 단기 연구를 연장해서 얻은 증명할 수 없는 추론이 될 것이다.

게다가 문제는 보상계에 관한, 그리고 특정한 주제들과 연관된 사고의 다양한 측면들에 관한 연구들, 예를 들어 승리, 섹스, 마약 등에 관해 생각하기와 연관된 쾌락 중추에 관한 fMRI 연구와 같이 수없이 많지만, 생각하는 과정 자체에 관한 우리의 사고방식, 그리고 범주화하기 힘든 광범위한 영역의 반추로 우리가 보상을 얻는 방식을 조사하기 위한 연구를 설계하기는 훨씬 더 힘들다는 것이다. MRI 원통 안에서 꼼짝도 못하는 자원자에게 백일몽이나 철학적 묵상에 깊이 빠질 때마다 표시해달라고 요청하는 것을 상상해보라. 특정한 범주의 생각이 일어날 때 신호를 해야 한다는 조건만으로도 그 사람의 활성화가 되기 전의 기준 영상과 활성화된 영상 둘 다에 변화가 생길 것이다(행동신경학에 하이젠베르크가 기여하는 바를 보여주는 생생한 증거).

나는 인간의 모든 행위를 전적으로 진화론으로 설명하는 것이 정말로 불쾌하다는 것을 고백한다. 프로이트의 남근 숭배적 억측들 가운데 너무도 많은 것들이 섣부른 것으로 밝혀진 것처럼, 오늘날 적응을 바탕으로 한 설명에만 의존하는 것 역시 지나치게 단순한 행동일 것이다. 행동을 관찰해서 어떤 신체적 특징이 왜 진화했는가를 결정하다 보면, 우리는 인간의 맹장이 배고픈 외과의들을 위한 대출 상환금 수입원으로서 발달했다는 결론을 내릴지도 모른다. 우리의 생물학적 구조가 진화해왔으며 적응력이 있다는 개념에는 아무 문제도 없다. 문제는 그 적응이 정확히 어떤 것이었음이 틀림없다는 사실을 아는 것에 있다. 오늘날 상식적으로 투명한 것이 내일은 농담의 재료가 될 수도 있다.

중대한 만약의 문제

우리의 뇌가 추상적 사고를 할 수 있는 잠재력을 맞닥뜨렸을 때, 적절한 보상계는 필수적이었다. 광범위한 쾌감들이 단기 해법, 예를 들어 얽힌 생각의 이해, 수반되는 노력, 특정 수열의 아름다움, 문법의 우아함, 또는 그저 생각하는 일에 자신을 바친다는 낭만적인 이상 등을 제공할 수 있겠지만, 그 어떤 것도 우리로 하여금 의심과 절망의 긴 밤들을 헤치며 생각을 앞으로 끌어가게 할 만큼 강력하고 오래 갈 것 같지는 않다. 어떤 사고의 실용적인 가치를 어느 정도 증명하지 않고서는, 그것을 막연하게 지속하는 것은 소용없는 일로 보일 것이다.

증명할 수 없는 사고를 위해서도 보상계가 필요하다는 것이 의심스럽다면, 잠시 멈추어 장기적인 지적 과제에서 당신을 전진시키는 추진력이 무엇인지를 생각해보라. 소설을 쓰다 보면, 원고를 찢어버리고 잭 다니엘에 빠져 헤엄쳐 다니고픈 암흑 같은 나날들이 있다. 당신은 사냥개처럼 아내를 부엌까지 졸졸 따라다니며 제일 마음에 드는 줄들을 읽어주면서 칭찬을 애걸한다. 또 친구에게 전화를 걸어 한 구절을 읽어준다. 설사 진심이 아니어도, 그가 괜찮다고 말해줄 것을 알면서.

조만간, 당신은 자신의 소설이 잘 되어가고 있다는 개인적 신념이 필요하게 된다. 예술적인 문제에서, 당신은 미적 감각에 의존한다. 자신이 본질적인 내면의 진실이나 전망을 포착했다는 느낌. 당신이 그 느낌을 무어라 부르건, 그것은 이룩한 것과 나아갈 방향을 함축하고 있다. 과학적인 문제에서 우리는 우리의 관념들이 비록 현재는 불완전해도, 타당한 구성 요소를 대변해서 언젠가는 확립된 사실이나 이론으로 병합될 것이라는 느낌을 기대한다.

어떤 관념을 좇는 일과 보상도 되고 동기도 되는 옳다는 감각 사이의 관계를 멋지게 일별할 수 있는 예를 저명한 물리학자 에르빈 슈뢰딩거Erwin Schrödinger의 전기에서 얻을 수 있다.

> 슈뢰딩거는 빈에 거주하는 학생으로서 수학, 시, 그리고 자연에 몰두했다. 그의 세대 과학자들은 특징적으로, 자신을 움직이는 것은 미적 충동이고, 자신들이 추구하는 것은 무언가를 확인시켜주는, 아무리 덧없어도 그 자체로 용인되는 아름다운 관념이며, 모든 방정식을 초월하는 하나의 방정식, 다시 말해 **완벽하게 옳다는 감각, 우주가 이치에 딱 들어맞는 느낌**을 일별하는 것임을 서슴없이 인정하는 것으로 보인다.[8]

어쩌면 당신은 보상의 본질에 관해 동의하시 않을시도 모른나. 성공하려는 욕구, 불타는 야망, 승진해야 할 필요, 내가 보여주겠다는 태도, 무엇이 되었든 당신이 어떤 행동에 할당하는 심리적 동기들이 뇌가 그러한 행동을 어떻게 보상한다는 바탕의 생리학을 제시하지는 않으니까. 하지만 어떤 심리적 충동으로 시작했든, 자신의 신경섬유다발(내측전뇌속Median Forebrain Bundle)에 주기적으로 조그만 쾌감의 알약을 떨어뜨리지 않고서 코를 찌르는 실험실에서 20년을 보낸 사람은 아무도 없다.

선택할 수 있는 길은 이 창발하고 있는 사고의 능력을 위해 특정한 보상계를 새로 발달시키든가, 기존 체계들의 역할을 확장하든가 둘 중 하나다. 노력의 경제학은 후자를 선호할 것이다. **안다는 느낌**은 이미 학습을 위해 보상을 되먹이는 장치로서 확실하게 자리 잡혀 있다. 그 느낌을 입증되지 않은 사고를 추구하기 위한 동기로서 재포장할 수 있다면?

삐딱한 가능성 : 안다는 느낌이 근거가 없을 때에도 진화에서 결정적인 역할을 할지도 모른다.

경험적 방법이라는 관념은 시행착오라는 간단한 전제를 바탕으로 한다. 최초의 착상이 잘못되어 조사를 더 해야 하는 일이 생길지라도 어떤 사고를 끌어낼 방도가 전혀 없는 것보다는 바람직하다. 당신은 크로스워드 퍼즐을 하면서 모든 최초의 선택이 최종 선택이 될 것으로 기대하지 않는다. 어려운 수학 문제의 방정식을 풀 때도, 내 집을 설계할 때도, 교향곡을 쓸 때도 마찬가지다. 과학의 역사는 끊임없는 접근의 역사다.

문제는 우리에게 자신의 사고가 입증될 수 있을 때까지 역경을 헤쳐 나갈 만큼 충분히 강력한 보상이 필요하다는 것이다. 그리고 설득력이 있으려면, 그 보상은 어떤 사고가 맞다는 것을 알고 그것을 증명할 수 있을 때(맞는 전화번호를 얻었을 때처럼) 우리가 얻는 느낌과 비슷하게 느껴져야 한다.

직감이나 육감에서부터 신앙, 믿음, 깊은 확신에 이르기까지, 다리를 놓아주는 동기의 스펙트럼으로 들어가 보아라. **안다는 느낌**에 기여하는 이 다양한 감각들은 기시감처럼 어렴풋한 친숙함의 낌새에서부터 압도적인 신념에 이르기까지, 부가적인 기능을 진화시켜왔다. 의식 아래에서 추상적 사고를 응원하는 응원단장에게 인사라도 전하라.

캘리포니아에서는 보행자에게 우선 통행권이 있다(최소한 이론적으로는). 뉴욕 시에 오기 전까지 나는 샌프란시스코의 차도들을 수천 번 건넜고, 차들은 언제나 멈추었다. 맨해튼에서의 첫날, 보행자의 하나뿐인 권리는 최후의 의례임을 모르던 나는 도시에서 자란 대학 친구와 횡단보도를 건너고 있었다. 택시 한 대가 곧장 우리를 향해서 무서운 속도로 달려오고 있었다. 내 친구는 쏜살같이 피했다. 같은 충동을 느꼈지만, 나는 그대로 버텼다. 나는 그 실험을 전에 수천 번 해보았고, 언제나 똑같은 결론에 도달했었다. 차는 나를 치기 전에 멈출 것이다. 나는 나의 당연한 법적 권리를 주장하며 다가오는 택시를 도도하게 노려보았다. 친구는 보도의 안전 구역에서 나를 외쳐 불렀지만, 나는 듣지 않았다. 나에게는 권리가 있었으니까. 택시는 속도를 줄이는 대신, 더 높였다. 나는 간신히 때를 맞추어 펄쩍 물러났다. 택시 기사는 큰 소리로 웃더니, 나에게 가운뎃손가락을 들어보이고는 속력을 냈다.

보도로 돌아가자, 친구는 말했다. "내가 경고했잖아, 하지만 관두자, 너 스스로 깨달을 필요가 있었어." 그는 경직된 도심의 미소를 지으며 덧붙였다. "우유부단은 불만의 어머니라고."

그 택시 기사가 마지막 순간에 나를 비껴갈 수도 있었는지 어땠는지 나는 결코 알 수 없을 것이다. 내 권리를 주장하겠다는 나의 맨 처음 결정이 옳았을지 어땠을지도 결코 알 수 없을 것이다. 이것은 통제된 연구나 방법론적 시행착오로 가장 훌륭하게 대답할 수 있는 문제가 아니다.

성숙한 사람의 덕목으로 가정되는 한 가지는 순간적인 만족을 지연시키는 능력이다. 뜨거운 여름날 아이스크림 트럭 앞에 줄을 서 있는 동안, 비만과 콜레스테롤의 위험을 경고하는 하버드 건강소식지를 손에 들고서, 어느 보상계가 더 큰 쾌감을 가져다주겠는지 자문해보라. 문명의 중심 갈등(기본적 충동 대 좀 더 분별 있고 신중한 반응)은 궁극적으로 즉각적인 쾌감과 장기적 보상 사이의 경쟁이다. (생물학적으로 근거 있는 즉각적 만족의 선호가 외교 정책, 생태, 지구 온난화, 인구 조정을 향한 우리의 놀랄 만큼 근시안적인 태도를 그럴싸하게 설명해주는 것은 확실하다.)

양날의 일편단심

원대한 사고를 추구하려면, 우리는 일련의 추론으로부터 그 착상에 충성하기에 충분한 보상을 손에 넣어야 하지만, 그래도 유연성을 유지하며 일단 모순된 증거가 있으면 그 착상을 기꺼이 내버려야 한다. 하지만 만일 그 과정에 시간이 걸려 반복해서 보상의 감각이 생기면, 그 사고와 그것이 맞다는 감각을 묶어주는 신경망들이 점점 더 강해질 것이다. 그러한 연결망은 일단 확립되면, 해체하기 어렵다. 골프를 해본 사람은 누구나 슬라이스나 훅(바깥이나 안쪽으로 휘는 공 – 옮긴이)을 없애기가 얼마나 어려운지를 알고 있다. 최악인 부분은, 슬라이스를 만들어내는 나쁜 스윙이 실제로는 그것을 쫓아낼 좋은 스윙보다 더 맞게 느껴진다는 것이다. 당신은 스스로 틀렸음을 아는 자세에서 더 편안함을 느끼는 잔혹한 진퇴양난 속에서 공을 칠 자세를 잡는다. 오래된 패턴을 깨기가 쉽다면, 기준 타수를 깨기도 쉬울 것이다. 감정적 습관은 각별히 더 깨기 힘든 패턴이다.

조지프 르두는 실험용 생쥐의 편도를 전기로 반복적으로 자극해서, 실험용 생쥐에게 평생 동안 조건화된 공포 반응이 지속되게 했다. 르두가 내린 결론은 이렇다. 그러한 연결망은 일단 형성되면 지울 수 없으므로, '감정적 기억은 영원할 것이다'.[9]

우리는 중독 실험에서도 유사한 결과들을 보아왔다. 쥐들을 코카인, 헤로인, 암페타민, 기타 습관성 마약으로 유혹하면, 이 동물들은 먹기나 마시기와 같은 정상 활동을 희생하며 스스로 마약을 투여하게 된다. 그 물질을 치워버리면 마약을 찾는 행동은 결국 없어지지만, 보상은 잊히지 않는다. 몇 달 동안 말짱하게 지냈던 쥐라도 한 번만 다시 마약을 맛보면, 혹은 심지어 자신이 중독되었던 같은 환경에 들어가기만 해도 금세 마약을 찾는 행동으로 돌아가게 된다. 마약을 투여하는 기구를 보여주는 것만으로도 충분히 그 행동을 다시 유발할 수 있다.

연구들은 인상적이다. 감정적 습관과 패턴, 행동적 보상에 대한 기대는 일단 확립되면 완전히 뿌리 뽑기 어렵다. 이와 같은 논거가 사고에도 적용된다. 어떤 사고와 **맞다는 느낌**을 연결하는 신경망은 일단 단단히 확립되면 쉽게 풀리지 않는다. 틀린 것으로 알려진 착상이 계속해서 맞게 느껴진다. 챌린저호 연구 대상 학생의 말, 진화의 압도적인 증거를 인정하면서도 계속해서 창조론을 믿는 지질학자, 또는 계속해서 가짜 수술이 자신의 무릎을 고쳤다고 믿는 환자를 보라.

나는 종종 궁금해진다. 무언가가 옳다는 주장에도, 유전적 소인을 포함해 다른 중독들과 생리학적인 유사성이 있지 않을까?[10] 우리 모두는 알고 있다. 어떤 주장을 증명하기 위해 무리하게 애쓰는, 질문을 풀어가는 과정보다는 최종적인 답에서 더 많은 쾌감을 얻는 것 같은 이들, 그리고 복잡한 사회 문제에 대해서는 한 방에 해결되는 결정적인 대책을 원하고, 영화와 소설에 대해서는 확실한 결말을 원하는 다른 사람들(결코 우리 자신은 아니다)을 말이다. 끊임없이 마지막 단어에 주의를 곤두세우고 있는 그들은 종종 최악의 중독자들만큼이나 강박적이고 격정적인 것처럼 보인다. 아마도 실제로 그러할 것이다. 뭐든지 아는 체하는 성격 특성을 **안다는 느낌**이 주는 쾌감에 대한 중독으로 볼 수도 있을까?

1990년대 초, 예루살렘에 있는 히브루 대학교의 생화학자 리처드 엡스타인Richard Ebstein과 동료들은 실험 대상 자원자들에게, 모험적인 행동이나 색다른 것을 추구하는 행동에 대한 자신의 욕구를 스스로 평가해달라고 요청했다. 그는 그러한 행동의 정도가 높은 실험 대상자일수록 결정적인 중뇌변연계 구조들 안에서 도파민 활동을 조절하는 유전자(DRD4 수용체 유전자)의 수준이 낮다는 사실을 발견했다.[11] 그가 세운 가설은, 사람들은 반응이 좀 둔한 도파민 기반 보상계를 자극하려고 더 모험적이거나 흥분되는 행동을 한다는 것이다.

좀 더 최근에 사심 없는 행동이나 이타적인 행동을 더 많이 보고하는 실험 대상자들을 연구하면서, 그는 그들에게서 같은 유전자의 수준이 더 높다는 사실을 발견했다. 마치 그 유전자의 양이 더 많은 사람은, 덜 흥분되는 활동을 해도 그 유전자가 부족한 사람과 같은 정도의 쾌감을 얻을 수 있는 것 같았다. 엡스타인은 가정했다.

"이는 자신의 뇌에서 충분한 도파민을 얻지 못하는 사람들이 마약이나 기타 '황홀감'을 얻기 위한 수단을 찾아낸다는 의미일 것이다. 도파민은 아마도 친사회적 행동에서 주요한 역할을 할 것이다. 이타주의 유전자를 가진 사람들이 착한 일을 하는 이유는 그들이 착한 일을 하는 것에서 짜릿함을 더 많이 느끼기 때문일 것이다."[12]

대부분의 설문을 기반한 연구가 그렇듯이, 이 연구 역시 해석뿐만 아니라 재현에도 상당한 어려움이 남는다. 또한, 사회적으로 책임감 있는 행동과 도파민 대사의 상관관계도 과도하게 단순화한 것 같다. 하지만 이 연구로부터 드러나는 것은 유전자들이 뇌 보상계의 반응도에 영향을 줄 수 있다는 점이다. 사고를 위한 보상계에 관해서도 같은 논증을 할 수 있을 개연성이 매우 높아 보인다.

나는 흑黑 아니면 백白, 예 아니면 아니요인 대답을 권장하는 교육 체계가 청소년기에 보상계가 발달하는 방식에 영향을 주고 있는 것은 아닐까 의문을 품지 않을 수 없다. 교육의 근본적인 취지가 모호함, 불일치, 바탕의 역설을 사려 깊게 자각하는 것이 아니라 '정답을 맞히는 것'이라면, 뇌 보상계가 열린 마음보다 확실성을 선호하도록 주조될 것은 불을 보듯 뻔하다. 또한 어려운 질문을 하는 데에는 훨씬 더 많은 위험이 따를 것이다. 역으로, 우리는 막대를 누르면 보상을 받는 쥐들처럼, 유효성이 증명된 반응에만 집착하게 될 것이다.

보상계 - 중독의 유비類比를 연장하자면, 나는 정신을 변질시키는 마약이나 알코올에 우리들 각자가 다르게 반응하는 것과 같은 식으로, 각자가 **안다는 느낌**에서 서로 다른 정도의 쾌감을 경험하는 것이 아닐까 생각한다. 다음의 두 인용문을 비교해보라. 그 둘이 순수하게 철학적인 차이를 대변할까, 아니면 내재적인 생물학적 편애가 어떤 역할을 하고 있는 것일까?

> 나는 의심과 불확실성과 무지를 가지고도 살 수 있다. 나에게는 근접한 답들과 가능한 믿음들과 서로 다른 것들에 관한 서로 다른 정도의 확실성이 있다……. 그것은 나를 두렵게 하지 않는다.
>
> — 노벨상 수상자, 리처드 파인만

> 친애하는 버튼 부인,
> 우리에게 박물관을 구경시켜주셔서 감사합니다. 저는 쉬지 않고 손을 들어서 모든 답을 알고 간 여자 아이입니다.
>
> — 조숙한 일곱 살 소녀가 나의 아내에게 보낸 감사의 글

> 사람은 그의 답이 아니라 질문으로 판단하라.
>
> — 볼테르

안다는 느낌은 우리의 사고가 맞음을 확인하는 데도, 아직 증명되지 않았거나 증명할 수 없는 사고에 동기를 부여하는 데도 필수적이다. 이 두 역할은 상보적이기도 하고 모순이 되기도 하며, 우리가 안다고 느끼는 것에 관해 피할 수 없는 혼란을 낳을 수도 있

다. 그 혼란은 원대한 사고를 위한 보상계를 제거하지 않는 한 완전히 해소할 수 없다. 어째서 확신이라는 것이 그토록 흔한 마음의 상태이고 그토록 흔들기 어려운지를 이해하려면, 몇 가지 근본적인 질문들과 맞붙을 필요가 있다.

순수한 사고를 위한 생물학적 보상은 무엇일까? 그 보상은 **안다는 느낌**과 어떤 관계가 있을까? 중독의 가능성을 포함해, 이 보상이 발현되는 정도와 질에서 내재적인 개인차가 있을까? 행동을 바꾸고 교육의 강조점을 옮기는 것으로 이 차이들을 다룰 수 있을까? 어떤 사람들은 답보다는 질문에서 더 많은 쾌감을 얻듯이, 우리가 의심하는 느낌에서 더 큰 쾌감을 얻는 법을 배울 수도 있을까? 도를 지나쳐서 독단주의를 부추기고 과도하거나 부당한 **신념의 느낌**을 조장하는 일 없이, 그러한 체계를 조정해서 학습을 최적화하고 원대한 지적 추구에 동기를 부여하는 방법들이 있을까?

요컨대, 우리가 뭘 아는지를 우리가 어떻게 아는가에 대한 오늘날의 이해는, 어떤 것이든 사고의 보상계가 지닌 모순적 본성을 고려해야만 한다. **안다는 느낌**, 증명된 사고와 증명되지 않은 사고 둘 다를 위한 그 보상은 학습의 가장 친한 친구이자 정신적 유연성의 가장 고약한 적이다.

유전자와
사고

나는 주로 캘리포니아 대학교의 교수들, 소프트웨어 설계자들, 모험 자본가들로 구성된 한 독서 모임에 이따금씩 참석한다. 그들이 소설이나 시를 읽는 일은 드물다. 이유는 "그런 책들은 활발하게 아이디어를 교환하는 데 도움이 되지 않는다. 그건 그냥 느낌일 뿐"이기 때문이다. 그들은 정치, 역사, 과학에 관한 책, 다시 말해 의견을 증거가 뒷받침할 수 있는 책들을 선호한다. 의견이 양극으로 벌어질수록, 대화는 더 활발해진다. 좌절이 시작되기 전까지는 말이다. 이때 가장 흔히 들리는 언쟁은 이런 것이다. "당신은 어째서 한 번만이라도 합리적이 되질 못하는가?"와 "당신이 객관적이기만 하다면." 이 논의의 원동력이 되는 언외言外의 의미는 "추론에는 최적의 노선이 있으며, 나는 그것이 무엇인지 알 수 있다"는 것이다.

사적인 대화에서는 이 남자들도 시인은 본질적으로 공학자와 세상을 다르게 본다는 것, 심지어 자기 아내들은 비소설보다 소설을 좋아한다는 것까지 아주 기꺼이 인정한다. 그럼에도 불구하고, 그들은 같은 정보가 주어지면 모두 다 같은 결론을 이끌어내야 한다는 믿음을 고집한다. 마치 눈의 광학처럼, 이성도 기초 물리학에 따라 작용한다는 듯이. 이 독서 모임 회원들만 그런 것이 아니다. 우리는 합리적인 담화를 통해 한 사고의 줄기를 다른 사고의 줄기보다 우월한 것으로 못 박을 수 있다고 믿도록 길러진다. 바탕의 가정은 우리들 각자가 우리의 지각적 차이를 극복하고 어떤 문제를 '최적의 관점'에서 볼 수 있는 추론 능력을 타고난다는 것이다. 이 책의 한 가지 목표는 바로 이 오해를 없애는 것이다.

추론의 과정은 우리 모두가 공유하는 근본적인 생물학 원리에서 일어난다. 하지만 이것은 모든 컴퓨터 프로그램이 모든 연산에 공통되는 원리로부터 일어난다고 말하는 것과 같다. 우리 같은 컴맹들조차도 윈도우Windows와 맥Mac 프로그램의 포괄적 구조, 즉 일련의 연산법들이 같다는 것, 그렇지만 그 프로그램들은 추가의 연결 소프트웨어 없이는 호환되지 않는다는 것을 알고 있다. 이는 우리의 암호(유전자)와 사고 형성의 관계에 대해 의문을 일으킨다. 윈도우 - 맥 비유가 유용하다면, 우리는 일반적인 추론 능력을 공유하지만, 주어진 문제에 대한 개별적 추론의 노선은 우리의 바탕이 되는 암호만큼이나 특유해지지 않을까? 이 장에서 나는 다름 아닌 우리 사고의 짜임새에 유전자가 어떻게 영향을 미치는지를 살펴보고 싶다.

이 이야기를 시작하기 전에 분명히 할 것이 있다. 나는 유전자를, 우리가 어떤 사고를 선택하는 유일한 결정자로, 심지어 주요한 결정자로도 치켜세우고 있는 것이 아니라는 점이다. 우리는 행동을 임의의 범주로 할당하는 경향이 있지만, 본성에 의한 행동과 양육에 의한 행동을 실제로 구분하는 것은 거의 불가능하다. 유전자와 환경은 긍정적인 되먹임과 부정적인 되먹임의 더 이상 단순화할 수 없는 복잡한 춤 속에서 서로에게 영향을 미친다. 그럼에도 불구하고, 추론의 노선들이 모두 동일할 수 없는 이유를 이해하고 싶다면, 개인의 유전적 구성이 우리가 자동차나 배우자, 대통령을 선택할 때 어떤 영향을 미칠지 생각해보아야 한다.

특이하고 언뜻 우스꽝스러워 보이는 한 가지 의견을 제시하는 것으로 시작하자. 유전자가 종교와 영성에 대한 관심의 정도에 영향을 줄 수 있을지도 모른다는 것이다. 얼핏 보기에, 그러한 생각은 터무니없게 느껴진다. 우리는 평생 종교를 추종할 것을 신중하게 의도적으로 선택한다고 본다. 우리가 인간의 사고에서 우리에게 통제권이 있다고 믿는 단 하나의 영역이 있다면, 그것은 신, 완벽한 내세, 불과 유황이 존재하는가, 아니면 우리는 우연이 지배하는 무의미한 우주의 보잘것없는 점들인가의 여부를 결정하는 능력에 있을 것이다.

하지만 이 가정에는 커다란 문제가 있다. 떨어져서 자란 일란성 쌍둥이의 면담으로 밝혀진 바에 따르면, 쌍둥이의 종교적 태도나 성향에는 매우 강력한 상관관계가 있다. 한 쌍둥이가 종교적 사고에 사로잡혀 있다면, 떨어져서 자란 그의 일란성 쌍둥이에게도 유사한 성향이 있을 가능성이 높다. (내가 여기서 가리키고 있는 것은 종교나 영적 문제에 대한 관심의 정도이지, 어떤 특정 종교 선택의 여부가 아니다.) 떨어져서 자란 일란성 쌍둥이들을 가장 광범위하게 철저히 평가해서 구성한 집단들을 연구하고 있는 연구자들의 수장인 미네소타 대학교의 심리학자 토마스 부처드Thomas Bouchard는 나아가 종교적 태도에 있어서 양육이 실제적인 역할을 한다는 증거는 전혀 없다고까지 언명했다.

일관적인 한 무더기의 증거들이 성격에 미치는 유전적 요인의 영향력을 뒷받침한다. 전체로 본 증거는 압도적이다. 우리는 어떤 사람들에게는 다소 놀라워 보일 것이 틀림없는 결론에 다다랐다. 일란성 쌍둥이가 닮는 정도는 둘이 함께 자랐는가의 여부와는 무관해 보인다는 것이다.

우리의 발견이 양육에 지속적 효과가 없다는 뜻을 함축하는 것은 아니다. 떨어져 자란 일란성 쌍둥이의 사회적 태도에서 보이는 놀라운 유사성은 부모가 그 특성에 영향을 줄 수 없음을 보여주는 것이 아니라, 단순히 이것이 대부분의 가족에게서 일어나는 경향이 아님을 보여준다. 이는 종교적 관심을 포함한 광범위한 사회적 태도에 그대로 적용된다.[1]

만일 부처드가 맞다면 어쩌겠는가? 종교에 대한 우리의 관심이나 무관심의 정도가 주로 노출되는 부모나 문화 또는 형이상학적 심사숙고의 결과가 아니라, 우리의 DNA를 구성하는 아미노산들의 순서에서 생겨나는 것이라면? "그럴 리가 없어. 우리는 유전적 로봇이 아니야." 당신은 저항한다. 기질적으로 매우 영적인 사람도 모든 조직화된 종교를 거부하고 자타 공인하는 냉소주의자가 되기를 선택할 수도 있지 않은가. 아니면 같은 사람이 불후의 인본주의자가 될 수도 있을 것이다. 사람들은 '신을 발견'할 수 있고, 그렇지 않으면 '신앙심'을 잃는다. 하지만 여전히 분명치 않은 것은 형이상학에 심하게 경도된 어떤 사람이 이 영적인 갈망을 떨어내거나 완전히 억누를 수 있는가 하는 것이다.

사적인 여담이지만, 나는 『감방 동료들Cellmates』이라는 소설을 쓰면서, 부처드의 데이터를 재검토했다. 방법론에 대해서는 비판들이 있었지만, 연구 자체는 훌륭하게 설계되었고 결론도 적절한 것으로 보였다. 부처드의 연구가 어떤 근본적이지만 당혹스러운 진실로 가는 길을 가리킨다는 나의 육감은 그대로였다. 명백한 의문은 이것이다. DNA가 종교에 관한 우리의 사고방식에 영향을 줄 수 있다면, 나만의 특유한 세계관에서도 어떤 역할을 할 수 있지 않을까?

내가 떠올릴 수 있는 최초의 기억 이후로, 나의 사고들은 압도적인 실존주의 성향으로 채색되어 있었다. 그 사고들의 기원은 불분명하다. 나의 부모님은 두 분 다 근면하고 실제적인, 누가 뭐래도 철학적이지 않은 분들이었다. 질문하는 것을 허락하지 않았고, 심지어 약간 수치스러운 일로 여기기까지 하셨다. 마치 날더러 당신의 찌푸린 얼굴과 가장 실용적인 숙고 이외의 모든 것을 묵살하는 태도에서 숨겨진 의미를 읽어보라는 듯이, 이따금 어머니의 눈에서는 장난기가 반짝거릴 때도 있었지만 말이다.

고등학교에 다니는 동안 나는 동네 극장에서 안내하는 일을 했다. 순전히 우연히, 나는 샌프란시스코에서 맨 처음 영화로 제작된 '고도를 기다리며'를 보았다. 나는 망연자실하여 극장을 떠났다. 그 반향은 마치 작가인 베케트가 내 머릿속으로 숨어들어와 내가 아직 생각하지 못한 것을 써버린 것처럼, 나를 낙담시켰다. 그래, 그게 바로 세상이 존재하는 방식이지. 그 쾌감은 마치 마음이 맞는 사람을 발견한 것처럼 깊은 곳에서 우러나와 나에게 위안을 주었다.

50년 뒤에도, 나의 찬탄은 계속된다. 다른 어떤 예술가(또는 신경과학자)보다도, 베케트는 살아 움직이고 있는 마음을 관찰하면서 느끼는 불가사의하고 유쾌한 좌절을 포착하는 데 뛰어났다. "계속 가야지, 그럴 수 없어, 가야 한다니까, 나는 갈 거야"라는 그의 대사는 사고와 생물학 사이의 역설적이고 철학적으로 풀 수 없는 관계를 강조한다.[2]

감수성이 예민한 십 대 때 베케트에 노출된 것이 내가 지금 세상을 보는 방식을 구성하는 결정적인 요소였을까, 아니면 내가 그의 사고방식을 이해하기 쉬운 생물학적 소인을 타고난 것일까? 이것이 순수한 본성의 결과일까, 양육의 결과일까, 아니면 둘이 섞인 결과일까? 그리고 내가 그 답을 어떻게 알겠는가?

우리 어머니가 아흔일곱의 춘추로 돌아가시기 직전에, 나는 어머니께 어머니의 긴 평생에서 무엇을 배우셨느냐고 여쭈어보았다. 그런 주제에 관해 언제나 신중하셔서 확실한 의견을 주지 않으시던 어머니는 무뚝뚝하게 대답하셨다. "그래서 어쨌다고?" 나는 다시 여쭈었다. "그렇게 오래 사셨으니까 틀림없이 어떤 인생철학이 생겼을 거 아니에요." 어머니는 어깨를 으쓱하더니 반복하셨다. "그래서 어쨌냐고?" 나는 고집스럽게 다시 물었다. 어머니는 나를 쳐다보시더니 무표정하게 수수께끼처럼 말씀하셨다. "내가 배운 건 너한테 방금 말했잖니."

병원에서, 어머니가 실제로 끝에서 두 번째로 하신 말씀은 이랬다. "결국, 나는 평범한 사람일 뿐이야. 전혀 특별하지 않은 사람.

전혀 기억되지 않을 사람. 아무것도 아닌 거지."

어머니가 돌아가신 뒤, 나는 얼마 남지 않은 어머니의 물건들을 정리하러 어머니의 아파트로 갔다. 어머니의 옷장에는 뒤쪽에 종이 상자 하나밖에 없었다. 낡은 사진들과 납세 신고서들 아래에 박혀 있던 것은 내가 대학 다닐 때 쓴 윌리엄 제임스에 관한 기말 보고서였다. 까만 펠트펜으로 어머니가 밑줄을 그어놓으신 서문은 이 책을 쓰는 동기가 된 것과 같은 질문을 던지고 있었다. 우리가 뭘 아는지를 우리는 어떻게 알까? 나는 그 보고서를 쓴 기억도 없고 부모님과 그에 관해 이야기해본 기억도 없다. 부모님은 내가 떠난 뒤에도 오랫동안 지하실에 그것들을 보관하고 계셨는데도, 나는 도무지 내 대학 보고서들을 보여드린 기억이 나지 않는다.

그럼에도 불구하고, 그것은 거기에 있었다. 어머니는 내가 몇 년에 걸쳐 쓴 모든 보고서들 중에서도 이 한 편의 보고서에 든 주요 단락을 찾아내 밑줄을 그으셨던 것이다. 뿐만 아니라, 어머니가 그으신 밑줄 옆의 오른쪽 여백에, 희미한 글씨로 한 단어가 쓰여 있었다. **"그러게."**

인생에 대한 나의 특정한 철학적 접근에 유전적 요소가 있는지 어떤지 결정할 방법은 없다. 하지만 일란성 쌍둥이 연구에 일말의 진실이 있다면, 이 책은 최소한 부분적으로는 생물학적 소인에서 비롯되는 일정한 사고의 양식이나 스타일에 의해 동기를 얻었을 것이다. 하지만 DNA가 어떻게 누군가로 하여금 성 토마스 아퀴나스보다 베케트에게 더 매력을 느끼도록, 플라톤보다 비트겐슈타인에게 더 호감을 갖도록 만들 수 있을까? 행동의 유전적 결정자에 대한 최근의 한 검토서에서, 미국립보건원의 유전학자인 데니스 드레이나Dennis Drayna는 어떤 유전자들이 다른 유전자들보다 행동에 더 직접적으로 연관될지 모르는 이유에 대해 도발적인 분석을 내놓았다.

좀 더 일반적으로 말하자면, 인간의 행동은 대단히 복잡한 현상이므로 한 유전자 집합의 산물로 볼 수 없다. 그럼에도 불구하고, 본능적이고 생존과 번식에 결정적인 우리의 행동들은 간단히 유전적으로 통제될 가능성이 높다. 그러한 행동에는 항상성을 유지하는 데 필수적인 행동(먹기, 마시기, 배설하기, 체온조절과 같은)과 짝짓기나 육아와 연관된 행동들이 포함될 것이다.[3]

항상성을 유지하기 위한 행동 목록의 꼭대기에는 돌진하는 사자를 보고 싸우거나 달아나는 반응이 올라갈 것이다. 사고가 필요 없는 즉각적인 반사 반응은 대뇌피질이 곰곰이 생각하고, 망설이고, 질질 끄는 동안 무방비로 남아 있는 것보다는 분명히 더 적응력이 있다. 생존에 결정적인 행동이 간단히 유전적으로 통제될 가능성이 높다면, 유전자와 행동 사이의 이 상관관계를 찾아볼 이상적인 장소는 편도, 즉 공포 반응이 비롯되는 자리일 것이다.

생쥐가 공포를 피하는 반응을 보이는 데 있어서 쉽게 조건화된다는 것은 오래전부터 알려졌다. 전형적인 조건 반응은 종소리를 생쥐의 발판에 주는 전기 충격과 연관시키는 것이다. 일단 조건화되면, 그 반응은 제거하기 어렵다. 단 한 차례의 조건화에 뒤이어 평생 지속되는 이 조건화된 공포 반응을 관찰한 데서 나온 것이 공포에서 유발되는 감정적 반응들은 영속되며 지울 수 없다는 르두의 의견이다.

최근에 일군의 신경생물학자들이 측정한 바에 따르면, 다 자란 생쥐의 편도에는 다른 뇌 영역에는 많지 않은 특정 단백질인 스타스민stathmin이 고농도로 들어 있다고 한다. 그들은 유전자 조작으로, 이 단백질을 만들 능력이 없는 녹아웃 쥐를 만들어낼 수 있었다. **녹아웃**knockout이란 용어는 단일 유전자의 활성을 선택적으로 제거하는 데서 나온 용어로, 그 유전자가 녹아웃되었다고 말한다. 정상 생쥐와 달리, 이 녹아웃 생쥐들은 공포 반응에 조건화시키기가 어렵다. 이 쥐들은 스타스민이 있는 형제들이 쉽게 겁을 먹는 것과는 달리 놀랄 만큼 겁이 없고 실험실 안의 새롭고 낯선 환경도 즉시 탐험하기 시작한다. (편도에 손상이나 기능장애가 있는 환자들과 유사함에 주목하라.) 편도를 파괴하면 동물의 공포심이 줄어드는 것을 보여주는 르두의 구조적 연구들이 이제 생화학 수준에서 확인되고 있다. 한때는 뇌의 한 영역 전체를 해부학적으로 파괴해야 얻을 수 있던 것을 이제는 정확한 단일 유전자 조작으로 달성할 수 있게 된 것이다.

연구자들은 스타스민이 공포를 기반으로 한 기억의 형성을 촉진하여 그 기억이 무의식적인 회피 행동을 촉발하는 것으로 추측한다. 그 유전자를 차단한 동물은 두려운 기억을 저장하는 능력이 놀랄 만큼 떨어진다.[4] 르두는 이 연구를 주요한 돌파구로 묘사하면서, 우리가 언젠가는 불안 상태를 치료하기 위해 편도만을 특정하게 공략하는 치료법을 갖게 될지도 모른다는 의견을 내놓기까지 했다.[5]

그러한 연구들은, 근본적으로 적응과 관련된 기제는 공포 반응처럼 단일한 유전자의 통제를 받는다는 유전학자 드레이나의 관찰을 뒷받침한다. 하지만 우리가 이 비유를 가지고 얼마나 멀리 갈 수 있을까? 유전과 행동에 관해 생각할 때 한 가지 문제는 행동의 타고난 성향과 실제 예측 가능성의 차이다. 생쥐에게 빠진 유전자가 있다는 것을 알면 우리는 그 덕분에 뇌 안에서 어떤 생화학적 변화가 발현하는지는 볼 수 있지만, 어떤 행동이 나타날지를 틀림없이 예측할 수는 없다. 어떤 생쥐는 새로운 환경을 더 쉽게 탐험하는 경향이 있을지도 모르지만, 그 방식과 정도는 쥐마다 다를 것이다. 겁은 없지만 게으른 생쥐라면, 그 쥐는 동료들 중에서 가장 소심한 친구만큼 겁에 질린 것처럼 보일 것이다. 그러한 연구들에서 나오는 것은 유전자, 사고, 행동 사이를 잇는 개념적인 다리일 뿐이다.

이상한 유전자 나라의, 또는 과장되어 보이는 거울 너머의 앨리스

전혀 타당해 보이지 않지만 그럼에도 흥미를 끄는 가설을 제시해보자. 스타스민을 부호화하는 이 똑같은 유전자가 인간에게서 분리되었다고 상상해보라. 한 번 더 부당한 가정을 해서, 그 유전자가 완전하게 발현되거나 전혀 발현되지 않도록 조작할 수 있고, 그것의 효과가 다른 유전자들에 의해 누그러지지도 않는다고 하자. (나는 지금 다양한 정도의 유전자 발현을 맡고 있는 실생활의 모든 생물학적 기제들을 제외하고 있는 것이다.) 행동과학자인 당신은 이 유전자가 행동에 미치는 효과를 연구하고 싶다. 인터넷 데이트의 기적을 통해, 당신은 공포 반응 유전자가 완전히 발현된 한 남자와 이 유전자가 전혀 없는 한 여자를 찾아 짝지어줄 수 있다. 그들이 부부가 되었다. 둘 다 자신들에게 그러한 유전자가 있는지 없는지, 또는 그러한 유전자가 존재하는지조차 모르고 있다. (둘 다 실험에 대해서는 문외한이다.)

그 유전자가 행동에 측정 가능한 효과를 낼 수 있는지를 알아보려면, 그들에게 전국 횡단 비행기 여행을 계획하라고 요청해보라. 당신의 목표는 공포 반응에 영향을 주는 유전자가 비행기 출발 시간보다 얼마나 일찍 공항으로 떠나고 싶어 하는가를 가르는 요인이 될지 어떨지를 보는 것이다. 아마도 남편은 예기치 않은 교통 체증, 탑승 수속의 지연 등등을 감안해서 일찍 떠나기를 원할 것이다. 사전 면담에서 당신은 남편과 아내가 예전에 했던 비행 경험들을 서로 다르게 기억하고 있음을 확인한다. 남편은 지체 없이, 아프리카 말리의 팀북투 공항에서 밤새 오도 가도 못했던 경험을 포함해, 머리카락이 곤두섰던 예전의 여러 경험을 묘사한다. 그의 아내에게는 그런 기억이 없다. (나쁜 기억을 저장하는 유전자가 없으니, 그녀는 영원히 낙천주의의 빈 서판일 것이다.) 서로 다른 반응을 기록하기 위해, 당신은 아침 식탁에 비디오카메라를 설치하고 연속으로 시청각 장면을 찍는다. 예상대로, 아내는 가능한 한 마지막 순간에 집을 떠나자고 제안한다. 하지만 놀랍게도, 남편은 그 말에 즉시 동의한다. 그의 얼굴을 자세히 뜯어보아도 갈등은 드러나지 않는다. 그가 그 결정을 내리는 데 걸리는 시간은 너무도 짧아서 그 밑에 어떤 불안이 깔려 있다고 의심되지도 않는다. 당신은 공포 반응 유전자의 존재가 남편의 결정이나 어떤 관찰 가능한 행동에도 영향을 주지 않았다는 결론을 내린다.

여기서 당신이 알 수 없는 것은 그 유전자가 탐지할 수 없는 방식으로 그의 사고에 영향을 미친 경우다. 추가적인 역사 한 편은 이렇다. 그 남편은 앞서 두 번 결혼했고, 그 결혼은 두 번 다 쓰라린 이혼으로 끝났다. 전처들은 둘 다 그를 겁쟁이라고, 불안에 사로잡혀 있다고, 자기의심으로 가득 차 있다고 비난하며 떠나갔다. 그의 자존심은 그에게 남아 있는 엔론사 주식의 가치보다도 더 곤두박질했다. 언제 공항으로 떠날 것인가 하는 결정은 공포를 느끼려는 유전적 소인에 박차를 가해서 그것을 혹사시키지만, 한 방향으로 몰지는 않는다. 그는 경쟁하고 있는 두 가지의 재난 가능성에 직면한다. 공항에 늦게 도착해서 비행기를 놓치느냐, 아니면 소심하게 신경과민 증세를 드러내어 세 번째 아내를 뒤집어놓느냐. 두 가능성이 조용히 엎치락뒤치락하고 있는 그의 숨겨진 층 안으로 두 가지 위험 – 보상 확률이 모두 입력된다. 아내에게서 받는 거절의 공포가 비행기를 놓치는 공포보다 더 크다면, 남편은 재빨리 아내에게 동의할 것이다. 비판당하거나 웃음거리가 되지 않는다는 안도감은 비행기를 놓칠지 모른다는 밑바닥의 불안조차도 자각되지 못하게 막을 것이다.

그렇다면 유전자가 그의 의사결정에서 중요한 역할을 했다 하더라도, 그것은 탐지되지 않을 것이다. 어떻게 해볼 수 없는 문제는, 만일 어떤 유전자가 상쇄해서 균형을 맞추려는 욕구와 필요를 만들어낸다면, 그것은 어떤 최종 결정에서도 보이지 않을 것이라는 점이다. 유전자, 사고, 행동 사이의 이 연결 고리를 고려할 때, 우리는 유전자 결정론을 옹호하는 덫에 빠지지 않고 유전자가 떨어져서 자란 일란성 쌍둥이들로 하여금 유사한 사회적 태도를 공유하도록 하는 방식을 더 잘 이해할 수 있다. 부처드의 연구에서, 쌍둥이들은 자신들이 어떻게 느끼는지, 무엇에 흥미를 느끼고 끌리는지를 표현했다. 그러한 태도 연구는 우리에게 그 쌍둥이들이 이상적인 환경에서 무엇을 하길 **원하는지** 말해주는 것이지, 그들이 무엇을 **할 것인지**를 말해주지는 않는다. 자유 의지와 결정론에 관한 너무도 많은 논의들이 이 단순한 것을 구분하지 못한다. 욕구와 행위는 동의어가 아니다. 우리가 종교적·영적 문제에 대한 관심이나 무관심의 상대적인 정도를 지시하는 유전자들의 복합체를 찾게 된다면, 이 성향들이 우리의 사고방식과 사고 내용에 반영된 것이 보일지는 몰라도, 반드시 관찰 가능한 특정 행위에서 보이지는 않을 것이다. 그 유전자가 모순되는 믿음들을 만들어냈다면, 그것이 우리 사고에 미치는 효과는 우리 눈에 뜨이지도 않을 것이다. 그 모순되는 믿음들은 숨겨진 층 안에서는 요인이 되겠지만, 의식적으로 경험되지는 않을 것이다.

내가 아는 어떤 공공연한 무신론자는 자신이 한때 오순절교의 신도로 거듭난 적이 있었음을 비밀스럽게 고백했다. 그의 거듭남과 무신론적 사고가 유사한 유전적 소인에서 일어나면서도 어떻게 정반대의 결론을 낼 수 있는지를 보는 데에는 많은 상상력이 필요치 않다.

내가 포커를 못 치는 이유

행동에 영향을 미치는 유전자들의 목록은 빠르게 성장하고 있다. 개인적으로 가장 흥미로운 한 가지 유전자는 도박벽을 포함해 위험을 감수하고 색다름을 추구하는 것과 관련되는 유전자이다.[6] 그 유전자는 보상계의 도파민 감도를 떨어뜨릴 뿐이지만, 위험 감수를 부추기는 유전자로 일컬어진다. 이처럼 더 높은 수준의 위험 감수를 추구하는 것은 아마도 도파민으로 유도되는 쾌감을 원하는 수준까지 높이기 위해서일 것이다. 유전자가 도박을 하려는 욕구에 기여한다는 것은 놀라운 일이 아니다. 내기를 위해서라면 무엇이든지 걸 수 있는 친구들과, 어째서 담배 연기가 자욱한 방에서 딱딱한 의자에 몇 시간씩 앉아서 기껏해야 맛대가리 없는 칵테일 체리 세 개가 나란히 줄서는 꼴을 보려고 하는지 이해하지 못하는 친구들 사이에 타고난 차이가 있는 건 아닐까, 우리는 이미 육감적인 수준에서 의심하고 있다.

질문은 이렇다. 만일 단일한 유전자가 우리를 부추겨 인사이드 스트레이트(예컨대 3, 4, 5, 7 네 장의 카드를 들고 있는데 다음에 6이 나오는, 확률 16.47퍼센트의 상황 - 옮긴이)에 농장을 걸게 한다면, 그 유전자가 다름 아닌 우리의 사고를 형성하는 데에는 어떤 효과를 미칠까?

평생 포커를 쳐온 사람으로서, 나는 따는 전략을 개발하는 데 상당한 시간을 소모했지만, 그럼에도 나는 대단한 선수가 아니다. 오랫동안 다양한 결함들을 의심해보았지만, 분명한 답은 알아내지 못했다. 그런데 최근 텔레비전에서 방영되는, 시청자들이 선수들이 들고 있는 카드를 판의 시작부터 볼 수 있는 포커 선수권 대회의 인기 덕분에, 그 문제는 투명해졌다. 전체적으로 최고의 결과를 내는 선수는 바로 때를 보아 공격적으로 크게 허풍을 떠는 선수들이다. 이것은 나로선 결코 완전히 편하게 느껴본 적이 없는 스타일인 것이다.

사람들은 직관, 다른 선수 읽기, 그 밖에 포커를 매혹적인 것으로 만드는, 만질 수 없는 모든 것에 관해 떠들 수 있지만, 많은 사람들이 어떻게 온라인에서, 즉 말이나 신체 언어를 읽을 기회가 없는 상태에서 기술을 연마해왔는지는 설명하지 못한다. (2003 월드 시리즈 포커 우승자인 크리스 머니메이커Chris Moneymaker는 그 전까지 오프라인 경기에 참가해본 적도, 라스베이거스에 가본 적도 없었다.) 오늘날 최상위의 많은 선수들은 게임이론을 상당히 잘 알고 컴퓨터 시뮬레이션을 통해 주어진 상황에서의 최선의 전략에 관한 복잡한 계산법들을 개발한다. 예를 들어, 만일 상당히 긴 시간에 걸쳐 당신이 특정한 상황에서 허풍을 쳐서 딴 양이 다른 선수들이 콜을 해서 (패를 보이라고 요구해서) 잃은 양보다 많다면, 당신은 항상 그 수를 써야 한다(계산을 계속한 결과 다른 선수들이 그 수를 포착했음이 밝혀질 때까지).

여기에는 문제가 있다. 직접 관찰한 내용과 컴퓨터 시뮬레이션 둘 다를 바탕으로, 나는 이 선택적인 허풍 전략이 나쁜 패를 들었을 때마다 기권하는 것보다 우월하다는 결론을 내렸다. 불행히도, 그 전략은 당신에게 다른 선수들이 콜을 할 대략적인 확률은 말해주겠지만, 그것이 정확히 언제인지까지는 말해줄 수 없다. 그것을 계산하려면, 나는 다른 선수들이 들고 있는 패를 보아야 할 것이다. 다른 선수들이 무엇을 가지고 있는가를 알아내려 애쓰는 것은 그냥 주기적으로 허풍을 떠는 것보다 값어치가 없다는 것이 드러난다.

　말은 쉽지, 아주 크게 허풍을 떨기에 최적인 상황이 눈에 보이면, 나는 첫 번째 질문으로 주저한다. "하지만 다른 선수가 콜을 하면 어쩌지?" 나는 이 생각을 내 의지로 의식에 들여보내는 것이 아니다. 나라고 해서 어떤 수를 쓸지 고려하는 출발점으로 이 질문을 택하고 싶겠는가. 그것은 단순히 내가 똬리를 튼 정원의 검은 호스를 처음 보고 펄쩍 물러날 때와 거의 똑같은 식으로 나타난다. 하지만 다시 생각할 시간은 많다. 거기에 큰돈이 걸려 있다면, 나는 딜러에게 시간을 더 달라고 요청할 수 있다. 게다가, 나는 그런 상황들을 미리 계획할 수도 있다. 집에서 끝도 없이 연습하고, 경기 전에 나 자신에게 격려 연설을 하고, 경기 도중에 흘긋 본 것을 칵테일 냅킨에 암호로 메모하는 것이다. 나는 심지어 처음 드는 부정적인 생각은 무시하라고 혼잣말을 중얼거리며, 연습해둔 결정을 들고 그 생각과의 전투 준비를 완료할 수도 있다.

　그럼에도 불구하고 그때가 오면, 나는 방아쇠를 당길 능력이 없다. 나는 나 자신에게, 그 전략은 **일반적으로** 효과가 있지만, **이번**에는 효과가 없을지도 모른다고 말한다. 나는 사고라는 방법으로는, 확률의 법칙들이 실제로 효과가 있으며 때때로 나쁜 패에 거는 것도 언제나 기권하는 것보다 낫다는 **신념의 느낌**을 일으킬 수 없다. 나는 내가 맞다고 아는 것이 실제로도 맞다고 나 자신을 설득하지 못한다.

내가 아는 최고의 선수들은 대부분 다르게 반응한다. 그들은 먼저, '내가 충분히 크게 걸면, 상대가 기권할 거야'라고 생각하는 경향이 있다. 그들도 상대가 콜을 할 가능성을 똑같이 알고 있지만, 크게 허풍을 치는 것이 승리의 전략이라는 더 큰 그림이 그들에게는 하나도 불편하지 않다. 한 월드시리즈 포커 우승자는 나를 소심하다고 꾸짖으면서, 우리의 차이는 나와 달리 그는 파산을 두려워하지 않는 것이라고 말했다.

이 이판사판의 텔레비전 포커 게임을 한 판 지켜보라. 누군가 엄청난 허풍을 칠 때까지 기다렸다가, 당신 자신의 느낌을 살펴보라. 이런 경기 운영이 건전한 전략임을 미리 안다면, 우리는 놀랄 이유가 없다. 하지만 우리는 놀란다. 우리는 깔깔거리며 웃고, 경외와 찬탄으로 지켜보고, 신기해한다. "저걸 어떻게 하지?" 이 포커 프로그램이 엄청난 인기를 얻는 한 가지 주요 요인은 우리도 맞는 줄 알지만 직접 하지는 못하는 결정을 다른 사람들이 내리는 것을 지켜보는 짜릿함이다.

자연스럽게, 나는 포화를 받으며 용기 없음을 자책한다. 나는 내재적인 소심함이 나의 사고에 영향을 미치고 있다는 것은 얼마든지 인정할 준비가 되어 있다. 하지만 복잡한 문제가 있다. 만일 나에게 없는 것이 허풍에서 쾌감을 얻는 유전자가 아니라 위험을 추구하는 유전자라면, 허풍을 시도한다는 사고 자체가 메스꺼움과 동요라는 심술궂은 병증을 촉발할 것이다.

실제적인 보상의 느낌은 그냥 순수한 통증이나 쾌감, 접근과 회피 이상이다. 우리가 허풍을 떠는 것은 아마도 힘을 가졌다는 느낌, 즉 큰 판에서 다른 사람들을 제치고 칩을 쌓아올리는 즐거움을 갖기 위해서, 또는 특정한 카드 순서(예컨대 스트레이트 플러시, 즉 같은 종류의 패 다섯 장 연속)가 주는 순수한 도취감을 경험하기 위해서일 것이다. 이 넓은 범위의 쾌감들을 제공하기 위해, 중뇌변연관련 도파민 보상계는 우리의 모든 느낌과 기분 상태를 포함한 감정의 팔레트 전체에 긴밀하게 연결되어 있다. 이 목록의 꼭대기에 있고 필수적인 선결 조건이 바로 **안다는 느낌**이다. 우리는 먼저 전략을 배우고, 그런 다음에야 실행의 즐거움을 경험할 수 있다. 얄궂게도, 당신이 허풍을 떨 때 당신의 눈 속에서 다른 사람들이 찾아내는 것이 바로 이 느낌 상태다. 당신의 계획된 **신념**이 다른 사람들로 하여금 당신이 허풍을 떨고 있다는 신념을 갖도록 도와주는 것이다. 위대한 포커 선수들은 약소한 상대들의 신념 결핍을 먹고 자란다. 이것이 바로 생물학적 수준에서 완전히 설득되지 않은 채 새로운 전략을 채택하고 싶은 사람들이 겪는 신경생리학적 진퇴양난이다.

오늘날까지, 유전자가 도박 욕구에 미치는 효과에 대한 연구는 흔히 '도박'이라고 지각되는 상황들에 초점을 맞추어왔다. 실험 자원자들에게 다양한 게임을 하거나 지각되는 위험을 근거로 재정적 결정을 내리라는 요청을 하고, fMRI를 통해 어떤 영역에 얼마나 불이 들어오는지를 기록한다. 하지만 똑같은 유전자가 보통 도박과 연관된 것으로 간주되지 않는 질문들에 영향을 미친다면? 예를 들어, 알래스카 유전의 시추를 무제한으로 개방할 것인가 말 것인가를 생각해보자. 이 질문이 제기되자마자 나는 분명한 위험 – 보상 계산과 마주친다. 우리가 유전을 개방한다면, 뒤이어 시추에서 기인하는 생태적 재난을 바로잡을 수 있을까? 나는 내 사고들을 모을 수 있기 전에, 엑손 발데즈호의 원유 유출이 야생동물에게 미친 악영향을 떠올린다. 다른 누군가는 즉각적으로, 1970년대 큰 석유 파동으로 주유소 앞에서 길게 줄을 서서 기다리는 자동차들을 떠올릴 것이다. 우리 가운데 우리의 의식적 결정을 형성하게 될 이 최초의 설득력 있는 영상들을 의식적으로 선택한 사람은 아무도 없다. 숨겨진 층이 무엇이 가장 중요한가에 관해 투표를 해서 뽑힌 영상을 자각으로 올려 보낸 것이다. 이 계산은 유전적 소인을 포함해, 숨겨진 층의 모든 요인들에 의존한다.

두 포커 선수의 차이에 관해 생각해보라. 한 선수에게는 위험을 감수하는 유전자가 없고, 다른 한 선수에게는 그것이 있다. 둘 다 같은 정보를 갖고 있지만, 위험 감수 유전자가 없는 선수가 자신이 허풍을 떨 때 콜을 받으면 어쩌나 걱정하는 동안, 다른 선수는 자신은 콜을 받지 않을 것이라는 자신감을 느낀다. 이제 이 두 선수를 알래스카 유전 시추를 놓고 투표하는 정치가들로 바꾸어보라.

한 사람은 상상할 수 있는 모든 재난에 관해 걱정할 것이고, 반면 다른 사람은 불리한 위험쯤은 떨쳐버리고, 나아가 무엇을 엎지르든 현대 과학기술의 기적이 그것을 말끔히 치울 수 있을 것이라는 낙관주의를 덧붙일 것이다.

아니면 그들을 종양의로 바꾸어보라. 내 친구가 비호지킨 림프종에 걸렸다. 표준 화학요법은 듣지 않아서, 그는 골수 이식에 관해 문의하러 두 군데 가까운 대학병원에 갔다. 두 종양의는 모두 이식으로 높아질 생존율이나 그 처치로 높아질 사망률이 같다고 말했다. 위험이 이득과 정확히 같았다. 나의 친구는 어찌할 바를 몰라 두 의사 모두에게, 당신이 환자라면 어떻게 하겠느냐고 물었다. 통계에서 벗어나 이제 오로지 개인적 선호의 목소리를 내게 되자, 각자는 자신이 조언을 할 수 있다는 상당한 신념을 갖게 되었다. 한 의사는 '하라'에 표를 던졌고, 다른 의사는 '하지 마라'에 표를 던졌다.

정치학에서 의학까지, 겉보기에 신중해 보이는 결정의 이유들은 내재적인 위험내성의 영향을 받을 것이다. 가장 논쟁적인 그날의 쟁점들을 자세히 살펴보면 같은 문제가 드러난다. 사형제도, 낙태, 줄기세포 연구, 복제, 유전공학에 관한 언쟁들은 흔히 서로 다른 위험 – 보상 계산의 반영이다. 사형제도에 관해 생각할 때, 주요 고려사항은 고려하는 이가 무고한 사람이 처형될 것을 어느 정도나 염려하는가이다. 어떤 사람들은 눈곱만큼의 위험도 용인할 수 없고, 어떤 사람들은 그렇지 않다. 유전공학에 관한 언쟁에서는 흔히, 어느 정도의 위험을 용인하고 '우리는 어떤 판단의 실수도 적절히 통제할 수 있고 고칠 수 있다'고 믿는 쪽과 '일단 그 길을 내려가기 시작하면, 돌아올 수 없다' 그리고 '그것은 판도라의 상자를 여는 일이 될 것이다'라며 미끄러운 비탈길 논지를 펴는 쪽이 맞붙는다.

그러한 예들에서, 어떤 결정의 원인을 오로지 위험을 추구하는 유전자의 존재나 부재에 돌리는 것은 지극히 어리석은 태도일 것이다. 반면 실제로 어떤 역할을 하는 유전자들을 고려하지 않는 것도 똑같이 근시안적인 태도가 될 것이다. 하지만 유전자와 위험 감수의 관계를 가정하자마자, 우리는 당장 문제가 더 복잡하다는 것을 감지한다.

포커로 돌아가자. 나는 위험 감수 유전자도 없는데다, 내 편도에서 스타스민 단백질이 최대로 발현되는 곱절의 저주를 받은 것 같다. 나는 위험 감수 유전자 검사를 한다면 음성이고, 스타스민 유전자 검사를 한다면 양성일 것이다. 나는 허풍에서 쾌감을 덜 얻을 뿐만 아니라, 이 결정을 숙고할 때마다 순간적으로 다른 선수가 나의 허풍을 잡아냈을 때 입은 모든 쓰라린 손실을 기억할 것이다.

유전자들을 조합하면 가능성은 금세 기하급수적으로 늘어난다. 가설적으로 우리의 지나친 단순화를 계속하자면, 언젠가 유전자 검사로, 환경 자유방임주의 정책을 가장 요란하게 옹호하는 사람들이 무모함의 유전자 스펙트럼 극단에 속한다는 것이 증명된다면 어쩔 것인가? 위험 감수 유전자가 양성이고, 스타스민 유전자가 음성인 그러한 정치가들은 쉽게 겁을 주거나 창피를 줄 수 없을 것이다. 그들은 곤란하거나 의심받던 상황들을 금세 잊어버릴 것이다. 우리는 우리가 제일 싫어하는, 공무원의 철저한 자기자각 부재를 애도하지만, 이 명백한 무감각이 부분적으로는 꺼진 편도의 작용이라면 어쩔 것인가? 이전의 나쁜 경험들은 전혀 촉발되지 않을 것이다. 비판은 어느 곳에도 착륙하지 않을 것이다. 그리고 그 정치가는 지구 온난화에 관한 법석이 다 뭐 하는 것인지 이해할 수 없다고 말하면서 자신이 전적으로 정당하다고 느낄 수도 있을 것이다.

나는 지금껏 무작위 허풍 같은 유리한 포커 전략을 완전히 흡수할 수 없었다. 덜 이로운 전략을 선택하는 것이 최선의 결정이 아닌 줄은 나도 알지만, 그럼에도 불구하고 그것이 나에겐 가장 편안한 결정이다. 나는 이 의사결정 능력의 결함에 유전적 요소가 있을지 모른다는 생각에 대해, 그럴 수 있다고 여긴다. 유사하게, 환경적 쟁점에 관해 생각할 때에도, 나는 시추 옹호론자들보다 위험을 더 크게 본다는 것을 안다. 아직 답이 나오지 않았고, 어쩌면 답이 있을 수 없는 질문은 이것이다. 만일 환경보호주의자에게는 스타스민이 많고 위험 감수 유전자가 적으며, 시추 옹호론자에게는 스타스민이 적고 위험 감수 유전자가 많다면, 그 둘이 어떻게 합당한 대화를 나눌 수 있겠는가? 그들의 기본적인 유전적 소인들이 추론의 노선을 다르게 만들 것이고, **게다가** 경기장마저 불공평하게 만들 것이다. 환경보호주의자는 타고난 공포에 더 즉시 반응하여 더 쉽게 겁을 먹을 것이다.

　　　생존에　대한 가장 결정적인 유전자는 십중팔구 행동에 직접 영향을 미치는 유전자라는 드레이나 박사의 관찰로 돌아가자. 일반적인 범주의 **안다는 느낌**에 명백한 생존적 이익이 있음을 놓고 볼 때, 그러한 느낌들이 유전적 소인과도 강한 상관관계가 있다면 놀라운 일이 아닐 것이다. 불행히도, 적당한 동물 모델도 없고 **안다는 느낌**의 현상학은 엄청나게 복잡한 관계로, 우리가 그 유전적 요소를 적절히 가려내게 될 것 같지는 않다. 하지만 우리에게는 종교와 영성을 비롯해 기타 성격 특성을 향한 태도가 가계에 따라 무리 지어 나타나는, 떨어져 자란 일란성 쌍둥이 연구와 같은 우회적인 데이터들이 있다. 어떤 사람이 확신의 상태나 의심의 상태 쪽으로 기울어 보이는 정도는 그 자체가 부분적으로는 그 사람이 마음 깊이 **안다는 느낌**을 경험하기 쉬운 정도의 표현일 것이다. 언젠가, 뭐든지 아는 체하는 사람과 영원한 회의주의자는 **안다는 느낌**을 위한 유전자(들)가 켜져 있거나 꺼져 있는 두 극단의 입장으로 보일지도 모른다.

하지만 우리가 다루어야 하는 그 이상의 복잡한 문제가 있다. 환경이 유전자 발현에 미치는 광범위한 효과들을 고려하지 않고 유전자가 사고에 미치는 영향을 이야기하는 것은 불가능하다는 것이다. 유전자는 진공에서 작용하는 것이 아니다. 이것을 넓게 보기 위해, 나는 환경의 소리가 기본 언어 습득과 말의 발달에 미치는 효과에 관한 혁신적인 연구를 간단히 제시하고 싶다.

들어오는 소리들을 처리하는 뇌의 청각피질은 특정한 영역이 비교적 좁은 대역폭의 소리를 우선적으로 감지하도록 기능적으로 배열되어 있다. 연구자들은 마취된 쥐의 청각피질에 미세 전극을 꽂아서 어떤 영역이 어떤 주파수를 처리하는지 상세한 국소해부학적 지도를 제작할 수 있다. 쥐에게 어떤 주파수를 제시하든지, 구분되는 한 영역이 미친 듯이 발화하는 동안 나머지 청각피질은 비교적 침묵을 지킬 것이다.

이 청각피질의 배열은 축구장의 카드섹션과도 같다. 응원 구역은 많은 미세 구역으로 나뉘어 있고, 각 미세 구역에는 그 구역만의 플래시 카드와 지시 사항들이 있다. 한 사람은 한 장의 카드만 들 수 있다. 이 카드는 단독으로는 어떤 특정한 메시지도 담고 있지 않다. 지시문을 정확하게 읽는 것을 포함해 모든 사람이 자기 일을 맞게 하면, 모든 카드가 집단적으로 보여주는 모습에서 의미있는 무늬가 창발할 것이다. 청각피질도 같은 식으로 작용한다. 유전자들이 각 미세 구역의 지시문에 해당한다.

쥐는 뇌 발달을 연구하는 데 편리한 모델이 되어준다. 쥐의 청각피질은 생후 약 2주 동안 쉬지 않고 발달하는데, 그 기간 이후에는 변화가 거의 없다. 초기에 열려 있는 이 뇌 가소성plasticity의 창 덕분에 연구자들은 환경적 입력이 유전적으로 프로그램되어 있는 초기 뇌의 발달에 어떤 영향을 줄지 연구할 수 있다. 만일 대뇌피질이 환경적인 노출을 통해서 물리적으로 변한다면, 그것은 성숙하고 있는 뇌가 주위 환경에 의해 형성되는 방식을 통찰할 수 있는 열쇠가 될 것이다.

캘리포니아 대학교 샌프란시스코 캠퍼스의 신경과학자 마이클 머제니치Michael Merzenich는 생후 뇌 발달의 결정적 시기 동안에 환경의 소리를 바꾸면 청각피질의 해부학적 구조에 변화가 일어날지 어떨지를 보고 싶었다. 머제니치는 한 무리의 갓 태어난 쥐들이 단일한 주파수의 음만 듣도록 소리의 노출을 제한하는 독창적인 실험을 설계했다. 2주 뒤, 피질 발달이 대부분 완성되었을 때, 그는 쥐의 청각피질 안에서의 주파수 반응 분포를 연구했다. 만일 유전자가 뇌 발달의 유일한 결정자라면, 청각피질의 국소해부학적 지도는 환경적으로 정상 범위의 소리에 노출된 쥐와 같을 것이다. 그러나 그렇게 되는 대신, 노출된 주파수에 반응하는 뉴런들이 쥐가 들어본 적 없는 주파수에 반응하는 뉴런보다 더 풍부해서, 청각피질에서 훨씬 더 넓은 영역을 뒤덮었다. 전체 피질이 뇌 발달의 결정적 시기 동안 있었던 주위의 소리에 최대로 반응하도록 바뀌

어 있었던 것이다.[7]

머제니치는 우리의 뇌가 어린 시절에 노출되는 소리를 우선적으로 듣도록 해부학적으로 편향된다고 추론했다. 역으로, 이 뇌 발달의 결정적 시기 동안 덜 빈번하게 제시된 소리는 듣기가 더 어려울 것이다. 이 가설을 시험하기 위해, 그는 또 다른 무리의 갓 태어난 쥐들을 적당히 시끄러운 연속적 배경 소음(백색 소음)에 노출시켰다. 이 쥐들은 청각피질의 발달이 지연되었을 뿐만 아니라 소리를 인식하는 데에도 결함을 보였다.[8] 배경 소음이 최적의 청각 발달을 방해했던 것이다.

이 쥐 실험들이 인간에게도 일반적으로 적용된다고 가정하고(증거는 충분하다),[9] 다음 가설을 생각해보라. 귀에 들어오고 있는 영어는 대략 40~45개 음소들의 조합이다. 반복적인 노출과 궁극적인 패턴 인식을 통해 뇌가 형성하는 신경망들이 개별 음소의 탐지법을 학습한 다음, 음소 조합의 탐지법을 학습한다. 아빠라는 말을 배울 때 아이들은 '다'로 시작해서 '대디daddy'와 '대다dada'로 발전한다. 언어의 습득에는 이 시행착오 과정 맨 처음부터 적당한 보상이 필요하다. 그 보상이 누군가 머리를 쓰다듬어주는 것이든, 엄마의 미소를 보는 것이든, 아니면 "그래, 버지니아, 그게 바로 Z야"라는 말을 듣는 것이든, 그 순간의 안다는 느낌은 글자, 기호, 음소들을 인식하기 위해 가장 기본적인 신경망들의 빠뜨릴 수도 떼어낼 수도 없는 특징이 된다. 그 결과, 가장 기본적인 언어 발달에 우리를 가르치고 있는 사람들의 편견이 영향을 줄 것이다. 이때 맞다고 들은 것이 이후의 모든, 언어에 기반을 둔 사고를 형성할 것이다. 우리는 이미 채색되어 있는 이 언어의 구성 요소들을 가지고 선생님의 말씀을 듣고, 지도자를 선택하고, 과학 실험을 고안하고, 철학과 종교에 관한 이론을 세우고, 미래를 결정한다.

이제, 백색 소음이 발달 중인 쥐의 청각피질의 기능적인 해부학 구조를 바꾼 것과 같은 식으로, 들어오는 말이 왜곡된다면 어떤 일이 일어날지 생각해보라. 냉장고 모터, 환기장치들, 에어컨, 헤어드라이어, 왕왕거리는 텔레비전, 짖어대는 개, 코앞에서 아무것도 아닌 일로 옥신각신하는 식구들, 근처 찻길에서 시끄럽게 달리는 자동차들, 응급 사이렌, 아파트 옆집에서 틀어놓은 앨리스 쿠퍼 Alice Cooper 록 음악 등 배경 소리의 한가운데에서 말을 배우려 애쓰고 있는 아이의 모습을 그려보라. 종일 일하는 부모나, 시간도 어휘도 부족하고 문법도 엉망이고 발음도 이상한 보모가 말 가르치기를 맡으면서 문제는 더 커진다.

어쩌면 이것이 미국에서 교육의 기회는 더 많아졌는데도 읽고 쓰는 능력이 떨어지고 있는 한 요인일까?[10] 우리의 아이들이 인간을 대상으로 한 머제니치 실험, 즉 문화적 편견이 다음 세대의 뇌 구조 발달에 미치는 영향에 관한 실험의 연구 집단이 되어가고 있을까? 그가 도심의 아이들을 가리켜 말했듯이, "매우 강력한 증거들이 있다. 최소한 언어 학습이 느린 많은 아이들을 보면, 문제는 그들의 모국어 처리 발달이 지연된다는 것이다. 그것이 아이들의 언어에 결함을 남기고, 아이들의 언어 처리 과정은 사실상 영어나 스페인어가 아니라 시끄러운 영어나 시끄러운 스페인어를 처리하도록 이상화된다."[11]

머제니치의 연구에서 가장 흥미를 끄는 것은 그것이 뇌 발달 과정에 맨 처음부터 본성과 양육의 복잡한 상호작용이 존재함을 드러낸다는 점이다. 유전자가 똑같다고 해서 똑같은 뇌 구조가 나오지는 않는다. 이 사실을 더 친숙한 배경에 집어넣기 위해, 윈도우－맥의 비유로 돌아가자. 하나는 윈도우로 구동되고 다른 하나는 맥으로 구동되는 두 개의 모니터에서 정확히 똑같은 영상을 보고 있다고 상상하라. 이 사진을 보는 것만으로는 이 영상들이 어떻게 만들어졌는지에 관해서 아무것도 알 수 없다. 추론의 노선들에 해당하는 줄줄이 늘어선 코드들은 다르겠지만, 그래도 마지막 영상은 동일할 것이다. 공항으로 떠날 준비를 하는 부부의 예에서 보았듯이, 완전한 동의가 동일한 사고 과정과 동의어인 것은 아니다. 우리가 어떤 생각에 완전히 동의할 때조차 이 동의는 서로 다른 사고방식에서 일어나고, 이 다른 사고방식에는 지극히 고유한 유전자와 개인적 경험도 연관된다. 다른 사람들을 나처럼 생각하게 할 수 있다고 기대하는 것은 우리 각자의 사고 과정을 우리의 지문만큼이나 고유하게 만드는 타고난 차이들을 극복할 수 있다고 믿는 것이다.

감각적
사고

사고는 항상 더 어둡고, 더 공허하고,
더 단순한 우리 감각의 그림자다.

– 프리드리히 니체

일단 스스로를 규정하는 의미 사고라는 가장 단순한 사고를 넘어가면, 순수한 사고 자체는 분해되지 않는다. 당신이 나무 위로 올라가 돌진하는 사자를 처음으로 피했을 때, 이성은 이것이 뛰어난 전략이라고 당신에게 말할 것이다. 하지만 결국 당신은 경험을 통해 훌륭한 전략도 때로는 비참하게 실패하며, 고려해본 적 없는 더 나은 선택이 있을 수 있다는 것을 배운다. 전략의 유효함을 입증할 만한 행동으로 이성이 할 수 있는 최선은 기껏해야 나무에 올라가는 것이 **이번에는** 효과적이었다고 선언하는 것이다.

독립된 하나의 체계로서, 사고는 영원히 "맞아, 하지만"을 계속할 운명이다. 이 운명은 우리가 무엇을 모르는지를 알 능력이 없는 데서 비롯된다. 회로자동차단기가 없다면, 우리는 하루 종일 아무 결정도 행위도 하지 못할 것이다. 필요한 것은 끝없는 반추를 멈추고 미지의 우월한 대안을 놓칠지 모른다는 공포를 진정시키는 정신적 스위치다. 그러한 스위치가 하나의 사고여서는 안 된다. 그렇지 않으면 우리는 똑같은 문제로 돌아갈 것이다. 가장 간단한 해결책은, 사고처럼 느껴지지만 사고의 영원한 자기 의문에 빠지지 않는 어떤 감각일 것이다. **안다는 느낌**을 구성하는 놀라운 정신 상태들은 '어떻게 결론에 도달할 것인가'라는 매우 현실적인 형이상학적 궁지에서 헤어나기 위해 우리가 진화적으로 적응한 데서 나온 놀라운 결과물이다.

이 장에서 나는 우리가 생각하기에 관해 생각하는 방식을 결정하는 데 매우 중요하지만 별로 논의되지 않는 기타 정신적 감각들의 몇 가지 예를 제시하고 싶다. 가능한 한 도발적으로 강조하자면, 이 장의 목표는 어째서 사고가 감각 없이는 존재할 수 없는가를 보여주는 것이다. 여기서 '감각'이란 신체가 외부세계로부터 지각하는 감각들과 내부의 정신 상태들 모두를 가리킨다.

먼저, 우리가 세계를 일반적으로 어떻게 생각하는지 살펴보자. 어느 먼 은하로부터 신체와 분리된 매우 영리한 뇌가 특급으로 배송되어 왔다고 상상하자. 병 속에 떠 있는 그 뇌에는 감각기관인 눈도, 귀도, 말초감각도 없다. 질문은, 이것이 어떻게 세계에 관해 생각을 하겠는가 하는 것이다. 이 병 속의 뇌는 힘, 질량, 가속도 가운데 어떤 조건도 직접 경험해보지 않아도 그것들의 정의를 암기하고 $f=ma$라는 공식을 쉽게 암기할 수 있을 것이다. 하지만 중력의 당김을 한 번도 느껴본 적 없는 그 뇌가 무無에서 출발해 그 식을 개념화할 수 있으리라고 상상할 수는 없을 것 같다. 우리 모두는 뉴턴이 사과나무 밑에 있다가 사과가 땅에 떨어지는 것을 보았다는, 아마 사실과는 다를 그 이야기를 알고 있다. 그 단순한 관찰을 이해하게 한 그 이전의 모든 경험을 생각해보라. 사과는 얼마쯤 무게가 나가고, 떨어지면서 속력이 붙고, 어떤 계산 가능한 힘으로 땅을 때리더라.

그런데 그 분리된 뇌는 힘, 질량, 가속도의 개념에 대응되는 신체 감각들을 한 번도 경험해본 적이 없었을 것이다. 그 뇌는 고속 엔진을 단 중고차를 몰고 4백 마력으로 질주해본 적도, 차바퀴가 헛돌면서 갑자기 차가 걷잡을 수 없이 앞쪽으로 기우는 것을 느껴본 적도, 고개가 뒤로 홱 젖혀지는 것을 느껴본 적도 없었을 것이다. 그 뇌는 가벼워 보이는 물건, 말하자면 작은 공을 집어들다가 예기치 않은 무게에 깜짝 놀라며 비로소 그 공이 납으로 만들어져 있음을 깨달았던, 신체와 관련된 어떤 기억도 없을 것이다.

속력**이란** 무엇인가에 관해 아무런 느낌이 없는 병 속의 뇌가 어떻게 속력의 법칙에 관해 생각을 하겠는가? 또는 미美를 관조하겠는가? 몸이 없는 마음에게 아름다움이 무엇을 의미할까? 추한 것을 본 적이 한 번도 없다면, 아름다움이 무엇인지도 결코 알 수 없다. 불협화음을 들어본 적이 없다면, 무언가가 화음을 이루어도 결코 알아차릴 수 없다. 우리의 사고에 손으로 만져지는 의미를 부여하려면 우리는 세계를 감각적으로 이해해야 한다.

인지신경과학자 조지 라코프George Lakoff와 마크 존슨Mark Johnson은 『실물로 본 철학 : 체화된 마음과 서구 사상에의 도전 Philosophy in the Flesh: The Embodied Mind and its Challenge to Western Thought』에서, 다음과 같이 간결하게 요약한다.

> 이성은 전통적으로 대개 생각하듯이 몸에서 분리되어 있는 것이 아니라, 우리의 뇌, 몸, 그리고 신체적 경험의 본질에서 일어난다……. 우리로 하여금 지각하고 돌아다닐 수 있게 해주는 것과 똑같은 신경 기제와 인지 기제들이 우리의 개념 체계와 이성의 양식들도 만들어낸다. 이성을 이해하려면, 우리의 시각계, 운동계, 그리고 신경 결합에 바탕이 되는 일반적 기제들의 세부사항을 이해해야 한다. **이성은 우주의 또는 신체에서 분리된 마음의 초월적 특징이 아니다. 그것은 결정적으로 우리 인체의 특색에 의해, 우리 뇌가 가진 신경 구조의 놀라운 세부 사항들에 의해, 우리가 세계 속에서 날마다 하는 특정한 움직임에 의해 형성된다.**[1]

몸에서 분리된 사고는 생리학적으로 선택할 수 있는 것이 아니다.

신체적·정신적 감각과 지각에서 자유로운, 순수하게 이성적인 마음
도 마찬가지다.

우리의 마음이 무엇을 하고 있는지를 알려면, 우리의 정신적 활
동들을 감시할 수 있는 감각계가 필요하다. 지금까지 나의 논의는
안다는 느낌에 집중되었지만, 자기지각self-perception을 감시하기
위한 정신 체계도 있을 것이 분명하다. 아마도 가장 보편적이고,
영속적이고, 도전을 받지 않는 감각은 당신의 '자아'가 마치 당신
의 눈 뒤 어딘가, 머릿속 어딘가, 아니면 최소한 몸속 어딘가에 있
다는 느낌일 것이다. 우리가 자신을 보통 '저 바깥의' 우주 안이나
여기서 세 블록 떨어진 술집에 있다고 느끼지 않는 것은 진화적으
로 타당한 일이다. 존재가 한 곳에 국한되어 있지 않으면, 당신은
'나'가 어디에 있을 것이라는 어떤 지침도 없이 끊임없이 '나 자신
을 찾아다닐' 것이다. 자아의 감각이 개인적·사회적 행동을 발휘
하는 데서, 혹은 버스에서 앉을 자리를 정하는 데서 가치가 있으려
면, 우리는 '나'가 다른 사람들과의 관계에서 어디에 서 있는지를
알아야 한다. 그러니 이상적으로라면, 뇌가 자아를 위해 총체적인
위치 결정 체계를 개발할 것이다.
　그러한 단일 기제가 드러난 적은 없지만, 최근의 연구로 뇌의 한
영역이 우리가 '자아'를 보는 장소를 정하는 데 도움이 된다는 것
이 밝혀졌다. 그것을 처음 관찰한 사람들은 통제 불능의 간질을 앓

는 젊은 여성의 피질 지도를 직접 작성하던 스위스의 신경외과의 팀이었다. 오른쪽 측두두정부temporo-parietal region를 자극하는 동안, 환자는 계속해서 '마치 나 자신 위에서 떠다니고 있는 것 같은, 가볍다는 느낌. 더 놀랍게도, 마치 내가 천장에서 나를 내려다보고 있는 것처럼, 나 자신의 몸 일부가 보이는' 현상을 경험했다.[2) 몇몇 다른 환자들에게서 똑같은 유체이탈 반응을 유발한 뒤, 그 신경과 팀은 간단한 후속 실험을 했다. 그들은 일군의 자원자들에게, 각자 자기 몸 위에 떠다니고 있는 '자아'를 상상해보라고 요청했다. 그들이 그렇게 할 때, fMRI에서는 똑같은 측두두정부가 확실히 활성화되는 것이 보였다. 하지만 이 fMRI 반응은 자아의 심상을 떠올릴 때에만 일어났고, 다른 물체들이 머리 위에서 떠다니는 상상을 하면 뇌의 다른 영역이 활성화되었다. 이때 측두두정부는 침묵을 지켰다. fMRI를 행동과 상호 관련시키는 데 내재하는 모든 한계의 제지를 받기는 하지만, 이 연구로 연구자들은 우리가 몸을 기준으로 자아가 어디에 있다고 느끼는가에서 그 측두두정부 경계가 중요하고 특정한 역할을 한다는 신념을 갖게 되었다.

우리 몸의 공간적 위치를 결정하기 위해 자기 자극에 감응하는 말초신경계(말초 고유감각계)가 있다는 발상을 우리 신경학자들이 쉽게 받아들이는 것이 기묘해 보이지만, 우리가 '자아'와 같은 내부 정신 상태의 위치를 찾기 위한 유사한 체계를 가정하기 시작한 것은 최근에 들어서다. 문제는 우리가 자신의 '자아'를 경험하는 방식의 본질 자체에 있을 것이다. 우리가 자아를 순수하게 창발적인 뇌의 작용으로 보든, 아니면 물질로 이루어진 '영혼'처럼 실재하는 물리적 실체로 보든, 우리는 자아가 우리 의식의 중심에 있는 고정된 한 점이라고, 움직이는 부위는 아니라고 느낀다. 그럼에도 불구하고, 우리에게는 '나'가 있는 위치를 말해주는 모종의 감각계가 있어야 한다. 그렇지 않으면 우리는 자신이 존재한다는 것을 전혀 느끼지 못할 것이다.

우리가 마음이 '있는' 곳을 감지하는 것처럼, 우리는 마음이 무엇을 하고 있는가에 관해서도 공지를 받아야 한다. 우리가 생각을 하고 있다는 자각은 우리에게 그냥 일어나는 감각이지, 우리가 의식적으로 일으킬 수 있는 사고가 아니다.[3] 우리는 신체 활동을 느끼는 것과 똑같은 방식으로 우리가 생각을 하고 있다고 **느낀다**. 자각에 도달하지 않는 사고들은 적극적으로 생각되고 있는 것으로 느껴지지 않는다. 이것은 더 큰 의문을 갖게 한다. 의식적 사고와 무의식적 사고를 구별하는 데서 정신적 감각계는 어떤 역할을 할까?

최근에 직접 경험한 예를 들어보자. 나는 침대에 누워, 악어 한 마리와 나무 아래 앉아 철학자인 체하고 있는 주머니쥐를 그린 연재만화의 제목을 떠올리려 애쓰고 있었다. 아내도 기억을 하지 못했다. 내가 의식적으로 제목을 짜낼 수는 없지만, 나는 '자고 나면'

아침에 답이 '떠오를' 것이라고 합리적으로 자신했다. 나는 아내에게, 내가 실험을 할 거라고, 방금 나 자신에게 의식적으로 했던 것과 똑같은 질문을 내 무의식에게 해볼 거라고 말했다. "그 만화 제목이 뭐지?" 나의 무의식이 문제를 풀게 한다는 계획을 궤도에 올린 뒤, 나는 서서히 잠에 빠져들었다.

깨어났을 때, 나는 이른 아침의 비몽사몽 중에 떠오르는 **포고** Pogo라는 단어를 듣고 깜짝 놀랐다. 내가 자신에게 의식적으로 물었던 똑같은 내용을 '무의식에게 물었다'는 것을 알고 있음에도 불구하고, 나는 **포고**가 도착하기 직전에 의도의 감각을 느끼지 않았다. 나는 '그 생각을 생각했다'고 느끼지 않았다. 그 답은 의식적 회상과는 확연히 다르게 느껴졌다. 내 안의 신경학자는 나에게, 이두 가지 방식의 기억에 차이가 있다는 강력한 증거는 없다는 것을 상기시키지만, 그래도 나는 그에 관해 그렇게 느꼈다. 인지 부조화의 완벽한 예. 나는 지금 내가 그렇다고 알고 있는 것을 본능적으로 받아들일 수 없는 것이다.

생각하고 있는 과정이 생각하고 있다는 자각에서 분리되는 이런 일은 불필요해 보이고, 심지어 반反생산적으로까지 보이겠지만, 잠깐만 다르게 생각해보라. 우리가 모든 사고 과정을 그것이 일어날 때마다 경험한다면 어떻게 될까? 그 혼돈은 우리를 압도할 것이다. 내가 들은 것은 **포고**뿐이다. 나는 피넛, 캘빈, 홉스 또는 고려했다 기각한 다른 어떤 단어도 듣지 못했다. 바로 이 순간, 당신은 당신 자신의 무수히 많은 무의식적 반추를 자각하지 못하고 있다. 아이들을 어느 대학에 보내야 할지, 언제 머리를 자르러 갈지에 관해 고민하기와 펩시콜라 노래에서 기억나지 않는 한 단어를 떠올리려 애쓰기가 전부 동시에, 당신이 이 단락을 읽으려고 애쓰는 동안 당신의 주의를 차지하려 경쟁하고 있는 것을 상상해보라. 당신이 당장의 관심사에 주의를 완전히 집중하려면, 지시받지 않은, 덜 긴박한, 또는 더 장기적인 생각들은 소리 없이 일어나고 있는 것이 합당하다.

대부분의 신경과학자들은 의식적 사고란 인식의 빙산의 일각일 뿐이며 '사고'의 대다수는 자각의 밖에서 일어난다고 믿는다.[4] 만일 그렇다면, 의식적 사고와 무의식적 사고에서 보이는 명백한 차이의 바탕에 깔려 있는 것은 서로 다른 생리학일까, 아니면 이 사고들이 느껴지는 방식일까? 사고의 감각들을 또 다른 시각으로 바라보기 위해, 두 가지 간단한 사고 실험을 제시하고 싶다. 모순되는 두 실험을 읽는 동안, 그 예들에 관한 당신의 느낌이 그에 대한 이해와 다른지 어떤지 자문해보라.

당신은 대학에 적을 둔 약리학자로서 매우 희귀한 유전병의 치료법을 찾고 있다. 표준 접근법은 특정한 원인이 되는 단백질을 찾아내서 이 단백질의 효과를 차단하는 이론적인 약을 설계하는 것이다. 당신은 개인용 컴퓨터에 모든 적절한 데이터, 즉 완성된 인간 유전체 지도로부터 이 병이나 관련 질병에 관해 이전에 이루어진 모든 연구를 입력한다. 당신은 이 지극히 복잡한 계산들에 상당한 시간이 걸릴 것으로 예상한다. 다른 여러 가지 연구 과제로 바쁜데 나올 수 있는 모든 답들을 선별하고 있기가 귀찮아서, 당신은 프로그램을 짜서 두 번째 묶음의 지시문을 통해 컴퓨터로 하여금 특정한 약이 유용할 가능성을 예측하도록 한다. 효능의 가능성이 미리 정해놓은 일정 수준에 도달하는 약의 화학식만이 모니터 화면에 보이고, 그보다 가능성이 낮은 답들은 자동으로 기각될 것이다.

당신의 개인용 컴퓨터는 매우 느리지만, 당신이 그것을 몇 년째 가지고 있는 이유는 그것이 완벽하게 조용하기 때문이다. 짜증나는 환풍기도 달려 있지 않고, 하드디스크 장치에서도 소음이 나지 않는다. LED들은 모두 불이 나가버렸다. 모니터가 대기 상태로 바뀌면, 컴퓨터가 그 문제와 관련해 활발하게 작업하고 있는지는 고사하고, 그것이 켜져 있는지 어떤지조차 구분할 수 없다. 그것은 완벽한 블랙박스 컴퓨터다.

이번엔 나쁜 소식. 질문을 입력한 지 얼마 되지 않아, '제때에 충분한 진전이 없음'을 이유로 당신의 정부 보조금이 취소된다. 당신의 실험실은 합병·정리되고, 당신의 새 연구 과제들은 네트워크에 연결되어 있는 복도 저쪽의 컴퓨터들로 입력된다. 당신은 당신의 충실한 PC 사용을 그만두지만 그것을 책상 아래 보이지 않는 곳에 두고 계속해서 전원을 꽂아둔다. 시간이 흐르고, 마침내 당신은 그 연구 과제에 관해 잊어버린다.

어느 날 아침, 당신이 실험실에 도착하자, 오랫동안 캄캄하던 모니터가 깜박거리고 있다. 화면에는 새로운 약의 화학식이 떠 있고, 아래에는 한 문장이 달려 있다. "이 약이 효과가 있을 이론적 가능성은 99.999퍼센트입니다." 당신은 그 결과에 흥분해서 보조금이 너무 일찍 취소된 것에 낙심한다. "이 어마어마한 계산에는 시간이 걸린다는 것을 알았어야지." 당신은 혼잣말로 투덜거린다. 당신은 전에 짠 프로그램이 지시문 그대로의 일을 했다고 자신하며, 보조금 지원서를 다시 쓸 것을 고려한다.

이 각본에서, 당신은 컴퓨터가 평범한 것에서 벗어나는 일은 아무것도 하지 않았다고 느낀다. 그것은 단지 지침을 따르고만 있었다. 번쩍이는 LED들이 없다고 해서 그 컴퓨터가 불이 들어올 때와 정보를 다르게 처리한다는 뜻은 아니다. 당신은 기적을 목격했다고 느끼지 않는다. 즉 작동하고 있다는 표시 없이 작동하고 있는 컴퓨터를 묘사하기 위해 새 어휘를 만들어내거나 직관을 동원할 필요를 느끼지 않는다. 당신은 까다로운 질문을 제기한 시점과 답을 얻은 시점 사이의 시간에는 신경을 쓰지 않는다. 모니터에 나타난 유일한 답이 맞을 가능성이 가장 높은 답이라는 것에 놀라지도 않는다. 이 모든 조건들은 애초에 고대하던 것들이었다.

이제 각본을 바꿔보자. 당신은 여러 세대에 걸쳐 주인공이 엄청나게 많이 등장하는 멋진 소설을 쓰려고 심사숙고하는 소설가다. 당신은 가능한 줄거리와 유려한 궤적을 의식적으로 고심하며 몇 달을 보내지만, 순전한 수열과 조합의 숫자만도 압도적이다. 마침내 당신은 그 생각에 진절머리가 나서 단 하루에 걸쳐 두 주인공이 등장하는 미니멀리즘 이야기로 넘어간다. 당신은 시름을 덜고 비현실적인 거대한 계획에 관해서는 깡그리 잊어버린다.

여러 해가 지난다. 그때, 어떤 명백한 선동적 사건도 없이, 당신은 새빨간 거짓말처럼 오래전에 단념한 책에 대한 구상과 함께 깨어난다. 도입 문장부터 마지막 대단원까지가 쇄도하는 단어와 이미지들 속에 모두 들어 있다. 당신은 그 해답이 **옳다**는 감과 당신 편에서는 아무 노력도 하지 않았다는 사실에 압도당한다. 당신은 친구들에게 당신이 신내림을 받았다고, 그 책은 '더 높은 권능'이 자신에게 구술한 것이라고 말한다. 책 사인회에서 약간은 난처한 어조로, 당신은 소설을 쓰는 동안 경험한 초월과 영감에 관해 이야기한다. 아무리 여러 번 그 순간으로 다시 돌아가 봐도, 그것은 여전히 불가해한, 심지어 '딴 세상의' 일로 남아 있다.

의식적 사고와 무의식적 사고를 구분하는 데서 한 가지 큰 문제는 의식 밖에서 일어나고 있는 사고들에는 의도를 할당하기가 본질적으로 어렵다는 것이다. 우리 모두는 동기와 의도가 우리의 의식적 소망과 무의식적 소망 사이의 복잡한 상호작용을 대변한다는 것을 인정한다. 그럼에도 불구하고 어떤 착상이 분명하고 직접적인 이전의 노력 없이 떠오르면, 그것은 의도한 것으로 **느껴지지** 않는다. **포고**의 예에서, 나는 내 무의식에게 그 문제를 해결해달라고 분명하게 요청했지만, 질문과 답 사이에 경과한 시간 때문에, 포고는 마치 '아닌 밤중에 홍두깨처럼' 아무 노력 없이 나타난 것처럼 느껴졌다. 당신이 단념했던 소설의 줄거리 구성도 마찬가지였다.

무의식적 사고를 의지에 의한 것이라고 느끼기는 어렵다는 점, 그리고 아무 소리 없는 컴퓨터가 설사 그것이 작동 중임을 우리가 몰라도(LED는 번쩍이지 않는다) 분명하고 특정한 의도에 따라 임무를 수행하고 있다는 것은 의문의 여지없이 받아들여지는 점을 대조해보라. 그 차이는 우리 생물학의 한 기능이다. 우리는 컴퓨터의 의도를 느낄 필요가 없다. 왜냐하면 우리는 무슨 프로그램을 짜 넣었는지 알고 있고, 답을 얻는 데서 발생하는 지연은 처리 장치의 속도와 질문이 가진 복잡성의 함수이기 때문이다. 하지만 우리가 사고를 하는 경우는, 질문과 답 사이가 상당히 지연되면 그 사고가 의도적이라는 감각이 제거되는 경향이 있다.

뇌가 어떻게 인과의 감각을 만들어내는지는 알려지지 않았지만, 시간적 관계가 결정적일 것임은 틀림없다. 우리는 원인을 결과보다 앞서는 것으로 경험해야 한다. 원인과 결과가 근접할수록, 그것을 의도했다는 느낌도 커진다. 내가 발가락을 채어 당장 아프다면, 나는 발가락을 차인 것이 아픔의 원인임을 거의 확신할 것이다. 하지만 발가락을 차인 지 3주 뒤에 발가락이 아프다면, 그 인과 관계에 대한 확신은 떨어질 것이다. 시간이 더 많이 흐를수록, 다른 가능한 설명들이 있을 가능성도 커진다. 내가 나 자신에게 어떤 질문을 하고 즉시 답을 얻는다면, 그 답은 그 질문에 대한 의도적인 반응인 것처럼 느껴질 것이다. 하지만 지연될수록, 의도했다는 느낌은 약해진다. "맞아, 그게 바로 내가 생각한 거야"가 점차 "그건 그냥 머릿속에 우연히 떠올랐어"로 옮겨간다.

야구에 관한 장에서 우리는 뇌가 현재를 이음매 없이 보여주기 위해 타자의 시간 이해를 재정돈하는 것을 보았다. 일관성 있는 인과의 감각을 위해 필수적인 신경 기제들이 타자가 보는 것의 기초 물리학을 무시하는 것이다. 타자는 자신이 스윙을 시작하기 **전에** 공이 타석에 접근하는 것을 본다고 느껴야 한다. 의도했다는 느낌도 유사한 문제와 맞닥뜨리게 된다. 우리가 인과 관계를 분명하게 느끼려면, 어떤 문제를 곰곰이 생각했다는 감각이 의식 속에서 답과 매우 가까운 곳에 존재해야만 한다. 하지만 우리는 어떤 순간이든 주어진 순간에 광범위한 것들을 하려고 의도하고 있다. 우리는 오늘의 저녁 식사, 다음 주의 강연, 산행, 세금 낼 날짜, 구두창을 갈 시기, 텔레비전 녹화 장치를 켤 시간을 계획하고 있다. 수많은 다른 의도들이 동시에 의식 안에 제시되면, 마음에 혼란이 일어날 것이고, 주의는 품고 있는 모든 질문들 사이로 흩어질 것이다. 모든 의도가 자각의 정면 중앙에 있지는 않기 때문에 어떤 사고들은 의도하는 것이 아니라 단순히 '떠오른다'는 착각이 생겨난다. 진화가 무의식적 사고에서 의도의 느낌을 제거하는 대가로 흐트러지지 않은 마음을 선택했다는 것이 명백해질 것이다.

무의식이 의식 속으로 무엇을 전달해야 할지를 어떻게 결정하는가는 격렬하게 논쟁이 되는 문제다. 정확한 기제는 몰라도 우리는 그 결정에 확률 계산이 포함되어야 한다는 것을 알 수 있다. 컴퓨터의 예로 돌아가자. 가능성 있는 약의 후보로 고려되는 가능한 모든 화합물을 보고받는 것을 피하려고, 당신은 가능성이 높은 약들만 자각으로 들여보내는(모니터 화면으로 올려 보내는) 확률을 계산하는 방정식 프로그램을 짜 넣었다. 이것은 신경망이 패턴 인식을 위해 이용하는 것과 같은 과정이다.

당신이 어린 딸에게 알파벳을 가르친다고 상상하라. 당신과 빅 버드(미국의 어린이 TV 프로그램 〈세서미 스트리트〉에 등장하는 새 - 옮긴이)가 번갈아 끈기 있게 글자 A를 반복하면서 다양한 구성으로 주사위, 칠판, 색칠 공부 책 등에 쓰인 A를 가리킨다. 당신의 딸은 생전 처음으로 A를 보면서, 어쩌면 H를 볼지도 모른다. 그래도 시행착오를 반복하면서 당신이 맞는 반응을 강화해주면, 이 다른 해석은 더 이상 의식으로 떠오르지 않는다. 당신의 딸이 A를 알아보는 법을 배웠다고 말할 때, 당신은 그 이미지가 A일 확률 대 H 또는 화살이 가로 꽂힌 텐트일 확률을 딸의 무의식적인 마음이 정확히 계산할 수 있다고 말하는 것이기도 하다. A가 맞음을 의식으로 전달하는 동시에 다른 가능성들을 기각하는 것은 컴퓨터 방정식이 화면에 보여줄 답을, 맞을 확률이 적당한 답들로 제한하는 것과 유사하다.

이 계산이 어떻게 **안다는 느낌**으로 진화하는지를 감지하기 위해, 다음의 도안을 보고 이것이 A인지 H인지 결정해보라.

A

결정할 수가 없다는 것은 당신의 뇌가 이 도안을 대략 50대 50으로 보고 있다는 말과 대등하다. (A와 H가 똑같이 가능하다.) 만일 당신이 A나 H 둘 중 하나를 택했다면, 당신의 패턴 인식 체계는 하나가 다른 하나보다 더 그럴듯하다고 계산한 것이다. 그 이상의 단서를 덧붙이면 확률은 극적으로 변한다.

TAE CAT

THE를 보고, 당신은 그 기호가 H라는 자신감을 느낀다. CAT을 보고는 그 확률을 뒤집는다. 두 단어를 모두 보고 나서, 당신은 두 해석 다 맞을 거라는 높은 정도의 개연성을 느낀다. 나는 감히 여러분 중 많은 사람들이 자신의 해석에 확신을 느낀다고까지 말할 것이다. 확률의 계산은 이미 **안다는 느낌**으로 변형되었다.[5]

안다는 느낌이 무의식에 들어 있다고 제의하는 것은 어리석은 일일 것이다. 느껴지지 않는 느낌이라니, 말이 되지 않는다. 그럴듯한 설명은, 무의식적인 패턴 인식 과정에 맞을 확률의 계산 과정이 포함되고, 그 결과가 의식에서 **안다는 느낌**으로서 경험된다는 것이다. 예전에 학습한 패턴과 새로 입력되는 패턴이 가까이 들어맞을수록, **맞다는 느낌**의 정도는 더 커질 것이다. 완벽하게 들어맞으면 아마도 매우 높은 정도의 확신이 생길 것이다. 예전의 경험과 일치하지 않는 수수께끼 같은 패턴은 인식되지 않을 것이다. 그 결과로 계산된 낮은 확률은 낯설다, 친숙하지 않다, 잘못되었다, '맞지 않는다'고 느껴지거나, 아예 느껴지지 않을 것이다.

우리에게는 사고가 어떻게 뉴런들로부터 창발하는지(의식적으로든 무의식적으로든)를 알기 위한 조사 도구도 없고 충분한 정황 증거도 없으므로, 가능한 어떤 기제에 관해서도 우리는 마음대로 추측할 수 있다. 인지과학자 스티븐 핑커는 수사적이지만 정확하지는 않은 '마음어mentalese'라는 표현을 만들어내어 무의식적 사고를 구성하는 상징적 과정들을 가리키는 동시에 우리에게 이 과정들에 대한 더 깊은 이해는 없다고 말했다.[6] 하지만 정보(광경과 소리에서부터 대부분의 추상적 사고까지)를 처리하고 있는 신경망들이라는 기본 기제는 필시 모든 사고에서 똑같을 것이다. 의식적 사고와 무의식적 사고 사이에 근본적인 차이를 가정한다는 것은 사고가 의식을 들락거리는 동안 인지의 기초 생물학이 변함을 뜻할 것이다. 하지만 그것은 당신의 프리우스(도요타의 자동차 모델―옮긴이)가 차고에서 몰고 나오면 페라리로 변한다는 말과 마찬가지일 것이다.

소설을 쓸 때, 당신은 '떠오르는 대로 아무거나' 쓰는 것과 일정한 가능성들을 의식적으로 배제하며 의도적으로 구성하는 것의 차이를 느낄 수 있다. 적극적으로 생각하고 있을 때는 가차 없는 편집자가 제자리를 잡지만, 무의식적으로 생각할 때 그 편집자는 자비롭게 침묵한다. 하지만 이는 입력되는 정보의 차이일 뿐이다. 어떤 가능성들은 의식적으로 기각되는 반면, 다른 가능성들은 적극 장려될 뿐인 것이다. 신경망 도식으로 보면, 숨겨진 층이 입력을 처리하고 있는 기본 과정은 여전히 똑같다. 그 입력들을 편집자가 의식적으로 바꾸었을 뿐이다. '생각지 않은 사고들'은 다른 '사고방식'을 나타낸다는 의심스러운 전제를 선택하는 대신, 인지를 세분하여 다양한 방식으로 경험하는 단일한 실체로 간주하면 어떨까?

이 느껴지는 차이들은 실제적이다. 의식적인 사고에는 내 의지로 노력하고 의도했다는 감각이 심어져 있지만, 무의식적인 사고에는 이 감각이 없다. 의식적인 사고는 생각하고 있는 것처럼 느껴지지만, 무의식적인 사고는 그렇게 느껴지지 않는다. 의식에 도달하는 무의식적 사고들은 미리 추려져서 의식에 도달하지 않는 착상들보다 추구할 가치가 더 높을 개연성을 할당받은 것이다. 맞을 개연성이 충분히 높은 것으로 계산된 무의식적 사고들은 **옳다는 느낌**으로서 의식적으로 경험될 것이다.

직관과 육감이란, 무의식적 사고 더하기 안다는 느낌

통속 심리학에서 가장 흔히 오해되는 용어들에 속하는 두 단어인 **직관**intuition과 **육감**gut feeling에 도착하신 것을 환영한다. 우선, 인터넷 백과사전 위키피디아Wikipedia에서 찾을 수 있는 짧은 정의들 속에 잘못된 개념들이 얼마나 많이 있는지 살펴보자.

직관

1. 이전의 **경험**experience이나 **경험적 지식**empirical knowledge과 무관해 보이는 빠르고 즉각적인 **통찰**insight.

2. 즉각적인 이해나 **인지**cognition, 즉 고려, 사고, 또는 추론 없이 생기는 지식이나 신념.

3. 명백한 노력 없이 생기는 이해.

육감

1. 어떤 논리적 근거도 없이 형성되는 느낌이나 관념.

2. 이유는 모르지만 어떤 것이 그러하다는 깊은 신념.

정신적 감각과 사고의 생리적 관계를 고려하지 않을 때, 우리는 어쩔 수 없이 좀 기묘한 결론들을 이끌어내게 된다. 사고 없이 생기는 즉각적인 인지란 정확히 어떤 것일까? 이것이 어떤 바탕의 사고 과정도 없이 사고가 일어나는, 아직 발견되지 않은 모종의 뇌 기제일까? 그리고 어떤 종류의 사고가 이전의 신체적 감각을 포함해, 앞선 경험도 없이 일어나겠는가? (몸과 분리되어 있는 이성적 마음에 대한 믿음은 쉽게 폐기되지 않는다.) 그리고 명백한 노력 없이 생기는 이해? 그것은 의도적으로 생각되어 왔다는 느낌이 제거된 사고가 아닐까? 그나마 가장 잘 들어맞는 관찰, 즉 육감이란 이유는 모르지만 어떤 것이 그러하다는 깊은 신념이라는 것은 응결되고 있는 사고나 구체적인 추론의 노선에 대한 자각이 동반되지 않는 **안다는 느낌**이라는 묘사와 다를 것이 없다.

깊은 신념이 **곧 안다는 느낌**이다. 이 감각과 무의식적 사고의 관계를 이해하면, 새로운 범주의 인지를 창조할 필요는 느껴지지 않을 것이다. 우리가 '신비체험'의 예에서 보았듯이, **안다는 느낌**의 자생적인 출현은 흔히 심오한 이해의 순간으로 묘사된다. 이 **느껴지는** 지식의 위력은, 설사 그것이 이성이나 입증할 수 있는 증거와 무관하게 존재할 때라도 과소평가할 수 없다. 직관과의 비교를 피할 수 없다. 직관 역시 어떤 추론의 노선이 그것을 촉발하고 있다거나 입수 가능한 증거가 의식적으로 평가되고 있다는 자각 없이 출현하는 **안다는 느낌**이기 때문이다. 다음 장에서 우리는 직관에 관한 통속적인 관념들을 살펴볼 것이다. 지금 당장은 그냥, 어떤 사고의 감각들을 인식하고 논의하는 일이 마음에 관한 어떤 이론에서든 반드시 필요하다는 점을 강조하고 싶다.

요약하자면, 사고에는 감각 정보가 필요하다. 몸과 분리된 마음은 아름다움을 관조하거나 깊은 사랑, 심취, 순수한 욕망의 차이를 느낄 수 없다. 혼란과 혼돈을 피하기 위해, 우리의 뇌는 우리가 어떤 사고를 하고 있는 때를 선택적으로 알려주는 감각계를 가지고 있다. 이 감각계들은 우리가 정신적 인과와 의도를 경험하는 방식을 결정하기도 한다. 그리고 그것은 우리의 사고를 그 사고가 맞다거나 맞지 않다는 감각으로 물들이는 데 도움이 된다. 옳은 방향을 향하고 있다는 감각이 심어지지 않은 사고는 마음에 새길 가치가 없을 것이다. 내가 볼 때, 그 증거는 압도적이다.

우리가 사고의 본성과 질을 아는 것은 느낌과 이성을 통해서다. 확신, 신념, 옳고 그름, 명료함, 신앙과 같은 느낌들은 불수의적인 정신적 감각계에서 일어난다. 그 감각계는 그것이 한정하는 사고들에 꼭 필요하고 사고에서 분리할 수도 없는 요소들이다.

ON BEING CERTAIN

확신의 양대 기둥 :
이성과 객관성

자신이 누구인지, 무엇을 위해 사는지를 생각할 때, 레빈은 답을 찾지 못하고 절망에 빠졌지만,
자신에게 그에 관해 묻기를 멈추었을 때, 그는 자신이 누구이며 무엇을 위해 사는지를
알고 있는 것 같았다. 왜냐하면 그는 단호하고 확실하게 행동하며 살았기 때문이다……
추론은 결국 그를 의심에 빠뜨리고 그가 무엇을 해야 하고 하지 말아야 하는지를 보지 못하도록
계속해서 가로막았다. 그럼에도 아무 생각 없이 그냥 살아갈 때, 그는 자신의 영혼 속에
절대 실수 없는 판관이 있어서 그가 가능한 두 행위 가운데 어떤 것이 낫고 어떤 것이 나쁜지를
결정한다고 끊임없이 느꼈고, 자신이 해야 하는 행위를 하지 않았을 때마다, 그것을 대번에 느꼈다.
그래서 그는 살았다. 자신이 누구이고 도대체 왜 살고 있는지 알지도 못하고, 알 수 있다는
어떤 가능성도 보지 못한 채, 자살할까 봐 두려울 정도의 이 무지로 고뇌하며, 동시에 삶 속에
자기 나름의 특별하고 뚜렷한 길을 단단히 다지면서.

— 레프 톨스토이, 「안나 카레니나」

합리성의 관념을 단념한다는 것은 생각할 수도 없다

인지과학자들의 기를 가장 심하게 꺾는 난관은 아마 마음의 초
상을 감정적으로 만족스럽게, 그러면서도 마음에 내재하는 한계
가 반영되도록 그리는 일일 것이다. 처리해야 하는 가장 큰 장애물
은, 뇌 안에 자신도 모르게 영향을 받지 않고 사고할 수 있는 독립
된 회로는 없다는 것이다. 이 능력이 없다면, 생물학적으로 정당한
마음의 상태가 아니다. 이 한계가 누구에게나 쉽게 받아들여진다

면, 이 책은 여기서 끝날 것이다. 하지만 마음이 자신을 성찰한다는 관념을 단념하는 일 또는 한정하는 일조차도 현대 사조의 모든 측면과 정면으로 충돌한다.

내적 성찰과 개인적으로 변화할 수 있다는 믿음은, 우리가 완전히 틀렸거나 이상하게 행동할 때 한 발 물러나 그것을 인식할 능력이 있다는 전제에 입각한 것이다. 과도한 반추, 원치 않는 공포, 강박적인 손 씻기를 쳐내려 애쓸 때, 우리에게 필요한 것은 똑같이 오염된 회로에서 나오는 다른 목소리가 아니라, 신선한 관점이다. 의대에서 대화 요법이 더 인기가 있던 당시, 나를 가르친 정신의학 교수님들은 상투적으로, 환자의 마음에서 망상이나 환각에 연관되지 않은 부분에 협조를 구하라고 권유했다. 급성 정신병 환자에게, FBI가 당신의 전화를 도청했다고 믿는 것이 '말이 되냐'고 묻던 기억을 하면 나는 진저리가 난다. 이것은 정신분열증을 앓고 있던 수학자 존 내시John Nash의 동료로 하여금 내시에게, 어떻게 남극의 황제가 되는 것과 같은 터무니없는 일을 믿을 수 있느냐고 묻게 만드는 것과 똑같은 노선의 추론이다. 그냥 합리적이 되라는 훈계의 바탕에는 이 가정이 깔려 있다.

모든 자유 의지의 개념이 가정하는 것은 우리가 소유하는 마음의 일부는 마음을 만들어낸 생물학적 과정들 위로 떠오를 수 있다는 것이다. 과학적 탐구를 할 때도 객관적으로 증거를 저울질하려면 이와 똑같은 마음의 조각이 필요하다. 이 믿음이 없다면, **안다**

는 **느낌**은 **앎**처럼 느껴지지 않을 것이다. **안다는 느낌**이 떠오를 때마다 우리는 같은 질문을 할 것이다. 이 지식의 감을 신뢰할 수 있다는 것을 우리가 어떻게 알지? 무신론자가 신의 개념을 논박하려면 신의 개념이 필요하듯이, 이성적인 마음의 불가능성에 관한 대화가 이성적인 마음이라는 이 일반적인 범주를 낳는다. 요컨대, 순수한 이성이라는 관념을 포기하는 것은 우리가 삶을 이끌어가는 방식의 성미에 맞지 않는다. **안다는 느낌**으로부터 내가 행위의 주체라는 감각까지, 최소한 약간의 이성적인 마음을 가정하는 것은 일상의 담화, 과학적 발견, 자기 자각 들을 응집시킨다. 동시에, 그 가정은 정신적 완고함, 새로운 발상에 대한 저항의 공급원이 되고 고정된 믿음 체계를 정당화하는 구실을 하기도 한다. (반복을 피하기 위해, 나는 우리가 우리의 사고를 판단하기 위해 그 사고에서 물러날 수 있다는 이 믿음을 **자율적인 이성적 마음의 신화**라 부르겠다.)

과학은 상식의 성미에 맞지 않는 새롭고 때때로 깜짝 놀랄 만한 관찰의 결과들을 끊임없이 제공하고 있다. 우리는 이 폭로들을 단지 그것이 우리 자신에 대한 현재의 관점과 들어맞지 않는다는 이유로 무시할 수는 없다. 의학계에서 40년 이상을 보냈지만, 나는 아무리 선의에서 비롯된 것이라도 부정직이 장기적 해답이었던 상황은 한 번도 본 적이 없다. 우리는 나중에가 아니라 곧, 벌을 받게 된다. 우리가 계속해서 우리 자신에게, 이 모순되거나 바람직하지 않은 마음의 측면들은 존재하지 않는다고, 또는 맹목적인 노력을 통해 극복될 수 있다고 말할 수는 없다.

조금이라도 의미 있는 변화를 가장하려면, 우리는 간단한 선별 도구를 가질 필요가 있다. 이 책의 집필을 시작한 이래, 나는 점점 그것이 최근의 과학적 발전이든, 통속 심리학 책이든, 개인적 의견(나뿐만 아니라 다른 사람들의)이든 어떤 발상에도 단 하나의 질문을 하고 있는 자신을 발견했다. 그 발상이 마음의 작동 방식과 합치하는가? 이 질문을 그날의 가장 중요한 발상들 일부에 적용하면, 우리는 재빨리 합리적인 것을 불합리한 것으로부터 가려낼 수 있다. 쟁반 위에 펜치와 에테르 병들이 올려져 있는 치과에 가고 싶지 않은 것과 마찬가지로, 나는 마음의 작동 방식에 대한 시대에 뒤떨어진 관념들을 기반으로 하는 발상에 내 시간을 낭비하고 싶지 않다. 여기서 나의 목표는 온갖 어려운 쟁점들에 관한 하나의 새로운 사고방식에 불을 붙이는 것이다.

우선, 최근 몇 년 이내에 가장 인기를 끈 심리학 책 두 권인 대니얼 골먼Daniel Goleman의 『감성지능Emotional Intelligence』과 말콤 글래드웰Malcolm Gladwell의 『블링크Blink』에서 출발하여, 이성적인 마음에 대한 일부 관념들을 살펴보자. 나는 각 책의 논의를 전제적으로 제시하기보다, 뇌의 실제 작동 방식과 우리가 바라는 뇌의 작동 방식 사이의 불일치를 가장 즉각적으로 강조하는 요소들에 초점을 맞추려고 노력했다.

통속 심리학과 이성적인 마음의 신화

당신은 물에 빠진 아이를 구하러 호수에 뛰어든 **다음에야** 그 아이를 본 적이 있음을 깨닫는다. 오토바이를 탄 사람이 느닷없이 당신 앞에서 급정거한다. 당신은 화가 치밀어서 경적을 누른 **다음에야** 그가 절뚝거리며 길을 건너고 있는 늙은 래브라도와 충돌하는 것을 피하기 위해 속도를 늦춘 것임을 깨닫는다. 두 상황 모두에서, 당신의 행위가 의식적 지각보다 앞섰다. 당신은 그 아이를 **보지** 못한 채 호수로 뛰어들었다. 당신은 오토바이를 탄 사람이 왜 급정거했는지를 보기 **전에** 화가 났다.

다가오는 공을 완전히 보기 전에 스윙을 하는 것에 관해 이야기하든, 이유를 완전히 깨닫기 전에 물에 빠진 아이를 구하러 호수에 뛰어드는 것에 관해 이야기하든, 의식적 지각은 무의식적 반응보다 시간이 더 오래 걸린다. 이 관찰을 무의식적 공포 반응에서 편도가 하는 역할과 결합하면 당신은 엄청나게 인기 있는 감성 지능 이론의 재료를 갖게 된다. 다음은 하버드 대학을 나온 심리학자 대니얼 골먼이 호수로 뛰어드는 예에 관해 요약한 글이다.

대뇌변연계의 중추가 긴급 상황을 선포하여 두뇌의 나머지 부위를 문제해결에 동원한다. 사유하는 두뇌인 신피질이 그것이 좋은 생각인지를 판단하는 일은 제쳐두더라도, 사태가 어떻게 돌아가는지를 충분히 파악하기도 전에 돌발 감정이 순식간에 생겨나……. 이 회로는 이성을 압도하는 감정의 힘을 설명하는 데 큰 역할을 한다……. 르두의 연구는 사유하는 뇌인 신피질이 결정을 내리려 할 때조차도 편도가 어떻게 하여 행위를 통제할 수 있는지를 설명해준다……. 새로 발견된 편도의 역할이 중요해지는 순간은 바로 이처럼 충동적인 감정이 합리적인 정신을 짓밟을 때다. [그의 요지]: 우리 감정은 자체의 마음을 갖고 있어서 우리의 이성적인 마음과는 전혀 무관하게 여러 관점을 지닐 수 있다.[1)]

감성 지능을 활용하는 것은 영리해지는 다른 방법이다. 거기에는 당신의 느낌이 어떤지를 알고 그 느낌을 이용해서 인생에서 훌륭한 결정을 내리는 것이 포함된다. 감성 지능은 비참한 기분을 잘 관리하고 충동을 제어할 능력이 있다.[2)]

감성적이고 이성적인 이 두 정신은 대체로 빈틈없이 조화를 이루어 작용한다. 그리하여 두 정신이 지닌 서로 다른 앎의 방식을 얽어 짜서 우리가 세상을 헤쳐 나가도록 안내한다. 대개 감성적 정신과 합리적 정신 간에는 균형이 존재한다. 즉 감성은 합리적 정신의 작용을 받아들여 이성으로 충만해지며, 이성은 감성적 정신을 세련되게 만들거나 이따금 거부한다. 그럼에도 감성적 정신과 합리적 정신은 반쯤은 독립적이다……. 각각은 독립적이지만 상호작용하여 두뇌의 반응을 이끌어낸다……. 정열이 밀어닥치면 이런 균형은 무너진다. 합리적 정신을 압도하면서 우세를 보이는 쪽은 감성적 정신이다.[3)]

골먼은 이성적인 마음을 강조하는 동시에, 잠재적으로 해로운 느낌들이 의사결정에 미치는 효과들을 인식하고 제어하는 그 마음의 능력을 반복해서 강조한다. 얼핏 보기에, 이는 완벽하게 이해가 간다. 충동적이고 성급하거나 고집 센 성향의 사람은 누구나, 불안하거나 화가 난 상태보다는 차분하고 냉정한 상태에서 더 명확하게 생각할 수 있다는 것을 이해한다. 하지만 골먼은 어떤 느낌들이 본래 해로우며, 그것들이 언제 우리의 사고에 역효과를 미치는지를 우리가 알 수 있다고 가정한다.

당신은 가장 근래에 언제쯤 **안다는 느낌**을 경험하고 자신에게, "잠깐만, 넌 지금 충동적이고 부당한 느낌에 의해서 부정적인 영향을 받고 있어"라고 말했는가? 이지 너츠의 집을 20년 전에 본 것과 같은 집으로 잘못 알아볼 때, 우리는 그 **안다는 느낌**이 잘못된 것임을 알 리 없다. 우리에게는, 비록 오해이지만 그 집을 고른다는 느낌이 있기 때문이다. 그 느낌은 20년 전에 우리가 원래 이지의 집을 확인했을 때 형성된 신경망의 일부다. 그 사고가 공식적으로 실험을 통해 옳지 않은 것으로 증명된(낯선 사람이 문을 연) 뒤에만 그 **안다는 느낌**이 오해였음을 알 수 있다.

감성 지능의 이론은 불쾌한 기분과 감정들이 자신도 모르게 사고의 명확성에 영향을 줄 수 있다는 것을 강조하는 데에는 유용하지만, 궁극적으로 우리의 사고들이 지각적 착각과 생각지도 않은 편견에서 자유로운지 어떤지를 우리가 어떻게 판단하는가라는 결정적인 질문은 비켜간다. 그리고 마음이 이성적이라는 반복되는 주장은 몸에서 분리된 마음이 신체적 · 정신적 감각에서 들어오는 입력 없이도 순수한 사고를 할 수 있다는 주장처럼 의심스럽게 들린다. 이런 단점들에도 불구하고 그 이론의 1차적인 메시지, 즉 우리는 언제 추론이 틀어졌는지를 앎으로써 우리의 추론을 개선할 수 있다는 주장은 엄청나게 호소력이 있다. 이 줄을 쓰면서, 나는 내가 감성 지능 이론에 관한 부정적인 느낌들을 억압하고 정당한 평가를 해줄 수도 있다는 생각을 잠깐 했다. 그럴 가능성은 거의 없지만.

요가 수행자인 베라에게 기자가 묻는다.
"이제 마음을 결정하셨나요?"
베라가 답한다.
"제가 알기로는 아직……."

버지니아 대학교의 심리학 교수인 티모시 윌슨Timothy Wilson은 2002년 저서인 『나는 내가 낯설다Strangers to Ourselves』에서, 자기 분석으로는 무의식적인 마음에 접근할 수 없는 이유들을 훌륭하게 개관한다. "나쁜 소식은 우리 자신을 알기가 어렵다는 사실이다. 우리가 제아무리 노력한다 해도 단숨에 결론까지 도달하는 뇌의 영역인 적응 무의식adaptive unconscious에 직접적으로 접근할 수 있는 길은 전혀 없다. 우리 인간의 마음이 대부분 의식 밖에서 작동하도록 진화해왔고……. 그러므로 무의식의 정신작용에 직접 접근하는 것이 불가능할지도 모른다."[4] 윌슨은 내적 성찰을 다른 사람들이 우리에게 반응하는 방식에 대한 관찰과 결합함으로써, 그리고 다른 방법으로는 접근할 수 없는 우리 마음의 본성을 그들의 반응으로부터 추론함으로써 우리의 사정이 더 나아질 수 있다고 제안한다. 만일 다른 사람들이 우리를 볼 때 우리가 우리 자신을 보는 것과 다르게 본다면, 우리는 자신에 대한 이 대안적 관점을 우리의 사적인 이야기 속에 편입시켜야 할 것이다. 그는 우리에게, 다른 사람들이 우리를 보는 방식을 내다보지 않는 내적 성찰은 실제로 반생산적일 수 있다고 경고한다.

그가 맞다면, 자기를 자각할 필요성과 우리가 지닌 자기 평가 능력의 한계 사이의 막다른 골목을 더 맹렬한 사고를 통해 극복할 수는 없을 것이다. 윌슨에게 동의하는 동안, 우리는 자신의 사고와 행위를 어느 정도나 의식적으로 일으켰는지를 자신이 알고 있다는 것을 포함해, 상식과 통속 심리학이 우리 자신에 대해 이해하고 있는 것에 도전하고 있는 꼴이 된다. 실제로, 윌슨은 유보 조항으로 그의 책을 열었다. "대개 우리의 자발적인 행동들은 우리가 의식적으로 일으키는 것 같지만, 그것은 착각이다."[5] 우리의 논의를 위해 중요한 점은, 독자에 대한 윌슨의 충고가 뇌 기능에 관해 그가 이해하는 내용이나 우리의 입력input – 숨겨진 층 hiddenlayer – 출력

output 모델과도 합치한다는 점이다.[6]

월슨과 같은 인지과학자들의 관찰은 현대 심리학을 실존적 위기로 던져 넣었다. 인지의 대다수가 의식 밖에서 진행된다면, 우리는 우리의 마음을 무엇이라고 생각해야 할까? 자기를 아는 것이 불가능한 상황은 비트겐슈타인의 유명한 경구에 가깝다. "말할 수 없는 것에 대해서는 침묵해야 한다." 하지만 내적 성찰과 자기 자각의 한계를 강조하는 상품이 딱히 잘 팔리는 것은 아니다. 그러니 어쩌면 좋은가?

가장 열렬한 윌슨 애호가 가운데 한 사람이 바로 『뉴요커The New Yorker』의 필진인 말콤 글래드웰이다. 자신의 웹사이트와 저서의 미주에서 글래드웰은 윌슨의 『나는 내가 낯설다』가 "아마도 내가 읽어본 책들 가운데 가장 영향력 있는 책"으로서 그가 『블링크』를 쓰기로 마음먹는 데 보탬이 되었다고 찬사를 보냈다.[7] 그런데도 글래드웰은 결국 우리가 우리의 무의식을 훈련시켜 더 나은 결정을 할 수 있으며, 최고의 결정을 내렸을 때 그것을 알 능력이 있다고 보장하는 것으로 끝을 맺는다. 나는 글래드웰의 웹사이트와 『블링크』 도입부에서 몇 군데를 짧게 인용했다. 이성적인 마음을 믿고 싶은 그의 뿌리 깊은 욕구는 몇 가지 비범한 결론들로 이어진다.

이 책은 빠른 인지에 관한, 즉 눈 깜짝할 새에 일어나는 종류의 생각에 관한 책이다……. 내가 좋아하지 않는 단어라는 점만 빼면, 직관에 관한 책이라고 말할 수도 있을 것이다. 직관은 나에게 우리가 감정적 반응, 육감, 다시 말해 전혀 이성적으로 보이지 않는 사고와 인상들을 묘사하기 위해 사용하는 개념으로 다가온다. 하지만 나는 그 최초의 2초 동안 진행되는 일은 완벽하게 이성적이라고 생각한다. 그것은 **생각하기**thinking다. 그것은 단지 우리가 보통 '생각하기'라 하면 연상하는 종류의 신중한 의식적인 의사결정보다 조금 더 빨리 움직이고 약간 더 신비하게 작동하는 생각하기일 뿐이다.[8]

신속한 결정이 어느 모로 보나 신중한 결정만큼 좋을 수 있다.

신속한 인식 능력이 엇나갈 경우 특정 집합의 이성도 일관되게 엇나간다. 우리는 그 엇나간 이성이 무엇인지 파악할 수 있다. 몸속의 강력한 컴퓨터에 언제 귀를 기울이고 언제 경계해야 하는지 터득하는 게 가능하다는 뜻이다.

스스로 논리적으로 심사숙고하라고 가르치는 일이 가능하듯이, 스스로 순간적인 판단 능력을 키우고 가르치는 일도 가능하다.[9]

윌슨의 결론은 입력 – 숨겨진 층 – 출력 모델과 멋지게 들어맞지만, 글래드웰의 주장은 우리가 출력(자생적으로 일어나는 발상)을 보고 입력과 숨겨진 층 둘 다를 추론할 수 있다는 믿음으로 귀결된다. 자기지식self-knowledge을 그 이상으로 뒷받침하려고, 글래드웰은 무의식적 결정들을 임의로 '전혀 이성적으로 보이지 않는' 직관 및 육감과 완전히 이성적으로 보이는 눈 깜짝할 새의 무의식적 결정으로 세분했다. 하지만 합리성을 결정하기 위한 기준으로 당신 자신의 '완전히 이성적으로 보이는' 지각을 사용한다면, 이성적이라는 말은 무엇을 의미할까? 그럼에도 불구하고, 그는 무의식의 단편이 감정과 느낌으로부터 자유롭다고 선언함으로써 새로운 범주의 정신적 과정인 눈 깜짝할 새의 완벽하게 이성적인 무의식적 결정을 급조할 능력을 얻는다. 그는 진화적 설명과 함께, 구체적으로 명기하진 않지만 작용의 기제도 따로 제공한다. "인간이 오랫동안 종족을 보존할 수 있었던 것은 극소량의 정보를 토대로 매우 민첩하게 판단할 수 있는 별도의 의사결정 장치를 발달시킨 덕분이다."[10] 하지만 우리가 무의식적 의사결정에 관한 르두의 예에서 보았듯이 칭칭 감겨 있는 검은 물체를 보고 반사적으로 펄쩍 물러나는 것처럼 이 눈 깜짝할 새의 판단은 때때로 맞을 수도 있고, 때로는 맞지 않을 수도 있다. 다시 말해 그 물체는 뱀일 수도 있고, 돌돌 말린 정원 호스일 수도 있다. 우리가 생존율을 높이기 위해 눈 깜짝할 새의 의사결정 능력을 발휘한다고 해서 이 결정들이 항상 맞다는 보장은 없다.

앞에서 나는 인지 부조화기 이성보다는 느낌에 유리하게 해결되는 경향이 있다고 시사했다. 내면의 편견과 잘못 주어진 **안다는 느낌**이 판에 박힌 듯 지능을 압도하며 힘과 영리함을 주장한다. 글래드웰이 사실로 알고 있고, 사실로 인용하는 내용인 윌슨의 주장은 마음의 합리성을 믿으려는 그의 욕구와 경쟁이 되지 않는다. 그 결과 기초 생물학을 무시하든가 피해가지 않을 수 없는 글래드웰은 마침내 자신의 책에 영감을 주었던 윌슨의 전제를 논박하기에 이른다.

노스웨스턴 대학교 학습과학연구소의 설립자 겸 소장이자 예일 대학교 인공지능 프로젝트의 책임자를 맡기도 했던 로저 섕크Roger Schank는 마음이 이성적이라는 관념을 더욱더 공상적으로 제시한다. 섕크는 우리가 개인적 결정을 할 때는 자기를 알 능력도 합리성도 없다고 인정하지만, 우리가 다른 사람들의 생각을 고려할 때는 이성적 판단력을 보유한다고 믿는다.

　나는 사람들이 자기 자신의 인생에서 결정을 하는 데 관해서라면 이성적으로 생각할 능력이 없다고 믿는다. 사람들은 자신이 이성적으로 행동하고 있고, 물론 모든 것을 자신이 생각해냈다고 믿지만, 누구와 결혼할지, 어디서 살지, 어떤 일을 할지, 어느 대학에 갈지 등의 굵직한 결정을 할 때 사람들의 마음은 결코 착잡함을 극복할 수 없다. 선택할 수 있는 잠재적 대안들을 이성적으로 분석하려고 애쓸 때면, 그들의 무의식적이고 감정적인 사고들이 선택권을 넘겨받는다. 우리를 위해 결정을 내리는 것은 무의식이고, 의식은 이성적으로 들리는 결정들을 위해 명분을 세우는 일을 맡는다.

　반면 우리는 다른 사람들이 하는 선택에 관해서는 이성적으로 생각할 수 있다. 그럴 수 있는 이유는 우리가 다른 사람의 **무의식적 요구나**

어린 시절의 환상은 알지도 못할뿐더러 그것을 만족시키려 애쓰지도
않기 때문이다.[11]

골먼은 자신이 속고 있는 때를 알 수 있는 이성적 마음의 존재를
믿는다. 섕크는 이성적이 되는 능력이 다른 사람들을 평가할 때만
으로 제한된다고 본다. 글래드웰은 합리성의 관념을 일부 무의식
적 사고로 연장하지만, 다른 사람들에게로는 연장하지 않는다. 이
세 사람의 식견 높은 작가들이야말로 합리성이라는 개념 자체가
마음의 작동 방식에 대한 개인적 인식과 믿음에 의존한다는 것을
보여주는 살아 있는 증거다. 반대되는 과학적 증거가 아무리 많아
도 심지어 그 증거를 글의 재료로 인용했어도 합리성의 본질에 관
한 그들의 내재적 편견을 극복하지는 못한다. 우리는 곧 이와 똑같
은 인지 부조화가 객관성에 대한 우리의 이해에는 어떻게 영향을
미치는지 보게 될 것이다. 하지만 먼저, 직관과 육감, 즉 글래드웰
의 '눈 깜짝할 새의 결정'이라는 쟁점을 다루고 싶다.

잠재의식적 결정을 이용하고 개선한다고 선전되는 방법들은 큰
사업 품목이다. '직관 암호intuition code'의 해독법을 가르치는 테이
프와 CD로부터 내면의 앎으로 가는 실용적인 지침을 제공하는 책
들까지, 수단은 다양하다. 직관적 학습, 치유, 투자, 판매, 관리에
관한 교육 과정들도 있다. 우리는 '당신의 본능을 신뢰하라' '마음
가는 대로 하라' 또는 포커 판의 말로 '감이 오면 왕창 걸어라'라는

권유를 듣는다. 심지어 어제 먹은 중국 포춘 쿠키까지 나에게 '나의 직관을 믿는 법을 배우라'라고 말했다. 그럼에도 불구하고, 무의식적 사고가 값진 통찰을 제공할 수 있다는 선전은 빤한 것을 화려하게 재포장한 것에 지나지 않는다. 사소한 것, 명석한 것, 세속적인 것, 심오한 것, 파국적인 것, 진정으로 위험한 것 등등의 모든 사고는 무의식으로부터 스며 오른다. 문제는 무의식적 사고에 대단한 가치가 있을 수 있느냐 없느냐가 아니라, 무가치한 무의식적 사고들로부터 가치 있는 것들을 가려내는 데 있다.

직관의 힘을 옹호하는 고전적인 논증들 가운데 하나가 화학자 프리드리히 폰 케쿨레Friedrich von Kekule가 자기 꼬리를 물고 도는 뱀의 환영을 보고 벤젠고리를 발견했다는 이야기다. 이 환영은, 그것만으로는 맞는 것도 아니고 틀린 것도 아니다. 케쿨레는 자신의 환영을, 허리가 끊어질 것 같은 새로운 요가 자세를 배워야 한다거나 질탕한 파티를 열어야 한다는 암시로 해석할 수도 있었다. 하지만 영민한 화학자 케쿨레는 시험 가능한 가설, 다시 말해 벤젠고리를 위한 화학식을 떠올렸다. 창의력이 순수한 공상의 나래와 예전에는 상상도 할 수 없었던 새로운 연상, 은유에 의존한다는 데에는 아무도 의문을 제기하지 않는다. 하지만 무의식적 사고에 더 많은 주의를 기울인다고 해서 정확도가 더 높아진다는 보장은 없다. 과학적으로 입증 가능한 가설을 이끌어낸 것은 환영에 대한 케쿨레의 해석이었다. 환영을 검사하는 실험실은 없다.

글래드웰이 간과한 것은 '발견의 논리'는 '정당화의 논리'와 같지 않다는 것이다. '육감'과 '직관'을 낳는 숨겨진 층의 무의식적인 활동은 우리의 착상들을 시험하기 위해 우리가 개발한 경험적 방법들과는 다르다. 좋든 나쁘든 모든 종류의 착상은 예기치 않게 끓어오른다. 어떤 착상들은 '진실'처럼 느껴질 것이다. 예를 들어, 우리는 시를 읽거나 장례 행렬을 보고 인간의 조건에 대한 심오한 통찰을 얻었다고 느낄 수 있다. 숨겨진 층이 일련의 계산을 해서 세상에 관한 지식의 느낌을 산출했다는 의미에서, 이 과정에는 논리가 있다. 하지만 이것은 우리가 커피 관장coffee enema이 암을 치료할지 어떨지, 또는 챌린저호에 설계 결함이 있는지 없는지를 결정하기 위해 하는 것과 같은 유형의 추론이 아니다.

일련의 추론이 시험 가능한 착상을 낳을 때까지, 우리에게는 그 추론의 정확성을 확증할 어떤 장치도 없다. 수학자 라마누잔이 죽을 때, 그의 공책은 그가 옳다고 확신한 정리들로 가득했다. 일부는 곧이어 맞는 것으로 증명되었지만, 다른 일부는 완전히 틀린 것으로 밝혀졌다. 라마누잔이 했던 추론의 노선들은 맞는 답으로 이어지기도 하고 틀린 답으로 이어지기도 했다. 그가 자신의 원래 사고들만을 보고 그 차이를 구분할 수는 없었다. 오로지 결과로서 생기는 정리들만이 시험 가능했다. 그러한 직감들을 '완벽하게 이성적'이라 부르는 것은 합리성의 본질을 오해하는 것이다.

그 이상의 문제는, 만일 육감이 무의식적 사고 **더하기 그것이**

맞다는 강한 **느낌**이라면, 이 느낌이 우리가 이 사고를 평가하는 방식에 영향을 주리라는 점이다. 복잡한 결정들을 가장 훌륭하게 내리는 것은 무의식임을 암시하는 최근의 한 연구를 생각해보라. 그 연구 데이터는 무의식적 인지에 대한 오늘날의 이해와 완전히 합치하지만, 연구자의 결론은 그 연구가 처리하고자 했던 바로 그 문제를 예증한다.

네덜란드의 인지과학자 압 데익스터르하위스Ap Dijksterhuis와 동료들은 여든 명의 사람들에게 샴푸 구매와 같은 간단한 구매에서 가구와 자동차 구매와 같은 복잡한 구매에 이르는 광범위한 구매에 관해 결정을 내려달라고 요청했다. 한 회분의 실험에서, 참가자의 절반은 자신이 받은 정보를 곰곰이 생각한 다음 어떤 상품을 살 것인지 결정하라는 요청을 받았다. 다른 절반은 그 정보를 본 다음 그걸 놓아두고 일련의 퍼즐을 풀라는 요청을 받았다. 참가자들은 퍼즐 시간 끝에 구매할 상품을 선택하라는 요청을 받았다.

데익스터르하위스에 따르면, "그 선택이 오븐 장갑이나 샴푸 구매처럼 간단한 것이었을 때는, 의식적으로 정보를 숙고하면 사람들이 구매 뒤에도 여전히 만족하는 더 나은 결정을 내린다는 것을 발견했다. 하지만 일단 그 결정이 집 구매처럼 더 복잡해지면, 그에 관해 지나치게 많이 생각한 사람들은 결국 잘못된 선택을 하게 되었다. 반면, 그들의 의식적인 마음을 퍼즐 풀기가 온통 차지하고 있으면, 그들의 무의식은 모든 정보를 자유롭게 고려해서 더 나은 결정에 도달할 수 있었다."[12]

문제는 더 나은 결정과 동등한 것이 참가자들이 '여전히 만족해하는' 결정이라는 점이다. 하지만 개인적 만족이 반드시 어떤 결정의 질을 반영하는 것은 아니다. 우리는 종종 나중에 끔찍한 선택으로 밝혀질 것에 마음을 빼앗긴다. 에드셀(포드 사의 실패한 자동차 모델-옮긴이)의 설계자나 타이타닉호의 선장에게 물어보라. 우리는 아마 어떤 집을 산다는 결정이 옳은지 그른지 알 수 없을 것이다. 만일 참가자들이 말리부 해변의 환상적인 집을 선택한 것에 모두 만족한다면, 그 결정은 집중호우로 땅이 무너져 집이 태평양으로 떠내려갈 때까지는 옳은 것으로 보일 것이다.

연구 참가자들의 자신의 결정에 대한 긍정적인 감정적 반응들은, 그들에게 그 결정에 동반되는 **맞다는 느낌**을 따로 떼어내어 자각할 능력이 없음을 반영하는 데 지나지 않을 것이다. 그럼에도 불구하고 그러한 연구들이 유혹적인 이유는, 그것이 우리들로 하여금 무의식의 정확성을 계속해서 믿게 해주기 때문이다. 〈시카고 트리뷴Chicago Tribune〉이 이 연구를 요약해서 뽑은 표제인 "당신이 그것을 신성으로 고려한다면, 육감을 믿고 결정하라"는 육감을 자기 충족적 예언으로 끌어올린다.[13]

세계 수준의 포커 선수들 대부분은 무의식적 인지를 존중한다. 많은 선수들은 눈 깜짝할 새의 결정과 육감을 연마하는 데 상당한 시간을 소비한다. 한계를 두지 않고 이판사판으로 맞붙는 최고수들은 흔히 상대의 마음을 가장 잘 읽는 선수들이다. 하지만 현금인 줄기 옆자리에서는 이야기가 다르다. 포커 선수들은 확률이 낮은 사건들을 일상적으로 경험한다. 나올 법하지 않은 카드들이 연달아 나와 '완벽한 상대 읽기'나 '확실한 승리'가 '끔찍한 패배'로 바뀔 수 있다. 모든 결정에 이 가능성이 도사리고 있기 때문에, 신중한 선수들은 그저 주어진 내기에 걸린 자기 돈다발의 일부를 노출시킨다. 그들은 의식적으로든 무의식적으로든, 모든 결정 하나하나에 대한 자신의 신뢰에 제한을 둘 만큼 영리한 것이다.

이 논의는 무의식적 인지가 우리의 의사결정에서 어떤 역할을 하는 게 틀림없는지 어떤지를 결정하자는 것이 아니다. 무의식적 인지가 없다면 어떠한 의식적 의사결정도 없을 것이다. 내가 육감, 직관, 눈 깜짝할 새의 결정에 관해 논의하려는 쟁점은 우리가 그것들을 믿어야 할 때를 아무 판단 기준도 없이 알 수 있다고 믿는 것에 있다. 어떤 결정이 옳다고 느끼는 것은 그것이 옳다는 증거를 제공하는 것과 같지 않다. 그 사실 때문에 우리가 자율적인 이성적 마음의 신화와 우리가 이해하는 객관성의 관계를 논의하게 된 것이다.

우리에게는 우리가 아는 것만 보인다.

– 괴테

아내와 나는 캘리포니아 대학교 버클리 캠퍼스의 신경심리학 세미나에 참석하고 있는 작은 무리의 신경학자와 심리학자들 사이에 섞여 있었다. 강연자는 자기가 두 농구 팀의 30초짜리 비디오를 보여주려 하는데, 한 팀은 흰색 옷을 입었고, 다른 한 팀은 검은색 옷을 입었으며, 세 선수가 한 팀이라고 일러주었다. 우리가 할 일은 검은 유니폼의 선수들이 공을 앞뒤로 패스하는 횟수를 세는 것이었다.

정확히 세기에 충분한 시간이 있었음에도, 내가 열을 셀 때 아내는 열하나를 셌다. 청중의 대부분이 열하나를 셌으므로, 내가 이번에도 아내가 나보다 관찰력이 좋았나 생각하고 있을 때 강연자가 영상을 멈추더니, 사람들에게 비디오에서 아무것이든 이상한 것을 본 사람이 없느냐고 물었다.

아무 대답도 없었다.

"전혀 없었어요?"

가로젓는 고개들의 물결.

"고릴라를 보신 분?" 강연자가 물었다.

아무도 손을 들지 않았다.

"고릴라가 없었다고 자신하세요?"

좀 걱정되긴 해도, 대부분의 사람들이 고개를 끄덕였다. 고릴라가 없었던 건 알지만, 비디오를 보여준 데에는 틀림없이 어떤 목적이 있을 텐데.

강사는 테이프를 돌려서 다시 틀었다. 테이프가 끝나갈 때, 검은 고릴라 복장을 한 사람이 코트 위로 걸어와, 화면 한가운데 멈추어 서서 약 9초 동안 가슴을 쿵쿵 때린 다음, 유유히 사라졌다. 선수들은 마치 아무 일도 없었던 것처럼 계속해서 공을 패스하고 있었다.[14] 청중은 고릴라를 보지 못한 것이 재미있기도 하고 창피하기도 해서 깔깔거리고 웃었다.

나는 그 영상이 우리 망막에 기록되었음을 의심하지 않는다. 그 지각의 실패는 망막과 의식 사이에서, 다른 의도의 억압을 받아 일어난 것이다. (연구팀은 이것을 **부주의맹**inattentional blindness이라 명명했다.) 우리의 주의가 고릴라 찾기로 재조정되었을 때, 우리는 아무 문제없이 고릴라를 보았지만, 이번에는 아마도 다른 무언가를 놓쳤을 것이다.

이 고릴라 연구는 증거의 선택도 어떤 것이든 관찰자의 사고방식에 의존한다는 사실을 강조한다. 청중 속의 우리들 각자는 자신의 무의식에게 무엇을 찾을지를 말해주었다. 최대 효율로 이를 수행하기 위해, 제2의 암묵적 지시도 무의식에 내려졌다. 무관한 시각적 입력들은 경시하거나 무시하라. 우리는 모든 입력이 고려될 것으로 기대할 수 없기 때문에, 이 두 번째 지시가 어떤 결과를 낳을지 알 수 없다. 무엇을 보아야 할지 말아야 할지는 무의식이 자기 마음대로 정한다.

개별적인 지각들이 외부 세계에 정확하게 대응된다고 믿는 사람은 거의 없다. 우리는 중립적인 냉정한 마음에서 관찰이 일어난다고 믿을 만큼 어리석지 않다. 우리는 무의식에 자신도 인식하지 못하는 안건들, 동기들, 명확히 정의되지 않는 복잡하고 타고난 소인들이 실려 있음을 인정한다. 우리는 고릴라 연구를 보고 놀랄 것이 없지만, 그럼에도 마치 우리 눈을 믿을 수 없다는 듯이 빛바랜 객관성의 관념에 집착한다.

1800년대 초에도, 사전에 어떤 편견 없이 과학적 연구를 수행하는 것이 가능한가에 관한 과학적 논쟁은 계속되고 있었다. 찰스 다윈은 1861년에 친구한테 보낸 편지에서 답했다.

"약 30년 전에도 지질학자들은 관찰만 하고 이론은 세우지 말아야 한다는 말들이 많았다네. 나는 누군가가, 이대로 가다간 차라리 자갈 채취장에 들어가 돌멩이들을 세고 그 색깔을 묘사하는 편이 낫겠다고 말하던 것을 분명하게 기억하네. 관찰이 쓸모가 있으려면 모든 관찰이 어떤 시각을 지지하거나 부정해야 함을 누구도 보아서는 안 된다니, 이 얼마나 기묘한가!"[15]

다윈은 얼버무리거나 자율적인 이성적 마음의 신화 뒤에 숨지 않는다. 관찰이 일어나는 방식을 솔직하게 인정하는 그의 태도는 뇌 기능에 대해 우리가 이해하는 내용과 합치한다. 그는 우리가 마음에서 그러한 편견들을 제거할 수 없다고 암시하는 것이 아니다. 그는 자신의 한계를 충분히 알고 앞으로 나아간다. 그것이 그의 비범함이고 우리가 얻을 의미심장한 교훈이다.

다윈의 지적 겸허함을 한 저명한 흉부외과의가 텔레비전에 나와서 했던 주장과 비교해보자. 그는 자신이 환자의 '수술 전의 영기靈氣' 위에서 손을 움직이는 방법(전혀 접촉하지 않고 치유하는 기법이라고 주장되는)으로 심장 수술 합병증을 줄였다고 했다. "나도 긍정적인 결과에 남들만큼 놀랐습니다. 그리고 완벽하게 분명히 합시다. 나는 어떤 선험적 가정도 없이 이 과제에 들어갔습니다." 그외과의에게 어떤 선험적 가정도 없었다면, 어째서 그가 그 과제를 수행했겠는가? 그는 라자냐를 먹는 효과나 『내셔널 인콰이어러 National Inquirer』지를 읽는 효과를 연구한 것이 아니다. 내가 볼 때는 선험적 가정이 없다는 주장이 바로 편견의 가능성에 대한 적신호이다.

이 외과의 혼자만 그렇게 믿는 것이 아니다. 미리엄웹스터 사전에서 **객관적인**objective과 **알다**to know를 얼른 찾아보면 같은 문제가 드러난다.

객관적인 : 개인적 느낌, 편견, 또는 해석에 의한 왜곡 없이 사실이나 조건들을 지각되는 대로 표현하거나 다루고 있는.

알다 : 직접 지각하다. 명확성이나 확실성을 가지고 마음으로 파악하다. 의심을 넘어 사실로 여기다.

지각의 허위 진술에 관해서는 더 이상 말할 필요도 없다. 덜 분명한 실수는 명확성clarity을 확실성certainty과 동등하게 놓은 것이다. 명확성은 불수의적인 정신적 감각이지, 객관적 결정 사항이 아니다. 명확성이라는 마음의 감각은 의식적 선택 사항이 아니라는 인식과 지각의 한계가 힘을 합하면, 순수한 객관성이라는 관념을 매장시키고도 남을 것이다. 하지만 우리는 공통의 언어를 쉽게 단념하지 않는다. 우리의 관념에서 편견을 제거할 수 있다는 믿음은 계속해서 우리 안에 깊숙이 흐르고 있으며, 과학을 거의 모르는 사람들에게만 국한되어 있는 것도 아니다.

객관성과 생물학의 이 대결에서, 스티븐 제이 굴드는 적당한 중도에 가능한 한 가까이 간다. "객관성은 정신적 백지 상태와 동등하게 놓을 수 없다. 오히려 객관성은 당신이 선호하는 것들을 인식한 다음 그것들을 각별히 철저하게 조사받도록 하는 데 있다."[16] 굴드는 마음이 편견 없는 관찰을 할 수 있는 빈 서판이라는 관념을 논박하며, 우리가 어떤 편견을 간과하지는 않았는지 모든 마음의 돌들을 들추어보라고 경고한다. 하지만 "당신이 선호하는 것들을 인식"하라는 말은 다시, 자신을 판단하는 마음이라는 이상한 고리로 우리를 데려간다. 굴드는 우리에게 편견에 관해 경고할 만큼 분별력이 있긴 했지만, 암암리에 자율적인 이성적 마음을 어느 정도 인정하지 않고는 객관성을 논의할 수 없었다.

심지어 실험의 목적이 무의식적 편견이 의사결정에 미치는 힘을 보여주는 것일 때조차, 지배적인 경향은 결과를 경시하는 것이다. fMRI와 편견에 관한 연구에서, 에모리 대학교의 심리학자 드루 웨스턴Drew Westen은 당원인 실험 대상자들이 자기 당의 후보 대 상대 후보(존 케리 대 조지 부시)에 관한 부정적인 정보를 어떻게 처리하는지를 살펴보았다. 웨스턴은 실험 대상자가 선호하는 후보에 관한 부정적 정보를 숙고할 때는 전두피질의 영역들인 '우리 뇌의 합리적인 영역들'에 불이 들어올 것으로 예상했다. 그러나 그러는 대신, 변연계의 몇몇 영역에서 활동이 최대로 증가하는 동안 전두피질은 비교적 침묵을 지켰다. 웨스턴은 실험 대상자들이 당원인 경우, 정치적 사고는 현저하게 감정적이라는 결론을 내렸다. 이 놀랍지 않은 결론은 웨스턴에게, 그러한 편견에 사로잡힌 무의식적 행동을 어떻게 바꿀 수 있는가 하는 문제를 여전히 남겨두었다. 웨스턴의 결론은 굴드의 '철저한 조사'와 유사하다.

"이 편견들을 넘어서는 것은 가능하지만, 당신은 무자비하게 자기를 반성해야 한다. 말하자면, '좋다, 나는 내가 무엇을 믿고 싶은지 안다. 하지만 나는 정직해져야 한다'고."[17]

나도 굴드나 웨스턴과 같은 소망을 가지고 있다. 나는 내적 성찰에 큰 가치를 부여하고 나 자신의 편견에 대해 정신을 바짝 차리려고, 특히 의학적 권고를 할 때는 각별히 더 노력해왔다. 그러나 그럼에도 불구하고, 자기반성에 근거한 개인적 일기로 시작한 것이 결국은 자기 지식의 한계를 강조하는 한 권의 책이 되고 말았다. 나도 굴드와 웨스턴이 맞기를 바라지만, 우리가 바랄 수 있는 최선은 어법에 완벽하게 모순되는 것으로 편파적인 객관성이라는 것을 깨닫는다.

현대 신경생물학을 해석하는 사람들이 마주하고 있는 매우 어려운 문제는, 어떻게 하면 자기분석의 필요와 그러한 평가들의 명시되지 않은 비율은 결함이 있을 것이고 때로는 심각한 결과를 낳을 수도 있다는 지식 둘 다를 절묘하게 다룰 수 있을 것인가 하는 것이다. 아무도 소크라테스의 격언을 의심하지 않는다. '성찰하지 않는 삶은 살 가치가 없다'는 자기평가와 자기 개선의 시도들은 '훌륭한 삶'의 본질적 측면들이다. 그렇다, 우리는 자신을 무자비하게 반성하고 철저하게 조사해야 한다. 하지만 동시에 그러한 내적 성찰이 기껏해야 작동 중인 우리 마음에 대한 편파적 시각밖에는 낳지 못할 것임을 인정해야 한다. 완전한 객관성은 선택할 수 있는 사항이 아니다.

내적 성찰이 우리의 사고를 형성하는 생물학을 극복할 수 없음을 보여주는 매우 통속적인 예로, 조울증을 앓는 우울증 환자가 느끼는 흔들리지 않는 낮은 자존감과 속속들이 스미는 죄책감을 들 수 있다. 환자는 자기 삶의 모는 측면을 늘여다보고 자신은 완전히 무가치하며, 자신의 삶에서 잘못된 모든 것은 전적으로 자신의 잘못이라고 완벽하게 확신한다. 아무리 많은 친구들의 조언도 그를 다르게 납득시킬 수 없다. 그는 자신에 대한 자기 이해가 정확하다고 확신하기 때문에, 치료를 거부하고 금문교에서 뛰어내린다. 한

편 같은 증상들을 가진 다른 환자는 간신히 정신과를 찾아와서 항우울제를 처방받는다. 기분이 고조되면, 그는 자존감을 낮추는 자신의 해석이 잘못되었음을 깨닫는다.

이성적인 마음의 문제를 대면하길 꺼리는 우리의 태도는 부분적으로 마음은 몸과 같은 범주가 아니라는 느낌에서 비롯된다. 우리는 6미터 높이까지 뛰어오르거나 물속에서 일주일 동안 헤엄칠 수 있을 것으로 기대하지 않는다. 우리는 자신의 신체적 한계를 쉽게 느낄 수 있다. 하지만 같은 한계를 사고에서는 느끼지 못한다. 예를 들어, 당신은 이 단락을 받아들이든 거부하든 그것은 내 마음이라고 느낀다. 의식 아래의 모든 요인들이 이 결정에 영향을 미치고 있다고 인정하면서도, 당신이 당신의 사고를 제어하고 있다는 더 강력한 느낌을 타넘지는 못한다. 본질적으로, 우리는 우리 마음이 혼자 힘으로 개선된다는 부트스트랩bootstrap 이론을 믿도록 프로그램되어 있다. 다름 아닌 우리의 정신적 한계들이 우리가 정신적 한계들을 인정하지 못하게 가로막는 것이다.

순수한 내적 성찰에 대한 대안으로서, 티모시 윌슨은 우리가 "우리의 행동과 느낌들 가운데 정수만 뽑아 의미 있고 효과적인 이야기로 간추려내는, 우리 자신의 삶을 그리는 전기 작가"가 되어야 한다고 제안한다.[18] 그의 논지는 반복할 만한 가치가 있다. 현대 신경과학이 강하게 암시하듯이, 만일 자아란 것이 자신을 성찰하고 있는 마음 자체가 구성하는 진행형의 사적인 이야기라면, 내적 성찰은 복잡한 소설 작품을 해석하는 일과 유사할 것이다. 자신에 대해 스스로의 무의식적 동기와 비교적 '동조된' 관점을 얻으려면, 복합적으로 가까이서 자세히 분석하고, 광범위한 각도(다른 사람들의 관점을 포함한)에서 작품을 바라보고, 자신의 개인적·문화적 내력에서부터 최근의 행동 유전학까지 폭넓은 배경 지식도 갖추어야 한다. 그러나 가장 우선적인 조건은 어떤 자기평가든 생물학적 제약들에 비추어 그 안에서 바라보아야 한다는 것이다.

오랜 세월 동안 나는 일부 총명하고 잘 교육받은 의사들이 어째서 불필요한 수술을 하고, 증명되지 않은 것을 권유하고, 위험한 것을 강매하려고 하는지 의아했다. 처음에는 탐욕, 무관심, 오만, 무지를 비난하는 쪽으로 기울었다. 이 책을 쓰면서부터 비로소 나는 명백한 부정 행위들 가운데 얼마나 많은 부분이 이 똑같은 믿음, 즉 증명되지 않은 어떤 것이 맞을 때를 우리가 확실히 알 수 있다는 이 잘못된 믿음에서 일어나는지를 이해하기 시작했다. 의학의 실제에서 중심에 있는 강력한 모순은, 우리는 경험으로부터 배우지만 특정한 치료법을 적당히 시험해보지 않고는 그것의 가치에 대한 우리의 해석이 옳은지 어떤지 알 수 없다는 것이다. 우리들 가운데 모든 관찰 사항과 궁극적인 결과를 계속해서 상세히 기록하는 사람은 거의 없다. 그동안 우리의 개인적 관찰 사항들이 독립적으로 과학의 철저한 조사를 받는 일도 거의 없었다. 우리는 기억이 얼마나 선택적인가를 즉시 인정한다. 그럼에도 불구하고, 우리들 대부분에게는 내가 관찰한 것들이 정확하며 보편적으로 적용 가능하다고 믿고 싶은 강한 충동이 있다. 수십 년의 교육과 수세기의 전통이 우리에게 이 관찰이야말로 우리를 좋은 의사나 나쁜 의사로 만드는 것의 정수라고 가르쳐왔다. 당신의 경험을 의심하는 것은 당신의 능력을 의심하는 것이라고.

상황을 악화시키는 문제는 자부심이라는 것이 독특함이나 독창성의 느낌에서 일어나는 한, 우리는 서로 다른 것에서 동기를 얻는다는 것이다. 우리는 자신이 차이를 만드는 독창적인 발상, 영감에 의한 직감, 육감을 가진 것으로 알려지길 원한다. 실제로, '잘 연마된 육감'은 훌륭한 임상의의 척도로 여긴다. 하지만 훌륭한 의사가 되려면 또한, 설사 최고의 의학적 증거가 당신의 개인적 경험에 위배되더라도, 끝까지 증거에 충실해야 한다. 우리는 육감과 시험 가능한 지식, 즉 막연한 직감과 경험적으로 시험되는 증거를 구분해야 한다.[19]

이 장을 끝맺기 위해, 나는 몇 가지 각본을 간단히 제시하여, 우리가 알 수 있는 것의 한계에 대한 몰이해가 얼마나 자주 잘못되거나 오도된 의학 정보를 영속시키는 토대가 되는지를 부각시키고 싶다. 지나친 편애를 피하기 위해, 나는 대체의학과 전통(대중요법)의학 둘 다로부터 예를 취했다. 먼저, 거의 모든 사람들이 이미 어떤 견해를 품고 있는 논쟁적인 주제를 골라보자.

당신은 침술과 척추 지압요법으로부터 한약을 거쳐 관절통을 위한 글루코사민까지, 모종의 대체의학 요법들을 이미 개인적으로 어느 정도 경험해보았을 가능성이 높다. 당신에게는 아마도 이 치료법들이 가치가 있다거나 없다는 어떤 의식이 있을 것이다. 각각의 예를 읽으면서, 당신의 마음이 어떤 식으로 스스로 믿고 싶은 것을 골라서 선택하는지를 느껴보라. 자신이 일정한 관념들을 거부하는 이유가 그 관념이 당신이 이미 맞다고 '아는' 것에 위배되기 때문인지 어떤지를 자문해보라. 그리고 책의 시작 부분에서 연의 묘사에 접근했을 때처럼 다가가도록 노력하라.

보완대체의학

PBS 방송 프로그램 〈프론트라인Frontline〉에서, 의학박사 앤드루 웨일Andrew Weil과의 대담 시간에 접골 요법에 관한 이야기가 있었다.[20] "어린아이에게서 재발하는 중이염을 접골 요법으로 다룬 예를 들어보죠. 저는 투손에 있는 연로한 접골사와의 경험을 책으로 썼습니다. 그가 어린아이를 데려다가, 비싸지도 않고 조직을 침범하는 일도 없이 이 방법으로 한 번만 치료하면, 그 아이는 다시는 귀에 염증이 도지지 않았습니다. 저는 이것을 보고 또 보았습니다. 그래서 제 경험을 근거로, 저는 귀에 염증이 생긴 아이들에게 접골사에게 가서 이 요법을 받아보라고 권유해왔습니다."

"연구계가 이것에 관심을 갖도록 20년을 애쓴 뒤에, 우리는 마침내 재발하는 중이염이 있는 아이들을 대상으로 이것을 실험하는 몇 가지 방법들을 설정했습니다. **우리는 그 실험에서 이것이 효과가 있다는 것을 증명할 수 없었습니다. 문제는, 저는 거기에 효과가 있다고 확신한다는 겁니다.** 우리는 그것을 우리가 설정한 실험 방식으로는 포착할 수 없었습니다. 문제의 일부는, 접골사들에게는 이것을 시술하는 지극히 개인적인 스타일이 있다는 것이죠. 우리가 채용한 접골사들이 그것을 제대로 하고 있었을까요? 그것이 제가 본 이 연로한 접골사가 쓰던 방법과 같은 종류의 방법이었을까요? 저는 잘 모르겠습니다."

웨일은 말을 잇는다. "저는 진전된 낭창을 앓았던 한 여성의 사례도 보고했습니다……. 그녀는 사랑에 빠졌고, 그러자 그 병은 사라졌습니다……. 이제 회의주의자는 이렇게 말할 것입니다. '뭐 그 병은 어찌 되었든 그렇게 끝났을 거야, 그녀는 사실 낭창이 없었던 거야, 거기엔 아무 연관도 없어.' 좋아요, 그렇게 말하라죠. 하지만 **저는 거기에 연관이 있다는 것을 알아요.**"

이 단락들을 제시하는 목적은 위의 연구 계획이 표준화되지 않았다는 점(접골사들이 실제로 무엇을 한 것인지 모름)과 같은 방법론적 결함, 또는 이 아이들에게 중이염이 '결코' 재발한 적이 없다고 결론 내리는 데 필수적인 추적 시간을 언급하지 않은 점과 같은 부당한 결론을 지적하는 것이 아니다. 독자를 덮치는 것은 우리의 판단을 형성하기도 하고 흐려놓기도 하는 **안다는 느낌**이라는 더 기본적인 문제다. 웨일은 심지어 자신의 연구가 부정적인 결과를 낸 후에도 자신은 유익한 효과를 확신할 수 있다고 느낀다. 우리는 모두 이것을 느껴본 적이 있다. 어떤 결과가 우리가 예상한 (그리고 희망한) 것과 모순된다는 사실을 받아들이는 데 내재하는 어려움을 말이다. 여기가 바로 함께 가던 과학과 믿음이 갈라서는 교차점이다.

웨일은 이렇게 말할 수도 있었다. "저에게는 이 치료법이 효과가 있다는 매우 강력한 직감이 있지만, 그것을 증명할 수는 없었습니다." 그의 추론이 여전히 충분히 설득력이 있다면, 그는 자신의 가설을 실험할 새로운 연구를 설계할 수도 있을 것이다. 하지만 뒷받침하는 긍정적인 증거를 얻을 때까지, 그가 정당하게 할 수 있는 말은 "나는 확신한다"가 아니라, "나는 믿는다"는 것뿐이다. 의사가 확실한 과학적 증거가 아니라 실증되지 않은 육감을 바탕으로 권고를 하고 있다는 것을 이해하면, 환자는 그 의견의 가치에 관해 자기 나름의 결론을 이끌어낼 수 있다. 그러한 권고는 또한 증명된 요법 대신 육감에 따른 권고를 받아들일 때 있을 수 있는 위험들을 구체적으로 밝혀야만 한다. 중이염을 치료하지 않으면 뼈 감염(꼭지돌기염)부터 영구적인 청력 손실까지, 만성적인 문제들이 생길 수 있다고 말이다.

웨일은 위험에 대한 논의를 비켜나, 부정적인 연구가 자신의 가설을 반증하는 것이 아니라 연구의 결함을 나타낸다고 결론짓는다. 이는 창조론을 믿는 지질학자가 진화의 증거를 이해하면서도 그 증거를 거부하게 한 것과 똑같은 인지 부조화다. 패턴 자체가 반복된다. 웨일은 전신 낭창에서 증상의 변동이 흔히 보인다는 것을 인정하면서도, 환자의 호전과 환자가 사랑에 빠진 것 사이에 연관이 있음을 '안다'. 비판이 있을 것을 예상한 웨일은 자신의 개인적 객관성과 합리성을 변론한다.

  "저는 제 시각이 치우쳐 있다고 생각하지 않습니다. 사람들은 제가 분별 있고, 상식도 있고, 균형 잡힌 사람이라고 봅니다. 저는 제가 전통의학과 대체의학을 비판하는 데 있어서 상당히 공정하다고 생각합니다. 어떤 특정한 체계를 옹호하거나 반대하려는 꿍꿍이속은 없습니다." 그럼에도 불구하고, 그는 이어서 설명한다. "소위 대체의학에 대한 저의 관심은 의대 이전으로 거슬러 올라갑니다. 식물에 대한 저의 사랑은 우리 어머니에게서 물려받은 어떤 것입니다. 그래서 식물학을 전공하게 되었죠. 저는 십 대였을 때 최면에 매우 흥미를 갖게 된 것을 계기로 심신 상호작용에 관한 탐구의 길에 올랐습니다. 대학에 다닐 때 대체요법들에 관해 읽기 시작했고 그에 관해 논문을 썼습니다. 따라서 이 관심들은 의대에 가기 오래전부터 있던 것입니다. 인턴을 마치자, 제가 그런 종류의 의학을 원하지 않는다는 것이 너무나 분명해졌죠. 무엇보다도 그것은 직접적인 해를 너무 많이 끼치는 것으로 보였습니다. 그리고 두 번째로, 일반적으로 그것은 실제로 병 진행 과정의 뿌리에 도달해서 그 뿌리를 바꾸지 않았습니다."

선험적 편견의 '꿍꿍이속'이 없다는 웨일의 주장과 '그런 종류의 의학'이나 '해를 너무 많이 끼친다'라는 그다지 섬세하지 않은 언급, 그리고 현대 의학은 병의 근본 원인을 찾아내지 않는다는 근거 없는 주장을 비교해보라. 그는 육감, **안다는 느낌**, 개인적 편견을 색출하는 내적 성찰의 능력에 대한 암묵적인 신뢰를 조합한 결과로, 증명된 기법을 이용하는 신속한 치료를 막는 위험을 무릅쓰고 증명되지 않은 치료법을 권고한 것이다.

웨일 혼자만 의학에 그렇게 접근하는 것은 아니다. 같은 〈프론트라인〉 대담에서, 이번에는 종양학 연구가 전문인 큰 대학의 약리학자가 말했다. "저는 연구의 필요성을 믿지만, 개인적 경험이 '백 번 듣는 것보다 낫다'는 것을 압니다."[21]

아니면 물리학자 러셀 타그Russell Targ와의 대담도 있다. 초기 레이저 연구의 선구자인 그는 1970년대와 1980년대에 스탠포드 연구소에 심령력 연구 분야를 공동으로 창설하기도 했다. 타그는 1985년에 대장암 진단을 받았다. 1992년, CAT 스캔과 초음파 조사 결과 대장암의 전이 재발이 의심되었다. 그는 검사와 가능한 화학요법을 권고받았다. 그는 권고받은 대로 하는 대신, 초심리학 학술회의에서 만났던 영적 치유자인 제인 카트라Jane Katra에게 전화를 걸었다. 직관에 따라, 카트라는 타그에게 그는 아프지 않다고, 그가 자신에게 아프다거나 암에 걸렸다고 말함으로써 그 개념에 권위를 부여해서는 안 된다고 말해야 한다는 강제력을 느꼈다. 그래서 카트라는 "우리가 실제로 아는 것이라고는 어떤 필름에 얼룩들이 찍혔다는 것이 전부예요"라고 말했다. 카트라는 주요 생활양식을 바꾸라고 권고하고 그를 돌봐주면서, '병이 더 이상 그를 알아볼 수 없도록 숙주를 바꾼다'는 원리를 따랐다. 타그의 병세는 호전되었다. 그는 처방된 화학요법을 하나도 받지 않았는데, 6주 뒤의 CAT 스캔은 그 종양이 완전히 무해한 무언가로 삭아들었음을 보여주었다. 그는 그 이후로 건강하게 지내고 있다.'[22]

이 기적적인 이야기에 대한 의학적 비평은 간단하다. 조직검사로 재발을 진단하지 않았으므로 뒤이어 종양이 삭았다는 주장을 보증할 수 없다는 것이다. (복부의 CAT 스캔은 흔히 악성종양을 닮은 양성의 이상을 보인다.) 내가 염려하는 것은 더 이상의 의학적 검진을 받지 말라는 암 환자에 대한 권고를 순수한 직관이 보증할 수 있다는 믿음이다. 더 고약한 것은, 이 '영적 치유자'가 글래드웰의『블링크』를 자기편으로 끌어당겨 구구절절이 인용하면서, 무의식은 완벽하게 이성적이며 그것이 우리를 잘못 인도할 때는 우리가 알 능력이 있다는 글래드웰의 주장들을 가리킬 수 있다는 점이다.

『블링크』에서 인용한 다음 글을 보라.

"우리가 본능을 진지하게 대한다면 어떤 일이 일어날까? 내 생각에는……. 우리 자신과 우리 행동을 이해하려면 눈 깜짝하는 동안의 순간적인 판단도 수개월에 걸친 이성적인 분석만큼 가치 있음을 인정해야 한다."[23]

글래드웰이 이런 의도를 염두에 두었는지는 의심스럽지만, 본능이 수개월의 과학적 연구와 대등할 수 있다는 믿음을 계속해서 대량 판매하는 한, 우리는 그것이 효과가 있다는 것을 '마음으로 안다'는 이유로 무가치한 치료법들을 권고하는 의사들을 갖게 될 것이다. 사랑이 낭창을 치료할 수 있다고 '확신하는' 의사들을 갖게 될 것이다. 직감과 꿈을 근거로 한, 의학적으로 정교하지 않은 권고로 생사를 가르게 될 것이다. 눈 깜짝할 새에 우리는 암흑기로 되돌아갈 것이다.

직관과 육감이란 진정한 형태의 믿을 수 있는 지식이 아니라 강한 **안다는 느낌**과 연관된 무의식적인 (그리고 증명되지 않은) 사고들이라는 것이 인정된다면, 이 주장들이 얼마나 달랐겠는지 상상해 보라.

대체의학과 전통의학의 갈등은 우리가 각각 다른 형태의 지식을 대변한다는 것을 인정하면 비교적 쉽게 해결될 것이다. 대체의학은 그것의 정의대로, 전통의학의 기법들에 의해 아직 효과적인 것으로 증명되지 않은 치료법들을 아우른다. 여러 주장들은 개인적 관찰, 육감, 직감, 의심, 그리고 아직 시험되지 않은 가설 들을 바탕으로 한다. 모두 다 '느껴지는 지식'의 형태들이다. 은행잎 추출물이 알츠하이머를 예방하는지 어떤지를 알고 싶다면, 당신은 통제된 연구를 수행할 수 있다. 그것이 효과가 있는 것으로 밝혀지면, 의학계는 은행잎 추출물을 채택해야 한다. 그 예는 어떤 것이 대체의학에서 주류의학으로 넘어간 전통이 될 것이다. 만일 그것이 효과적인 것으로 밝혀지지 않더라도, 당신에게는 그것이 효과가 있을 것이라는 믿음을 유지할 권리가 있다. 하지만 당신은 자신이 보유하고 있는 직감이 현재 과학적 증거가 뒷받침하지 않는 것임을 인정해야 한다. 당신이 환자에게 은행잎 추출물을 권고한다면, 당신에게는 그 권고가 입증되지 않은 믿음을 바탕으로 한다는 것을 환자에게 알릴 의무가 있다. 재발하는 중이염에 두개 수기요법을 적용할 때도 마찬가지다.

훌륭한 과학은 연구의 기교와 실험 이상이다. 훌륭한 과학을 하려면 과학자들은 안쪽을 들여다보아야 한다. 자기 사고의 기원을 관조해야 한다는 말이다. 과학의 실패는 결함 있는 증거나 서툰 통계로 시작되는 것이 아니라, 개인적인 자기기만과 적당하지 않은 **안다는 느낌**으로 시작된다. 일단 개인적 경험이 '백 번 듣는 것보다 낫다'라는 입장을 채택하면, 이성에 의거한 논의는 결코 불가능하다. 훌륭한 과학은 '느껴지는 지식'과 실험 가능한 관찰에서 일어나는 지식을 구분해야 한다. "나는 확신한다"라는 말은 실험 가능한 결론이 아니라, 정신적 감각이다. 직감, 육감, 직관은 제안함에 집어넣어라. 경험적 방법들이 나쁜 제안들을 털어내고 좋은 제안을 가려내게 하라.

계속하기 전에, 의학 문제에 대한 당신 자신의 접근법은 어떻게 분류할 것인지 자문해보라. 당신은 자신을 빈틈없이 '객관적'이며 발표된 데이터에만 전적으로 의존할 사람으로 분류하겠는가? 아니면 대체 치료법을 선호하며 전통의학은 그것의 편협한 구태의연함 때문에 많은 기회들을 놓친 건 아닌지 의심하는가? 당신은 걱정이 많은가, 아니면 쉽게 안심하는가? 당신의 불만을 과장하는 편인가, 아니면 최소화하는 편인가? 날이면 날마다 우울하게 보내는가, 아니면 전반적으로 금욕적인가? 기타 등등……. 질문은 끝이 없고 때때로 답하기 어렵지만, 최적의 보살핌을 제공하고 제공받으려면 꼭 필요하다. 간단하고, 얼핏 빤하고, 지극히 흔한 불만으로 만성 요통을 예로 들어보자. 다음 사례를 읽으면서, 당신 자신이 환자라고 상상해보라. 당신이라면 무엇을 원하고 무엇을 믿겠는가? 다음으로, 당신이 치료하는 의사라면 새로운 정보 각각에 어떻게 반응하겠는가?

몇 년 전, 나는 Z씨를 상담했다. 더할 나위 없이 성공한 40대 중반의 시카고 사업가인 그는 여러 해째 가혹한 요통을 앓고 있다고 하소연했다. 그는 꽤 많은 전문가들을 만나보았는데, 신체검사도, 실험실 검사도, 몇 차례의 MRI와 CAT 스캔도 결과는 모두 정상이었다. 다쳤던 이력도, 소인이 될 만한 조건도, 유사한 가족력도, 스트레스나 긴장을 일으킬 만한 개인적인 문제도 없었다. 환자는 무언가 끔찍하게 잘못된 것이 간과되고 있다고 철석같이 믿었다.

더 나아가기 전에, 무엇이 요통을 일으키고 무엇이 그것을 경감시킬 것이라는 사전적인 가정을 토대로 하지 않는 질문을 하나 해보라. 당신이 질문을 제기하는 방식에 귀를 기울여라. 당신은 그 질문에 답을 줄 증거를 구성한 것이 무엇이라고 판단하겠는가? 당신은 척추교정 지압요법, 자석, 반反중력 부츠, 심부조직 마사지, 이완 테이프, 이상근 주사, 펠덴크라이스 요법, 증식 요법, 필라테스 운동 가운데 하나를 고려하는가? 다른 의사들이 깔본 어떤 치료를 받은 뒤 회복된 친구, 의사가 뼈를 촬영하지 않아서 진단되지 않은 암에 걸린 친척, 섬유 근육통에 시달리는 이웃에 관해 생각하는가?

몇 년에 걸쳐 정규적인 실험실 검사, X-선 검사와 MRI 및 CAT 스캔을 받았다면, 당신은 잠재적으로 치료 가능한 병을 놓칠 확률이 상당히 낮다는 데 만족하겠는가, 아니면 뭐든 100퍼센트 확실치 않다면 모든 검사를 다시 받아야 한다는 뜻이라고 여길 정도로 위험을 참지 못하는가? 만일 MRI나 CAT 스캔을 정말 반복해서 결과가 정상이라면, 그때는 만족하겠는가 아니면 덜 확실하게 연구되었거나 실험적인 검사까지 요구하겠는가? 그리고 그 연구들이 MRI나 CAT 스캔에서 보이지 않던 이상을 드러낸다면, 어떤 것을 믿겠는가? 모순되거나 증명되지 않은 연구를 바탕으로 한 수술 절차를 기꺼이 밟겠는가? 만일 그럴 거라면, 어째서인가? 수술의 가치에 대한 증거로서 통제된 연구를 요구하겠는가, 아니면 의사가 **개인적 경험**을 바탕으로 통증이 경감될 거라고 보증하는 말을 받아들이겠는가?

더 검사해보아도 확실한 답은 나오지 않을 것이라는 결론에 도달할 수 있겠는가? 아니면 그 끈질기게 들러붙는 생각을 계속하겠는가? '틀림없이 이유가 있을 거야, 의학에 적절한 진단 도구만 있다면.' 의사가 단순한 긴장일 가능성을 제기했다면, 안심으로 반응하겠는가 아니면 좌절과 짜증으로 반응하겠는가? 심리적 문제들을 만성 요통의 주요 요소로 강조하는 학술지 논문들을 한아름 안겨준다면 안심이 되겠는가? 그렇지 않다면, 무엇이면 스트레스의 객관적 증거가 되겠는가?

내가 만성 요통이라는 주제를 택한 이유는 그것이 사람들이 의사를 찾는 가장 흔한 질병 가운데 하나이기 때문이다. 급성 요통은 다소 빤하다. 대개 여느 때처럼 정원에서 일하다가 쓰레기통이나 손녀를 들어 올리다가 무리를 한 것이 원인이다. 하지만 그 요통이 일단 만성이 되면, 진단의 정확성은 극적으로 떨어진다. X-선과 MRI 스캔이 온갖 종류의 이상을 보이지만, 상관관계는 희박하다. 아마도 가장 통렬한 요약문일 『뉴 잉글랜드 저널 오브 메디신*New England Journal of Medicine*』의 사설에서 만성 요통 대부분의 원인은 정확히 결정될 수 없음을 시사했다.[24]

마지막 문장을 다시 읽어보라. 그것이 정말 가능한가? 그 모든 과학기술을 자유자재로 쓸 수 있으니, 만성적으로 허리가 아픈 원인에 관해 얼마간은 우리도 아는 것이 있을 게 틀림없다. 이 문장이 옳게 **느껴지는가** 아니면 그르게 **느껴지는가**? 논리적인가 아니면 도저히 받아들일 수 없는가? 상식과 개인적 경험에 위배되는가? 여기에 문제가 있다. 전문가들도 어떤 상태의 원인에 관해 모르거나 그에 관해 거칠게 다툰다는 것을 이해하면서도, 우리는 가장 정확한 답을 알 수 있다고 느낀다. 마치 그런 답이 있는 것처럼. 그것이 바로 요통이라는 주제가 그토록 많은 이론과 증명되지 않은 치료법과 불필요한 수술을 양산해온 이유이다.

이제 역할을 바꾸자. Z씨를 치료하는 의사가 되어보라. 당신은 적당한 모든 것을 해보았지만 그의 통증을 분명하게 설명할 수 없다. 다음으로는 무엇을 하겠는가? 증명되지 않았거나 실험적인 검사들에 의존해서, 또 한 차례 다른 근육 이완제나 소염제를 처방하겠는가? 최후의 노력으로, Z씨에게 깨닫지 못한 스트레스성 긴장이, 어쩌면 심지어 순수한 정신적 원인에 의한 신체 질환이 있었을 가능성을 탐색하겠는가? 패배를 인정하고 환자에게 그를 도울 수 없다고 말하겠는가? 아니면 무엇이 통증의 원인인지 잘 모르겠다고 말하겠는가?

계속하기 전에, 몇 가지 잠정적인 진단과 치료 계획을 짠 다음, 어느 정도 수준이면 옳은 방향으로 가고 있다는 확신을 느끼겠는지 자문해보라.

이제 또 한 편의 역사를 제공하겠다. 순전히 우연히, Z씨를 본

직후, 나는 그의 가까운 친구를 마주쳤는데, 그가 자발적으로 Z씨의 어린 시절에 관해 이야기를 꺼냈다. Z씨의 어머니는 Z씨가 태어난 지 몇 개월밖에 되지 않았을 때 심한 소아마비에 걸렸다. 그때 이후로, 그녀는 철제 호흡 보조 장치에 갇혀 지냈다. Z씨의 아버지는 모험사업에 슬픔을 묻었고, 그 사업은 대부분의 시간을 집에서 떠나 있는 여행이 포함되어 있었다. 그 친구는 Z씨가 자기 부모님과 신체적 접촉이 없었던 것이 평생에 걸쳐 Z씨의 경쟁심을 몰아친 주요 요인이었을 거라는 의견을 내놓았다.

나는 Z씨가 동네의 운동 클럽에서 거의 10년 동안 최고의 스쿼시 선수였다는 것을 알게 되었다. 그의 요통은 그가 클럽의 새 회원에게 패한 직후에 시작되었다. 소문이 돌았다. Z씨를 몇 년 동안 알고 지낸 클럽 회원들 대부분은 Z씨가 자신이 진 것을 견딜 수 없었을 것이라고 추측했다. 더 놀라운 것은 스쿼시를 그만둔 뒤로 Z씨가 골프채를 들었고, 일주일에 몇 번씩 골프를 치더니 마침내 기준 타수를 넘기지 않는 수준급의 골퍼가 되었다는 점이다. 그렇다. 골프는 흔히 허리 통증을 악화시키며, 투어하는 프로들에게도 공통된 직업적 위험 요소다. 하지만 Z씨에겐 해당사항이 아니었다. 골프는 그의 통증을 악화시키지 않았다.

이 새로운 정보가 정신 신체적 통증과 Z씨의 어린 시절 발달의 결정적 시기 동안 신체적 접촉이 없었던 것 사이의 연관성을 끌어내기에 충분할까? 아니면 이것은 일종의 핑계, 권위주의적인 기존

의학계의 억측일까? 다시 말해 의사가 환자에 관해서 자신이 이미 의심하는 것과 들어맞는 무언가를 찾아내어 이 사실을 증거로 이용하는 것일까?

어떤 것이 더 나은 증거일까? 환자나 그의 가족에게 뚜렷한 심리적 불만이 없는 데다가 당신이 어떤 문제도 감지할 수 없다는 사실? 아니면 운 좋게도 드러나지는 않지만 감정이 터질 듯이 누적되었던 초기 발달사? 증거로서 자격을 부여하려면, 이 입장들 각각을 위한 '객관적' 측정치가 필요할까? 이것이야말로 의학적 설문이 생겨나게 된 배경이라는 것을 기억하라. 설문은 관찰을 증거 수준으로 격상시킬 수 있도록 주관적인 것들에 통계적으로 자격을 부여하려는 시도이다. 하지만 환자가 기억할 수 없는 것, 또는 의식적으로 생략하기로 결정한 것, 또는 무의식적으로 지워버린 것을 폭로할 수 없는 상세한 정신의학적 내력이란 어떤 종류의 증거일까?

당신이 정말 통증의 심리적 요소를 지지한다면, 그것이 과연 환자를 어린 시절 큰 외상을 입은 상황으로 다시 데려가 고통에 노출시킬 충분한 이유가 될까? 당신은 어린 시절의 외상은 결국 뇌에 배선되어서 인식으로는 극복할 수 없다고 믿는가, 아니면 더 나은 자기 이해가 통증의 원인을 노출시켜 그 원인을 '말로 해서 쫓아낼' 수 있다고 느끼는가? 당신은 이 폭로의 결과가 어떻게 될지에 관해 예측할 수 있는가?

이제 윤리적 쟁점이다. 당신에게는 당신이 맞을 가능성을 측정할 수단이 없다. 그래서 당신은 Z씨의 과거에서 타다 남은 불씨를 들쑤셔 역력한 우울증이나 기타 예측하지 못한 부정적인 감정적 결과를 낳을 수도 있는 위험을 감수한다.

내가 Z씨의 사례를 제시한 것은 흔한 의학적 문제에 접근하는 데에도 엄격하게 이성적인 방법이 있을 수 있다고 믿기가 어렵다는 점을 강조하기 위해서다. 이 각본에서, 과학적 방법 단독으로는 옳은 답을 제공할 수 없다. 그것은 심지어 한 줄기 최상의 추론을 제공할 수도 없다. 의사결정 과정의 모든 단계가 환자와 의사 모두의 무의식적 편견에 지배당하기 때문이다. 그러한 상황에서 의사와 환자를 일치시킨다는 것은 동양의 융단 두 벌의 무늬를 포개려는 것과 마찬가지다. 환자와 의사가 그 문제에 유사한 노선의 추론을 가지고 접근하려면, 그들이 짜온 두 삶의 결 자체가 같은 방향으로 늘어서 있어야 한다.

그렇다고 해서, 모든 것이 사라지는 것은 아니다. Z씨는 여전히 훌륭한 의학적 보살핌을 받을 수 있다. 사려 깊고, 온정적이고, 현명한 의사는 무모하고, 무신경하거나, 무식한 의사보다 Z씨에게 훌륭한 조언을 할 가능성이 높다. 이 장의 목적은 합리성이나 객관성이라는 개념의 한계를 노출시키는 것이지, 모든 답들이 동등하고 모든 것이 상대적이라는 암시를 주는 것이 아니다. 어떤 의견들은 다른 의견들보다 정확할 가능성이 높다. 의술은 그 자체로 불완전하지만, 여전히 유용한 도구이다. 내적 성찰이 부분적인 통찰을 제공할 수는 있지만 완전한 답을 제공할 수는 없는 것과 마찬가지다. 의술의 일부는 의술의 한계를 깨닫는 것에 있다.

가능한 최고의 보살핌을 제공하기 위해, 우리는 우리의 결정이 언제 과학을 토대로 하고, 언제 실증되지 않은 경험, 직감, 육감을 토대로 하는지를 알아야 한다. 하지만 지금까지 보았듯이, 우리는 그러한 임의적 구분을 할 수 있는 믿을 만한 사정관들이 아니다. 대안은 중도다. 의견을 낼 때는 가능한 한 철저하게 과학적 이해를 바탕으로 하면서 동시에 우리의 정보가 반드시 자신의 개인적 편견을 걸러낸 것은 아님을, 그래서 그 편견이 증거의 선택에, 심지어는 어떤 논문이 **맞다는 감**을 촉발할지에도 영향을 미친다는 것을 자신과 환자에게 상기시키려 애쓰는 것이 중도다. 일단 이것을 인정했다면, 우리는 확신의 주춧돌에서 발을 떼어 더 현실적인 가능성과 개연성의 세계로 들어선 것이다.

"일기예보에서 오늘 비 올 확률이 70퍼센트라는데."
"그랬지, 하지만 비가 올까?"

의학의 경우, 주요한 실수의 결과는 상당히 명백하다. 내 아내의 숙모는 의사가 간과한 피부암으로 돌아가셨다. 숙모는 반복해서 조직검사를 요구했는데도, 의사는 그 병변이 양성이므로 생체검사는 바람직하지 않다고 우겼다. 그의 확신이 그보다 조금만 덜

했어도, 그 암을 얼마든지 치료할 수 있었을 때 생체검사를 했을 것이었다. 이 장을 맺기 위해, 나는 확신과 높은 가능성이 도덕적으로 다르다는 관념을 잠시 탐색하고 싶다.

당신과 배우자 모두 수십 년 동안 열심히 일해서 이제 정년을 6개월 앞두고 있다고 상상해보자. 당신은 그동안 조심스럽게 투자하기도 하고 저축하기도 해서 호화롭지는 않아도 편안하게 살기에 충분한 돈을 모았다. 당신은 주식 중개인으로부터 확실한 건수가 있다는 전화를 받는다. 내일 아침에 어떤 주식이 공개되는데 1년 안에 두 배로 뛸 것이 보장된단다. 남긴 돈으로 당신은 1등석을 타고 날아가 그 여름을 산속 오두막에서 보내게 될 거란다. 당신은 그에게 그 보장이 얼마나 확실한지 묻는다. 그는 말한다. "저희 회사에서 100퍼센트 보장하고 런던의 로이드 은행이 뒤를 받치고 있는 걸요. 잘못될 확률은 제로예요." 이 각본을 가지고, 당신은 저축한 전액을 투자하기로 결심한다.

만일 중개인이 이렇게 말한다면, 당신은 얼마를 투자하겠는가? "성공할 가능성은 99.999퍼센트예요. 거의 확실한 거지만, 절대적인 보장이란 없죠." 당신에게는 위험을 감수하는 유전자가 있는 반면, 배우자는 훨씬 더 보수적이라서 빙고 게임에서 1달러를 잃는 것에도 안달을 한다고 가정하자. 잃는 것의 부정적인 면도 당신을 괴롭히지 않을지 모른다. 당신은 일이 즐겁고, 그러니 계속해도 개의치 않을 것이다. 당신은 역동감을 끔찍이 좋아하므로, 그 주식에 올라타고 매순간 빙글빙글 도는 기분을 즐길 것이다. 한편 당신의 아내는 일에 진절머리가 나서 한시라도 빨리 전문대학에서 수채화 수업을 시작하고 싶다. 당신 둘은 얼마를 투자할지 정하지 못한다. 당신은 중개인에게 다시 전화를 걸어 그에게 자문을 구한다.

조금이라도 확실하지 않고 다른 사람의 인생과 관련되는 결정에는 예상한 결과와 예기치 못한 결과 둘 다로 이어지는 피할 수 없는 도덕적 차원이 있다. 99.999퍼센트 보장은 100퍼센트 보장보다 단지 10만분의 1 덜 확실한 것이 아니다. 그것은 '거의 확실한'이나 '확실한 것과 거의 똑같은'이 아니다. 그것은 반대 결과가 나올 가능성이 전혀 없는 것과 요원하긴 해도 개인적으로 또 재정적으로 파산할 가능성이 있는 것의 차이다. 중개인에게는 그 차이를 설명할 의무가 있고, 부부에게도 이 차이를 이해할 의무가 있다. 그들이 통계를 혐오하든 말든, 그들은 확실한 것과 가능성이 높은 것의 기본적인 차이를 이해할 필요가 있다.

이 도덕적 의무는, 구체적으로 언급되지는 않더라도 확실성이 암암리에 내재하는 여러 의견들로도 연장된다. 가장 좋은 예는 예측이다. 캘리포니아 대학교 버클리 캠퍼스의 교수로서 맥아더상을 수상한 한 과학자는 최근에 "2100년이 되면 지구 상에는 사람들이 백억 명이 될 것이고, 에너지 절약 기술의 발전이 계속된다면 모든 사람들이 편안하게 살 수 있다"고 주장했다.[25] 그 말은 무해하게 들린다. 한 연구 과학자가 에너지 절약 기술의 발전 가능성에 관한 자신의 의견을 표현하고 있을 뿐인 것이다. 하지만 가능성이 높은 것과 의심의 여지가 없는 것에는 엄청난 차이가 있다. 만일 그 교수의 계산이 틀렸다면, 그 결과는 파국적일 수 있다. 그가 이렇게 말했다면 그의 주장은 얼마나 달라질까? "나의 계산에 따르면, 2100년이 되면 지구가 백억 명의 사람들을 편안하게 수용할 능력이 있을 가능성이 상당히 높다. 하지만 내가 틀려서 나의 계산이 인구 계획에서의 심각한 실수를 초래할 수 있는 확률도 약간 있다."

블랙 잭(카드의 합이 21점 또는 21점에 가장 가까운 사람이 이기는 게임-옮긴이)이 될 확률이나 동전이 앞 또는 뒤가 나올 확률처럼 단순한 상황의 경우, 우리는 정확한 가능성을 계산할 수 있다. 하지만 복잡한 사고의 오류 가능성을 알려주는 그런 계산은 없다. 철저한 조사와 무자비한 내적 성찰이 이 계산 능력을 높이지 못하는 것은, 구체적으로 고릴라를 찾지 않으면서 농구 비디오에 더 열심히 집중한다고 해서 고릴라를 볼 가능성을 높일 수 없는 것과 마찬가지다. 예기치 않은 결과가 일어날 확률은 계산할 수 없다.

고릴라를 보지 못하는 것이 파국적 기후 변화 가능성에 대한 전적인 부정으로 이어지는 예가 여기 있다. 캐나다의 한 지질학 교수가 말한 내용을 인용한다. "나는 실제로 물의 순환을 일으키는 데 요구되는 담수의 양을 무너뜨릴 만한 메커니즘을 볼 수 없다. 내가 아는 한, 기후 변화와 지구 온난화 때문에 물의 순환이 증가했다고 해서 그 양이 줄지는 않는다."[26] 그는 결론짓는다. "지구 온난화는 새로운 빙하기의 습격으로 이어지지 않을 것이라고 안심하고 말해도 된다."[27]

"메커니즘을 볼 수 없다"라는 말은 고릴라가 보이지 않는다는 말과 유사하다. "안심하고 결론지어도 된다"라는 말은 100퍼센트 보장과 도덕적으로 대등하다. "에너지 절약 기술의 발전이 계속된다면 모든 사람들이 편안하게 살 수 있다"라는 말도 마찬가지다.

마음이 자체를 평가하는 능력의 한계를 깨닫기만 해도 우리가 빛바랜 확실성의 관념을 없애기에 충분할 것이 틀림없지만, 그렇다고 해서 우리가 탈근대적 허무주의의 울화 속에 망연자실해야 한다는 뜻은 아니다. 우리는 이루어질 수 없는 이상화된 목표들을 즐긴다. 나는 이성과 객관성의 한계를 비판하는 와중에, 적절하게 수행되는 과학적 연구들 역시 우리에게 무언가가 맞을 가능성이 높은 때는 언제인가에 관해 썩 괜찮은 발상을 내놓지 않는다는 암시를 주고 싶지 않다. 나에게 **썩 괜찮은**pretty good이란 **어느 쪽이냐 하면 아마도**more likely than not와 **합당한 의심을 넘어**beyond a reasonable doubt의 사이 어딘가에 떨어지지만, 그래도 완전한 객관성에 대한 믿음에서 일어나는 함정은 피하는 언어적 통계량이다.

ON BEING CERTAIN

신앙

환영한다, 드디어 올 곳에 왔다

이성과 합리성에 관한 모든 논의는 결국 우리가 알 수 있는 대상 대 우리가 신앙을 가지는 대상으로 귀결된다. 하지만 신앙에 대한 논의는 어떤 것이든 우리가 인생의 목적을 어떻게 정하는가 하는 문제와 긴밀하게 연관되어 있다.[1] 지금쯤이면 깊이 느껴지는 목적과 의미라는 것이 정확히 그것, 즉 심오한 정신적 감각들이라는 것이 명백해졌을 것이다. 이 감각들을 일으키는 바탕의 뇌 기제들은 알려져 있지 않지만, 가장 큰 단서는 '신비적' 순간을 겪어본 사람들에게서 온다. 그러한 순간에 대한 묘사들의 공통된 줄거리는 '순수한 의미의 홍수'나 설명할 수는 없지만 인생이 무엇인지를 **안다는 느낌**이, 이 느낌에 앞서 이를 촉발하는 사고가 있었다는 자각 **없이** 갑자기 예기치 않게 등장한다는 것이다. **신앙**이라는 단어를 사용해서 "이제 내가 왜 여기 있는지를 알겠어" 또는 "이것이 궁극적인 목적인 게 틀림없어"와 같은 느낌들을 묘사하는 것이 적절하든 그렇지 않든, **안다는 느낌, 신앙심, 목적과 의미**의 느낌들에 공통되는 성질들을 간과하는 것은 불가능하다. 모두 다 가장 기본적인 사고 수준에서 동기로도 작용하고 보상으로도 작용한다. 모두 느껴지는 지식, 즉 지식처럼 느껴지는 정신적 감각이라는 제임스의 발상에 해당한다. (이 본능적인 **신앙심**sense of faith을, 의식되지만 실증되지 않은 관념들, 즉 종교, 외계인 납치, 블루베리가 알츠하이머를 예방한다는 설, 우주의 나이가 6천 살밖에 되지 않았다는 믿음처럼 신앙의 품목이 되는 관념들의 인지적 모음집과 혼동해서는 안 된다.)

두 번째 계열의 증거는 그 느낌이 존재하는 때에 대한 묘사에서 나온다. 우리는 목적과 의미를 느끼는 때를 반드시 자각하는 것은 아니면서도, 그것을 소유하지 않고 있을 때의 역겨운 느낌은 거의 항상 자각한다. 이것은 머리로 하는 오해가 아니라, 개인적으로 방향을 잘못 잡고 있거나 잃어버렸다는 직감이다. 맹목적인 정신적 노력과 자신을 격려하는 연설로 이 잃어버린 느낌에 다시 불을 지필 수 있는 일은 드물다. 우리들 대부분은 그냥 인내심을 갖고 기다린다. 과거의 경험으로 보아, 그 느낌은 자기 기분이 내킬 때 돌아올 것이다. 목적의식이 사라진 것은 평생의 동반자가 혼자서 일시적으로 길을 잃고 헤맨 것과도 같다. 머리로 아는 목적과 느껴지는 목적의 이러한 분리가 과학 대 종교 논쟁의 핵심에 있는 오해들을 푸는 데 너무도 결정적이기 때문에, 나는 톨스토이가 50대에 홀연히 찾아든 자신의 우울증에 대해 간명하게 묘사한 글을 제시하고 싶다. 과학과 이성은 개인적인 의미감을 제공할 능력이 없다는 그의 결론이 특히 흥미롭다.

톨스토이와 절망의 생물학

나는 평생 항상 의지해왔던 무언가가 내 안에서 무너졌음을, 내가 매달릴 것이 아무것도 남아 있지 않음을, 사실상 내 삶이 멈추어버렸음을 느꼈다. 저항할 수 없는 힘이 내게 그런 존재는 제거하라고 강요했다……. 그것은 내가 예전에 가졌던 살려는 열망과도 같은 힘이었으나, 다만 나를 반대 방향으로 몰아쳤다.

이 모든 것은 바깥에서 진행되는 상황들에 관한 한, 내가 완전히 행복했어야 마땅할 시기에 일어났다. 나에게는 나를 사랑하고 내가 사랑하는 훌륭한 아내가 있었고, 훌륭한 아이들과 많은 재산이 있었다……. 친척들로부터 존경도 받고 있었고……, 낯선 이들의 찬사도 분에 넘치도록 받고 있었다. 게다가, 나는 미친 것도 아니고 병든 것도 아니었다. 반대로, 나는 체력과 정신력을 소유하고 있었고, 그것은 내

나이의 사람들에게서 만나본 적이 거의 없는 드문 것이었다.

그럼에도 불구하고 나는 내 삶의 어떤 행위에도 합당한 의미를 부여할 수 없었다……. 나는 인간이 획득한 지식의 모든 가지들에서 설명을 구했다……. 길을 잃고 스스로를 구하려 애쓰는 사람처럼 설명을 구했지만, 나는 아무것도 찾지 못했다. 그에 더해 나는 신념을 갖게 되었다. 나보다 앞서 과학에서 답을 구하려 했던 모든 사람들 역시 아무것도 찾지 못했음이 틀림없었다. 뿐만 아니라, 나를 절망으로 이끈 바로 그것, 즉 무의미한 인생의 부조리만이 인간이 접근할 수 있는 유일하게 명백한 지식임을 그들도 깨달았음이 틀림없었다.[2]

오늘날 대부분의 정신과 의사들은 톨스토이의 경험에 우울증의 반응이라는 꼬리표를 달 것이다. 심각한 임상적 우울증의 표식들 중 하나가 바로 의미감과 목적의식의 감소나 부재다. 의사들은 대부분 바탕의 신경전달물질 불균형을 의심하고 프로작이나 졸로프트 같은 선택적 세로토닌 재흡수 억제제를 처방할 것이다. **'하늘은 스스로 돕는 자를 돕는다'**라는 노먼 빈센트 필Norman Vincent Peale 식의 테이프를 들으라거나 '입술을 앙다무는' 영국식 접근법을 제안하는 사람은 드물 것이다. 우리가 우울증에 빠진 환자에게 '극복해'라고 을러대지 않는 이유는 뇌 화학의 탈선이 어떤 식으로든 의미감의 상실을 일으킨다는 사실을 기꺼이 인정하기 때문이다. 하지만 목적의식과 의미감이 있을 때, 그것은 대개 신경 기제들이 적절하게 작용하는 데서 일어나는 것으로 묘사되지 않는다. 대신 목적과 의미는 형이상학적이거나 종교적인 용어로 논의된다. (굳이 말하라면, 나는 우리들 대부분이 목적과 의미를 의식적인 선택이라고 여기거나 최소한 거기에 주요한 수의적 요소가 있다고 여기지 않을까 생각한다.)

목적과 의미의 느낌들이 우리의 의식적 통제권 안에 들어 있다는 믿음을 버리고 그것들을 **안다는 느낌**과 밀접하게 연관된 불수의적인 정신적 감각으로 보면, 우리는 과학과 종교 사이의 갈등을 다시 생각해보게 할지도 모르는 강력한 도구를 가지게 된다.

주의 : 전방에 해체 구역이 있음

이성주의 과학자 입장의 본보기로, 나는 이 입장을 가장 설득력 있고 가차 없이 대변하는 옥스퍼드 대학의 교수 리처드 도킨스 Richard Dawkins를 택했다. 인용되는 그의 가장 유명한 두 문구가, 종교인이 될 것인가 말 것인가를 우리가 이성적으로 선택할 수 있다는 믿음의 문제를 한 눈에 예증한다. "신앙은 대단한 구실, 즉 증거를 생각하고 평가할 필요에서 벗어나기 위한 대단한 핑계다. 신앙이란 증거가 없음에도 불구하고, 심지어 어쩌면 증거가 없기 때문에 존재하는 믿음이다." 그리고 "당신이 자신의 관점을 정당화할 수 있다면, 나는 그것을 존중하겠다. 하지만 만일 당신이 오로지 당신에게 그에 대한 신앙이 있다는 말로 당신의 관점을 정당화한다면, 나는 그것을 존중하지 않을 것이다."[3]

코브라의 독을 주입하는 것이 다발성 경화증의 확실한 치료법이라는 추천의 글을 읽을 때, 또는 누군가 배반포(수정란이 일정한 세포분열을 끝내고 속이 빈 단계의 배 - 옮긴이)에 영혼이 있다고 주장하는 것을 들을 때, 나는 묻고 싶은 강력한 충동을 느낀다. "증거는 어디에 있나요?" 테러리스트들이 비행기를 타고 세계무역센터를 들이박을 때, 나는 젊은이들의 마음을 뒤엎을 수 있는 종교의 힘에 소름이 끼쳤다. 우리 시대의 압도적인 공포들 가운데 하나가 바로 과도한 믿음이 문명을 파괴할지 모른다는 두려움이다. 그러므로 얼핏 보기에, 신앙을 기반으로 한 논증에 대한 도킨스의 비판은 전적으로 옳다. 하지만 우리가 그의 충고를 따르고도 여전히 내일 아침에 일어날 수 있을까? 어떤 신앙심 없이도 의미감과 목적의식을 가지는 것이 가능할까?

리처드 도킨스는 자신이 어떤 의미의 요소 없이는 살 수 없다는 것을 솔직하게 시인한다. "사람들은 나에게 말한다. 모든 것이 그토록 싸늘하고 공허하고 무의미하다면 당신은 살아 있다는 것을 어떻게 견딜 수 있는가? 글쎄, 학문적인 수준에서는 모든 것이 실제로 그러하다고 생각하지만, 그렇다고 해서 당신의 삶도 그렇게 살 수 있다는 뜻은 아니다." 그의 해답은 그가 폭로하는 데 평생을 바쳐온 문제로 곧장 뛰어든다. 그는 말을 잇는다. "한 가지 대답이라면 나는 세상이 왜 존재하는지, 내가 왜 존재하는지를 이해하도록 허락되었다는 특권을 느끼며, 그것을 다른 사람들과 공유하고 싶다는 것이다."[4]

도킨스는 자신이 가진 내적 성찰과 자기평가의 힘을 믿을 뿐만 아니라, 또한 세계와 우리가 존재하는 이유를 정신적으로 이해할 능력이 자신에게 있다는 자율적인 이성적 마음의 신화를 믿는다. 이는 또 한 가지 신앙의 작용, 즉 우주의 물리적 법칙에 대한 완전한 지식을 소유하면 그것이 우리가 여기 있는 이유를 말해줄 것이라는 믿음과 결합된다. 물리적 속성들을 지적으로 이해해서 주관적인 형이상학적 진실들을 밝힐 수 있다는 것은 비범한 제안이다. 우리가 왜 존재하는가는 개인적 의견과 사변의 문제이지, 과학적으로 탐구할 질문이 아니다. 추가되는 더욱더 기본적인 문제는 도킨스가, 우리가 여기 있는 이유를 이해하는 것이 목적과 동의어라고, 아니면 최소한 그것이 목적의식과 의미감을 촉발할 것이라고 가정한다는 점이다. 하지만 톨스토이가 우리에게 너무도 우아하게 상기시키듯이, 이성이 반드시 의미감을 불러일으킬 수 있는 것은 아니다. 도킨스는 심지어 자신이 비판하고 있는 종교의 언어를 비켜갈 능력도 없다. **'허락되었다**allowed'는 표현은 이 특권을 수여할 수 있는 더 높은 권능의 존재를 암시한다. 하지만 더 높은 권능이 없다면 누가 이 특권을 수여하고 있을까? 도킨스는 자칭 무신론자이므로, 나는 그가 가리키고 있는 것이 이 이해 능력을 가진 전능한 이성적 마음이라고 추정한다. 본질적으로, 도킨스는 그가 자신의 존재 이유를 이해하도록 허락해줄 이성적인 마음을 신으로 모시고 있는 것이다.

도킨스는 이성주의자의 진퇴양난을 간편하게 예증한다. 세상은 지향하는 것이 없다고 지적으로 결론을 내려놓고 어떻게 개인적인 목적의식을 똑똑히 말할 수 있는가? 우리의 지향 없음을 가리키는 일의 목적은 무엇인가? 목적 없음을 이해하는 것에서 목적을 찾는다는 것은 무슨 뜻인가? 다시 한 번 우리는 도킨스의 지적인 목적(세상은 지향하는 것이 없음을 다른 사람들에게 보여주겠다)의 감각과 정신적인 목적(신앙이 불합리하다는 것을 다른 사람들에게 보여주겠다)의 감각 사이에서 벌어지는 갈등으로 돌아와 있다. 이 느껴지는 목적의 강도를 이해하려면, 도킨스의 약력과 연설 일정을 검색해보라. 신자들에게 그들이 지닌 신념의 어리석음을 설득하려는 복음주의에 가까운 그의 노력은 이교도를 개종시키는 것을 자신의 의무라고 느끼는 선교사들의 열성과 맞먹는다.

과학 – 종교 논쟁에는 기본적인 문제가 있다. 목적의식은 필수적이고 불수의적인 정신적 감각임에도 불구하고, 오로지 감각만으로써 이해하기는 쉽지 않다는 점이다. "나에게는 목적의식이 있지만 그게 뭔지는 몰라"라고 말하는 것은 옳게 느껴지지 않는다. 목적과 의미에 관해 생각하려면, 거기에 이름표를 붙여야 한다. 우리가 자생적으로 일어나는 느낌들에 단어를 붙이는 것은 그 느낌들을 더 큰 세계관으로 통합하기 위해서다. 우리가 그러한 언어를 사용하지 않는다면, 목적을 표현하는 일은 불가능하지는 않더라도 어려울 것이다. 이것이 의심스럽다면, 감사, 의무, 도덕적 책임, 또는 미지의 것들을 더 많이 이해할 필요를 표현하지 않고 당신 삶의 목적이나 의미를 언명하려고 해보라. 어떤 설명이든 그것의 바탕에는 인정되거나 추구될 필요가 있는, 우리를 넘어서는 어떤 것, 즉 전지한 신으로부터 경외심을 불러일으키는 우주의 물리적 법칙까지 함축되어 있다. 종교의 목적은 더 높은 권능을 이해하거나 그것에 귀의하는 방향으로 나아가는 것이라 묘사할 수 있을 것이다. 과학의 목적은 우주적 신비의 본질을 이해하는 방향으로 나아가는 것이라 묘사할 수 있을 것이다.

우리가 만일 깊이 느껴지는 목적의식이 배고픔이나 목마름만큼 필수적이라는 것을, 다시 말해 과학도 종교도 모두 생존과 항상성을 위해 누구에게나 꼭 필요하다는 것을 인정한다면, 과학 – 종교 논쟁은 얼마나 달라지겠는가. 이 감각을 우리가 어떻게 표현하느냐는 개인적 취향과 선호의 문제다. 어떤 사람은 목이 마르면 이온음료를 찾고, 어떤 사람은 샴페인을 선택한다. 어떤 선택도 엄격하게 '합당'하지 않다. 한밤중에 피클이나 아이스크림이 간절히 먹고 싶은 것은 별스러운 믿음 체계가 아니다. 그것은 임신이라는 조건을 담고 있는 숨겨진 층의 계산이다. 그러한 얼핏 이상한 취향이 생물학에 뿌리를 두고 있을 수 있다는 것을 이해해야만 우리는 아내가 정상이 아니라는 생각을 하지 않고, 새벽 세 시에 일어나 동네 편의점으로 터벅터벅 걸음을 옮길 수 있다.

목적의식을 숨겨진 층 안의 강력한 위원이라고 상상해보라. 그 위원은 모든 입력을 조심스럽게 저울질해서, **옳게 느껴지는** 경험이나 발상들의 비중은 높게 책정하는 반면, **잘못되고 낯설거나 비현실적으로 느껴지는** 것들의 비중은 낮게 책정하고 있다. 이성적인 논증이 달성할 수 있는 최선은 이 인지적 영역 안에 한 덩어리의 정보를 더 입력하는 것이다. 그것이 충분히 깊이 어우러지면, 의견에 변화가 일어날 것이다. 하지만 이것은 낮은 확률의 힘든 전투이다. 제아무리 최고의 논증이라도 그것은 우리의 의식적 통제 밖에서 작용하는, 평생 동안 획득한 경험 및 생물학적 성향들과 경쟁하는 하나의 입력일 뿐이다. 이성적으로 훌륭하게 추론된 논증이 개인적인 목적의 표현을 쉽게 바꿀 것으로 기대하는 것은 믿음의 생물학을 오해하는 것이다. 과학과 종교 사이에 어떤 화해가 있으려면, 양편이 모두 이 기본적인 한계를 인정해야 한다.

목적을 생각하면, 갓 태어난 딸의 이름을 짓고 있는 부모가 떠오른다. 선택이 내려지기 전에, 이름 없는 아이는 누구라도 될 수 있을 것이다. 아이의 존재에서 필수적인 한 측면이 아직 공표되지 않았기 때문이다. 앨리스라 이름 지어진 뒤, 아기는 이제 다른 어떤 아이도 아닌 존재로서 정체가 확인되며, 선택되지 않은 모든 이름들과 구별된다. 아기는 이제 다른 누군가가 아닌 앨리스다. 목적역시 이름은 없지만 필수적인 정신적 상태로 출발한다. 하지만, 결국 누군가의 체질과 경험에 의존하는 다양한 이름표와 명분들을 통해 표현된다.

도킨스가 언명한 목적은 세상이 어떻게 똑딱거리는지를 발견하는 것이다. 스티븐 호킹Stephen Hawking은 언젠가 말했다. "나의 목표는 간단하다. 우주를 완전히 이해하는 것이다. 어째서 우주가 지금과 같은지, 도대체 우주가 왜 존재하는지."[5] 나는 두 남자가 모두 목적의식을 강하게 느끼며 그 감각에 이성적인 마음과 그것의 무한한 능력에 대한 믿음을 접목시키고 있는 것이 아닌가 생각한다. 유전적 소인, 배경, 경험, 주관적인 자기평가가 다른 사람들은 똑같은 기본적 정신적 감각을 신의 존재를 뒷받침하는 증거로 해석할 것이다. 과학을 택하든 종교를 택하든 또는 둘 다를 택하든, 우리는 우리 자신에게 우리 자신과 우리가 사는 세계에 관한 이야기를 하고 있다. 언명되는 목적이란 개인의 숨겨진 층을 기반으로 하는 이야기다. 이성적으로 추론한 논증이 아닌 것이다.

본능적인 의미감에 대한 개인의 해석이 사고에서 가장 신경적인 것으로 보이는 측면들인 순수한 숫자들에 어떻게 영향을 미치는지 보기 위해 지적 설계 이론의 핵심 가정들 가운데 하나를 살펴보자.

폴 데이비스Paul Davies가 2003년에 쓴 논문에서 인용한 다음 글을 살펴보라. 케임브리지 대학 출신의 물리학자인 폴 데이비스는 오스트레일리아 남부에 있는 아델라이드 대학교에서 자연철학 교수를 지냈고, 1995년에는 과학과 종교의 대화를 진전시킨 공로로 템플턴상을 수상한 인물이다.[6]

　　대수롭지 않은 숫자의 변화에도 매우 민감한 것이 분명한 우주의 현재 구조는 다소 조심스럽게 고안되었다는 인상을 떨치기 힘들다. 물론 그러한 결론은 단지 주관적인 것일 수 있다. 결국 그것은 믿음의 문제로 귀결된다……. 자연이 그것의 기본 상수들에 할당한 수치들의 기적처럼 보이는 일치들은 우주적 설계의 한 요소를 뒷받침하는 가장 설득력 있는 증거로 남을 것이 틀림없다.[7]

　　데이비스는 자신의 결론들이 믿음의 문제로 귀결된다는 것을 인정하지만, '수치들의 기적처럼 보이는 일치'에 대한 자신의 주관적인 해석을 설득력 있는 증거라 부른다. 매우 존경받는 이론 물리학자인 데이비스는 어떤 숫자와 결부되는 가치란 증거가 아니라 주관적인 해석이라는 것을 알고 있다. 3.14라는 숫자가 반드시 π를 상징하는 것은 아니다. 그것은 그냥 마찬가지로 쉽게, 플러시 (포커에서, 숫자와 상관없이 똑같은 모양의 카드를 5장 잡았을 때를 이르는 말-옮긴이)가 될 확률이나 컴퓨터 스크린세이버의 최근 버전, 또는 피자 값을 지불하고 남은 잔돈이 될 수도 있다. 단순히 숫자를 보는 것으로는 아무것도 추론할 수 없다. 의미나 목적은 특히 그렇다. 복권에 당첨될 확률이 10억 분의 1이라면, 우리가 복권에 당첨 되었다 해도 어째서 그럴 수 있었는지에 관해서는 아무것도 알 수 없다. 행운, 우연의 일치, 기적이나 신의 개입에 관한 논의는 전부 낮은 확률의 사건에 대한 어떤 사람의 개인적 관점과 맞물려 있다. 그럼에도 불구하고 데이비스에게 있어서 우주가 설계되었음을 뒷받침하는 가장 설득력 있는 증거는 낮은 확률의 사건들이 저절로 일어나지는 않는다는 그의 믿음에서 나온다.

차이라면, 이성주의자와 회의주의자는 우연의 일치를 우발 사건의 비개연성과 무관한 것으로 본다는 점이다. 더 높은 권능을 믿는 쪽으로 치우친 사람들에게는 우연의 일치가 기적을 뒷받침하는 증거가 되는 유한한 시점으로 보인다. 어떤 면에서, 이는 놀라운 일이 아니다. 우리는 대부분 숫자와 나름의 개인적 관계를 맺는다. 복권을 샀다가 날려도 우리는 의미 없는 우주의 희생자라고 생각하지 않는다. 우리는 확률이 당첨과 적대관계라는 것을 아무 문제없이 받아들인다. 하지만 당첨되면, 흔히 '나만 뽑혔다'거나 '선택되었다'는 어떤 의식을 느낀다. 당첨자는 자신을 당첨되지 않은 사람들과 다르게 볼 것이다. 동네를 휩쓸고 있는 감기로 앓아누우면 당신은 자신을 희생자로 생각하지 않는다. 하지만 희귀병에 걸리면, '왜 나인가?'라고 묻지 않을 수 없다. 우리에게는 예기치 않은 것과 그럴법하지 않은 것들을 자신의 세계관에 따라 특징지으려는 타고난 성향이 있다.

유사한 문제가 무질서randomness, 즉 과학과 종교 사이에서 발목을 거는 또 하나의 주요한 논점의 해석을 성가시게 따라다닌다. 귀결되는 논의에는 노벨상 수상자 스티븐 와인버그Steven Weinberg의 『최초의 3분The First Three Minutes』에서 인용되는 유명한 문구가 포함된다. "우주를 이해하면 할수록, 더욱 무의미한 것처럼 보인다."[8] 바탕에 깔린 가정은 우리가 목적의 존재나 부재를 우주가 무질서한 방식으로 진화했는가의 여부를 토대로 결정할 수 있다는 것이다. 무질서하다는 것은 하나의 관찰 결과이지, 더 높은 질서에 의해 설계되지 않았다는 증거가 아니다. 내가 정원을 정글처럼 보이게 꾸미고 싶다면, 가능성을 최고로 높이는 방법은 초목들이 온통 서로를 휘감고 다니도록 내버려두는 것이다. 그 정원은 혼돈 자체로 보이겠지만, 내가 의도한 것이다. 어쩌면 우리는 잘 설계된 부질없는 실험 자체인지도 모른다.

우리가 목적과 무의미함의 차이를 이성적으로 판단할 수 있다는 믿음은 목적의 본성을 오해하는 데서 생겨난다. 우리가 가진 뇌는 모호함을 억누르고 일반화를 추구하는 방법으로 학습한다는 사실이 우리의 부담을 가중시킨다. 이 뇌의 선호가 그 자체의 정신 상태, 즉 모호한 상황에 답이 **있어야만 한다**는 불편한 느낌을 생산해서 우리를 들쑤신다. 나는 이 느낌이 과학 - 종교 논쟁의 원동력이 아닌가 생각한다. 우리가 여기 있는 이유를 알 수 없다는 증거가 얼마나 강력하든, 우리는 계속해서 답을 찾는다. 이 의문들이 모순되는 뇌 기능에서 비롯되는 역설들에서 일어날 때조차, 우리는 그 문제를 틀림없이 해결할 수 있을 것이라고 **느낀다**. 그 결과로 우리는 아무 패턴도 존재하지 않는 곳에서 패턴을 보고, 패턴이 존재할지도 모르는 곳에서 패턴을 보지 못한다. 범주화하려는 우리의 충동과 종교를 지향하는 내재적 성향을 합쳐보면, 우리가 가능성 낮은 사건들 속에서 우연의 일치가 아니라 더 높은 목적을 보게 되는 것도 놀라운 일이 아니다. 역으로, 타고난 회의주의자로 영적 성향이 없는 사람은 모든 것이 무질서하고 따라서 무의미하다는 선언을 두둔할 가능성이 높다.

이 논의들이 단순히 학문적인 의견 차이라면, 아무래도 상관없는 몽상이라고 무시할 수도 있을 것이다. 하지만 그러한 논의들이 주요한 사회적 결정들을 위한 기초를 형성한다. 조지 부시의 생물 윤리학 자문위원회 의장인 의학박사 리온 카스Leon Kass의 말을 들어보라.

한편 우리는 시체 해부, 장기 이식, 성형 수술, 장기 매매, 인공 수정, 대리모, 성전환 수술, '맞춤형' 아이, '사기 신체에 대한 권리', 성적 자유, 기타 우리의 독립성과 자율성을 고집하는 관습과 믿음들을 가지고, 갈수록 전적으로 지금 여기를 위해 살면서, 우리가 할 수 있는 모든 것을 우리 의지 아래 종속시키고, 신체적 삶의 본질과 의미는 거의 존중하지 않는다.[9]

카스는 '신체적 삶의 본질과 의미'를 아는 자신의 능력이, 다른 믿음들이 타당할 가능성을 배제할 만큼 절대적이라는 신념을 갖고 있다. 이 신앙 기반의 투지를 토대로, 카스는 부시 정부가 줄기세포 연구 확대를 반대하는 데 보탬이 되었다.

과학 – 종교 논쟁은 사라질 수 없다. 그것은 생물학에 뿌리를 두고 있기 때문이다. 설사 우리가 종교에 관한 모든 논의를 금지하고, 모든 종교 서적을 불태우고, 심지어 종교나 신앙과 관련된 모든 단어들을 사전에서 없애버리더라도, 종교적 느낌만은 제거할 수 없을 것이다. 자아감이란 더 단순한 신경 구조들에서 일어나는 창발적 현상임을 아는 것으로는, 신학자와 철학자들이 해결할 가망이 없는 쟁점들을 토론하는 것을 막지 못하며, 앞으로도 막지 못할 것이다. 전갈이 쏘는 것을 막아보라. 우리는 종교, 내세, 영혼, 더 높은 권능, 영감, 목적, 이유, 객관성, 무의미, 무질서에 관해 이야기한다. 우리도 우리 자신을 어쩔 수 없다.

만일 과학이 우리들 대부분에게 지나치게 복잡하거나 종교의 마음 깊이 느껴지는 기쁨과 의미를 제공할 수 없다면, 우리가 다른 곳을 보려 하는 것은 자연스러운 일일 뿐이다. 대부분의 과학자들이 개인적으로는 자신들도 점점 더 복잡해지는 그림을 이해할 능력이 점점 더 떨어진다는 것을 시인할 것이다. 바로 옆 실험실의 연구자들도 서로가 하는 일을 이해하는 경우가 드물다. 동류에 속하지 않는 분야들을 제대로 이해하는 경우는 말할 필요도 없다. 과학에 덜 익숙한 사람들의 경우, 그 간격은 더욱더 벌어진다. 우리들 가운데 과학을 깊이 알지 못하는 사람들은 풀지 못할 수수께끼들에서 경외심을 느낄지는 몰라도, 우주의 수수께끼들이 궁극적으로 풀릴 것이라는 관념을 삶의 이유로 끌어안지는 않을 것이다. 심지어 과학자들조차도 언제나 '신념에 찬' 것은 아니다. 1993년 이래 국립인간유전체연구소 소장이었던 의학박사 프랜시스 콜린스Francis Collins는 아연실색할 만큼 돌변하여, 공공연한 무신론자에서 복음주의 기독교인으로 전향했다. PBS에서 방영된 최근 대담에서, 콜린스는 자신의 전향을 다음과 같이 설명했다.

북서부를 여행하다가, 어느 아름다운 오후에 캐스케이드 산맥을 걷고 있었습니다. 나를 둘러싼 창조의 놀라운 아름다움에 너무도 압도되어, 이렇게 느꼈지요. "나는 이 또 다른 순간에 저항할 수 없다. 이것은 내가 평생 나도 모르게 진정으로 갈망해온 어떤 것이고, 이제 '네'라고 말할 기회가 온 것이다." 그래서 '네'라고 말했습니다. 그때 저는 스물일곱이었고, 이후로도 마음속으로는 결코 아닌 적이 없었습니다. 그때가 제 생애에서 가장 중요한 순간이었습니다.[10]

"종교와 신앙에 관한 모든 것들은 불합리한 옛날의 잔재이며, 이제 과학이 만물이 실제로 어떻게 돌아가는지를 밝혀내기 시작했으니, 그것들은 더 이상 필요 없다"던 그의 이전의 믿음과, 그 반대편에 평생 깊이 들어앉아 있던 종교적 충동 사이의 고뇌를 이보다 더 간명하고 감동적으로 묘사할 수 있을지 상상하기 어렵다.

『타임Time』의 2006년 표지 기사에서는, 도킨스와 콜린스가 신의 존재를 두고 논쟁을 벌였다. 전적으로 이성에 의거한 대화였음에도 불구하고, 어느 쪽도 자신의 의견을 바꾸지는 않았다. 종교적 충동의 강력한 불수의적 본성과 종교적 느낌을 향하는 성향의 바탕에 유전적 차이가 깔려 있을 가능성을 놓고 보면, 그리 놀랄 일도 아니다. 세상에 근본주의적 믿음이 없다면(아니면 최소한 세상이 그것의 영향을 받지 않는다면) 더 좋겠지만, 과학자들이 세상을 모든 것이 무의미하고 신앙이 존중되지 않는 차갑고 황폐한 곳으로 그린다고 해서 근본주의자들이 종교를 포기하게 되는 경우는 어디에서도 볼 수 없다. 하버드 교수 리처드 르원틴Richard Lewontin의 이 성명이 종교인들을 흔들어 그들로 하여금 과학적 방법의 편에 서서 자신의 믿음을 버리게 할 것 같은가?

사람들의 머릿속에 우주에 대한 올바른 관점을 집어넣으려면, 먼저 틀린 관점을 내보내야만 한다. 사람들은 세계의 현상들에 관해, 생각하는 방식이 잘못된 결과인 터무니없는 것들을 믿는다. **문제는 그들로 하여금 세계에 대한 불합리하고 초자연적인 설명, 그들의 상상 속에만 존재하는 악마를 거부하게 하고, 사회적이고 지적인 장치, 즉 과학을 진실의 유일한 아버지로서 받아들이게 하는 것이다.**[11]

르윈틴은 이성적인 마음이 불합리한 설명을 거부할 수 있다는 실증되지 않은 믿음을 지녔을 뿐만 아니라, 인간 본성의 또 다른 근본적 측면을 무시한다. 우리는 이성의 요소가 전혀 들어 있지 않은 심오한 감정적 경험을 통해서도 학습한다. 이 다양한 형태의 지식은 평가되고, 시험되고, 옳거나 그른 것으로 판정될 수 있는 개념들이 아니다. 그것들은 '사실fact'이 아니라, 세상을 보는 방식들로서 이성과 논의를 넘어서는 것이다. 우리가 슬픔의 본질을 더 훌륭하게 (하지만 개인적으로) 감지하는 때는 기능적 MRI 스캔에서 과도하게 활동하는 내측전두영역medial frontal area을 분석할 때가 아니라, 베토벤의 후기 사중주를 들을 때이다. 우리가 인생의 희비극에 관해 더 많은 것을 느끼는 때는 태양이 결국에는 저절로 다 타버릴 것임을 배울 때가 아니라, 채플린이 연기하는 떠돌이를 볼 때다. 무의미한 것에 대하여 톨스토이가 겪는 고뇌는 그 자체가 인간의 조건을 들여다보는 깊은 창이다. 과학적 '진실'은 아니지만, 이경험들은 함축적인 끈이론string theory(만물의 최소 단위가 점 입자가아니라 '진동하는 끈'이라는 물리이론)만큼 우리의 세계관에 많은 기여를 한다. 설시 우리의 결론은 틀린디 해도(경험의 해석이 흔히 그렇듯이), 경험은 우리가 하는 것이고, 우리에게 위안을 주는 것이다. 만일 이 경험들이 종교인들에게서 어떤 감각을 촉발한다면, 빈틈없는 일련의 추론들이 이 믿음을 흔들지는 못할 것이다.

인지연구센터 소장이자 터프츠 대학교의 철학 교수인 대니얼 데넷Daniel Dennett의 말은 얼마나 설득력이 있을까?

나는 세속적이고 과학적인 전망이 옳으며 모든 사람에게 인정받을 자격이 있다는 것을 한 치도 의심하지 않는다. 우리가 지난 수천 년에 걸쳐 보아왔듯이, 미신과 종교적 교의들은 길을 내줄 수밖에 없을 것이다.[12]

세속적이고 과학적인 것들이 보편적으로 채택되어야 한다는 주장은 서로 다른 성격의 특성들이 특유의 세계관들을 만들어낸다는 신경과학의 이야기와 정면으로 충돌한다. 시인에게 묵상을 그만두고 역학에 충실한 공학자가 되라고 말해보라. 아니면 광대에게 장의사가 되는 것이 더 쓸모 있다고 조언해보라. 기본 성격이 의미와 목적의 느낌을 포함한 누군가의 관점에 영향을 미치는 방식을 보여주는 최고의 예는 아마도 매우 발달한 풍자 감각을 포함해, 해학을 이해하는 감각의 개인차일 것이다.

나에게 있어 무의미에 대한 베케트의 묘사는 유쾌하고 이상하게 기분을 고조시키는 것이기도 하다. 훌륭하게 연출된 베케트의 연극을 볼 때면 종종 나도 모르게 객석의 다른 사람들을 향해 고개를 끄덕이게 된다. 위대한 불가사의는 무의미의 해학적 제시가 어떻게 해서, 다른 사람들도 나와 똑같은 역설적 관점을 공유한다는 동지애의 느낌을 포함해, 그것만의 표현할 수 없는 깊은 의미감을

창조하는가 하는 것이다.[13]

세속적이고 과학적인 관점이 절대적으로 맞다는 데닛의 주장에는 또 다른 문제가 있다. 그 문제는 본질적인 객관성의 문제로 우리를 다시 데려간다. Salon.com과의 대담에서, 그는 질문을 받았다. "당신은 어떤 사람이 자신의 신앙을 버리고 우주에 관해 더 이성적인 진실을 탐색하면 삶이 더 나아질 거라고 말씀하시는 겁니까?"

데닛은 대답했다. "매우 좋은 질문이지만, 저는 아직 답이 있다고 주장하는 것이 아닙니다. 그게 바로 우리가 연구를 해야 하는 이유인 거죠. 연구를 해보면 사람들의 삶을 개선하는 것이 이성인지 아니면 신앙인지 알 수 있는 좋은 기회를 갖게 될 겁니다."[14]

"세속적이고 과학적인 전망이 옳다는 것을 한 치도 의심하지 않는" 누군가가 실시하는 이성 대 신앙의 연구가 얼마나 객관적일까? 그리고 신앙과 이성 어느 쪽이 우리에게 더 도움이 되는지를 어떤 종류의 연구가 결정할 수 있기는 할까? 이는 인지과학자 압 데익스터르하위스가 최고의 결정은 연구 참여자들이 가장 만족하는 결정이라 주장한 것과 같은 노선의 추론이다. 신앙이냐 이성이냐를 택하는 최후의 판관은 우리를 가장 행복하게 만들어야 할까? 아니면 우리가 죽음을 가장 의연하게 대면할 수 있게 하는 쪽을 선택해야 할까? 위안을 주는 마지막 순간의 신앙이, 이성에 근거해 회의주의자로 보낸 이전의 일생보다 더 가치가 있을까? 나는 우리에게 더 도움이 되는 것이 이성인지 종교인지를 보여줄 연구 계획을 과학적으로 타당하게 실시할 수 있다고 믿는 것보다 더 불합리한 가정 또는 더 커다란 신앙의 도약은 상상할 수 없다.

인간은 생긴 그대로이기를 거부하는 유일한 피조물이다.

— 알베르 카뮈

이 책을 쓰는 동안 나는 목적, 의미, 신의 문제와 개인적으로 고투하는 다윈의 묘사를 반복해서 들여다보았다. 자서전의 몇 구절에서,[15] 그는 이 책의 중심에 있는 많은 질문들인 신념이라는 심오한 느낌의 본성과, 정확성으로부터 우리가 알 수 있는 것의 한계까지 자세히 다루었다. 특히 고무적인 것은 그가 절망에 빠지지도 않고 절대주의 입장을 택하지도 않으면서 모순되는 충동들을 수용하려 시도했다는 점이다.

다윈은 자신의 논의를 시작하면서, 브라질 삼림의 웅대함 한가운데에 있는 동안 경험한 "승화의 느낌들"이 어떻게 그를 "신의 존재, 영혼의 불멸성에 대한 굳은 신념으로" 이끌었는지를 묘사했다. 하지만 점차 세월이 지나면서, 그러한 웅장한 장면들은 이 느낌들을 불러일으키지 못했다. 그는 이 개인적 신념의 상실을 보편적으로 빨강을 믿는 세계에서 색맹이 되는 것에 비유했다. 그는 마치 색맹처럼, 자신에게 신념이 없다는 사실은 빨강의 존재 여부와 같은 외부의 진실을 밝히는 데 아무 실마리도 던져주지 않는다는 것을 곧 깨달았다. "무엇이 실제로 존재하는가에 대한 그러한 내면의 신념과 느낌들이 그에 대한 증거만큼 무게가 있다고는 볼 수 없다."

그는 더 나아가 신념의 느낌을 내가 **신앙심**이라 칭한 다른 승화의 느낌들과 동일시했다. "웅장한 장면들이 이전에 내 안에서 흥분시키던, 그리고 신에 대한 믿음과 긴밀하게 연관되어 있던 그 마음의 상태는 흔히 승화감이라 불리는 것과 본질적으로 다르지 않았다. 그리고 이 감각의 발생이 아무리 설명하기 어렵기로서니, 그것이 신의 존재를 뒷받침하는 논증으로서 발전될 수 없는 것은, 음악에 의해 흥분되는 강력하지만 모호하고 유사한 느낌들이 그럴 수 없는 것과 마찬가지다."

다윈은 신에 대한 예전 믿음의 출처가 어떤 외부 현실과도 상관없는 정신적 감각이라는 것을 깨달을 정도로 충분히 빈틈없고 내관적이었다. 하지만 그가 우주를 해독하는 이성의 능력에 관해 조금 더 관대했던 것은 아니다. (다음 세 단락은 간략하게 편집한 것이다.)

이성과 연관되고 느낌과 연관되지 않은, 신이 존재한다는 신념의 또 다른 출처가 나에게는 훨씬 더 무게가 있다는 인상을 준다. 이 인상은 이 광대하고 멋진 우주를 맹목적 우연 또는 필연의 결과로 이해하기가 지극히 어렵거나 그보다는 불가능하다는 데에 뒤따른다. 따라서 돌아보면, 나는 인간의 것과 어느 정도 유사한 지적인 마음을 가진 제

1원인을 바라보지 않을 수 없다는 느낌이 든다. 그러니 나는 유신론자라 불릴 만하다.

이 결론은 내가 『종의 기원*Origin of Species*』을 쓸 당시 내 마음속에 강력하게 자리 잡고 있었지만, 그때 이후로 아주 서서히…… 약해져왔다. 하지만 그러자 의심이 일어난다. 나의 전적인 믿음대로라면 가장 하등한 동물이 소유하는 것과 같은 저급한 마음에서 발달해온 인간의 마음이 그토록 웅대한 결론들을 이끌어낼 때, 그 마음을 신뢰할 수 있을까? 이 결론들은 어쩌면, 우리에게 꼭 필요한 것으로 다가오지만 아마도 물려받은 경험에 의존하는 것일 뿐인 원인과 결과의 연관성에서 나오는 결과가 아닐까?

나는 그러한 심오한 문제들을 조금이라도 해명한 척할 수 없다. 만물의 시작이라는 불가사의를 우리는 풀 수 없다. 그래서 나 개인으로서는 불가지론자로 남아 있는 데 만족할 수밖에 없다.

다윈은 우주를 단순한 맹목적 우연으로 개념화하는 것이 불가능하다는 것을 인정하면서 시작했지만, 명백한 인과가 마음의 속임수에 지나지 않을 때에도 자신은 그것을 알 수 없음을 받아들이는 것으로 끝을 맺었다. 이성을 바탕으로 한 지식과 느낌을 바탕으로 한 지식 모두의 한계를 인정함으로써, 그는 움츠리지 않고 마음은 존재의 불가사의를 풀 능력이 없다는 것을 받아들였다.

다윈과 콜린스는 둘 다 자연에 몰입해 있는 동안 신비한 순간을 체험했다. 두 사람 모두에게 그 경험은 처음엔 의미심장하게 신의 존재를 가리키는 것 같았다. 콜린스는 평생 무신론자였다가 신앙심 깊은 종교인으로 전향했다. 하지만 다윈은 반대의 방침을 택했다. 아마존으로 여행을 떠날 당시 기독교인이었던 그는 곧이어 신을 체험했다는 자신의 느낌을 자기 마음의 생물학적 속임수에 지나지 않는 것으로, 심지어 물려받은 것일 수도 있다고 재해석했다. 결국 그는 기독교를 버리고 불가지론자가 되었다.

숨겨진 층 안의 개인차가 유사한 경험에 대해 그토록 다른 해석을 낳는 방식을 이보다 더 훌륭하게 묘사하라고 요구할 수는 없을 것이다. 서로 다른 유전자, 기질, 경험이 반대되는 세계관으로 이어진 것이다. 이성은 신자와 비신자 사이의 이 간극을 잇지 못할 것이다. 어떤 관념이 신앙의 느낌에서 기원하든, 혹은 순수한 이성의 결과처럼 보이든, 그 관념은 우리가 볼 수도 없고 통제할 수도 없는 개인의 숨겨진 층에서 일어난다.

실제적인 제안?

다윈의 진화론은 다윈이 자인하는 편향된 마음에서 생겨났지만, 그는 자신의 편향된 개념들을 연마해 시험 가능한 가설을 내놓았다. 150년이 지난 뒤에도, 진화론을 입증하는 증거는 압도적이다. 그럼에도 불구하고, 우리는 농구 – 고릴라 비디오를 비롯해 객관성에 내재하는 일반적 쟁점들로 예시한 것처럼, 합의라는 것도 여전히 믿지 못할 수 있다는 부담을 지고 있다. 이 문제를 해결하기 위해, 스티븐 제이 굴드는 실제적인 절충안을 내놓았다. "과학에서 '사실'이란, 만일 잠정적인 동의를 보류한다면 삐딱한 놈이 될 정도까지 확인된 것을 의미할 수 있을 뿐이다."[16]

주요 문구는 '**잠정적인 동의**'다. 우리는 객관성을 위해 열심히 노력할 수는 있어도, 냉정한 관찰의 해안에 도달할 수는 없다. 문제는 우리가 과학적 방법의 규칙을 따라 게임을 하려면, 어느 날 반대 증거가 나타나서 소중했던 이론을 뒤집을 수도 있는, 우리로서는 알 수 없는 가능성을 인정해야 한다는 것이다. 신앙을 원동력으로 하는 논증들은, 언제나 옳게 되어 있는 논박할 수 없는 신의 권위에 호소함으로써, 이런 양보를 할 필요가 없다. 이 불공정한 상황은 앞으로도 사라지지 않을 것이다. 미국인의 거의 절반이 진화에 진지하게 의문을 제기하는 한, 이 문제는 특히 중대하다. "2001년 갤럽 여론 조사에서 미국 성인의 45퍼센트가 진화론은 인간을 형상화하는 데 아무 역할도 하지 않은 것으로 믿는다고 말했다. 창조론적 관점에 따르면, 신이 인간을 완전히 형성된 상태로, 이전의 종들과는 아무 관계도 없이 만들어냈다."[17]

나아갈 방법의 선택지들이 각별히 만족스러운 것은 아니다. 진화에 대해 잠정적 동의밖에 수여할 수 없다고 인정하는 것은 대안적 설명으로 창조론이나 지적 설계가 옳을 수도 있음을 시인하는 것이다. 그렇다고 진화를 명백한 사실로 승격시키는 것은 생물학적으로 불건전한 자율성을 지니면서 이성적인 마음의 신화를 영속시키는 것이다. 그 신화는 신앙을 원동력으로 하는 논증들에 최상의 입증 도구를 제공하며, "내가 뭘 아는지는 내가 알아"라는 말로 한걸음에 상대를 궁지로 몰아넣는다.

과학이 종교와 의미 있는 대화를 나누려면, 우리가 우리 자신과 주위 세계에 관해 무엇을 알 수 있고 알 수 없는지를 쌍방이 정직하게 다루는 고른 경기장을 확립하는 것이 효과적일 것이다. 우리는 현실적인 논의를 불가능하게 만드는, 모든 것을 아는 이성적 마음의 신화를 영속시키는 데서 물러날 필요가 있다. 동시에, 신앙심, 목적의식, 의미감의 본능적 필요를 뒷받침하는 증거가 진화의 증거만큼 강력하다는 것도 인정할 필요가 있다. 그리고 불합리한 믿음들을 통해 얻을 수 있는 이득으로 위약 효과로부터 희망까지 있을 수 있다는 점도 계산에 넣어야 한다. 객관성과 이성에 대한 집착도 우리의 생물학적 필요와 제약이라는 더 큰 그림 안에서 보아야 한다.

이 대화의 목표는 개인적 희망과 의미감을 최대화하면서 부당한 개인적 태도와 사회적 정책들의 비뚤어진 효과들을 최소화하는 것이 되어야 한다. 우리는 스스로를 다그쳐 생리학적 범주의 신앙들을 따로 구분해야 한다. 진정한 목적을 가진, 의미를 추구하는 기본적인 본능적 욕구인가, 아니면 실증되지 않은 관념의 인지적 수용인가. 연민, 공감, 겸손은 우리가 지닌 공통의 욕구들이 다르게 표현된다는 것을 인식하는 데서만 일어날 수 있다.

가능하다면 과학과 종교 모두, 잠정적 사실이라는 발상을 채택하고 고수하려 애써야 한다. 일단 모든 사실들이 진행 중인 작업이 되면, 절대론은 권위를 잃을 것이다. 아무리 대단한 '증거'를 갖다 대어도, 『성경』이나 『코란』의 문자적 해석은 더 이상 유일한 가능성이 되지 않을 것이다. 뇌가 자기 생물학의 모순되는 측면들을 상쇄하는 방식을 탐색하여 상식화함으로써, 우리는 절대론을 점차 지킬 수 없는 무지의 입장으로 바꾸어갈 것이다.

우리는 잘못된 목격자 확인을 방지하기 위해 사람들에게 눈을 밖으로 쑥 내놓고 다니라고 부탁하지 않는다. 대신, 우리는 착시와 지각 심리학 과목들을 통해 지각이 꾸미는 못된 장난의 위력을 분명히 한다. 우리가 뭘 아는지를 아는 능력에 생물학적 제약이 있다는 관념에 의거하여 길러진 미래 세대들과의 대화는 얼마나 다를지 상상해보라. 내가 볼 때는, 그것이 우리의 유일한 희망이다.

ON BEING ? CERTAIN

마음에 대한 사색

우리가 우리의 사고들을 아는 것은 지각적 착각과 잘못된 지각의 지배를 받는 정신적 감각들을 통해서라는 깨달음은 나를 자극했다. 그리하여 가장 풀기 힘든 해묵은 철학 쟁점들의 일부는 우리 뇌가 일으킨 지각적 속임수를 해결하려는 시도에서 일어나는 것이 아닐까 하는 궁금증을 일으켰다. 이 상은 '모든 문제에 꼭 맞는 하나의 이론'으로 깔끔하게 마무리하려고 쓰는 것이 아니다. 나는 가장 거대한 형이상학적 수수께끼들의 일부가 어째서 모순되는 생물학의 피할 수 없는 부산물에 지나지 않을 수 있는지에 관해 생각해보고 싶다.

고전적인 예는 마주 보는 두 얼굴의 윤곽선이 꽃병으로도 보일 수 있는 착시현상이다. 그림을 응시하면 꽃병과 옆얼굴이 번갈아 나타난다. 당신은 자신의 의지로 얼굴이나 꽃병 하나만을 계속해서 보지 못한다. 전前경과 배경의 이 불안정한 교대 관계는 시각적 지각에서 같은 비중을 지닌 측면들이 지각을 놓고 줄다리기를 벌이는 결과다. 어떤 쪽일까? 두 얼굴의 윤곽일까, 아니면 꽃병일까? 우리가 자문하는 질문에는 마치 답이 있을 것처럼 느껴진다 해도 답은 없다. 그 질문에는 실제적인 의미가 없다. 그것은 숨겨진 층이 지각의 경쟁하는 측면들을 해결하려는 시도에 지나지 않는다. 얼굴이냐 꽃병이냐를 결정하는 문제는 보는 사람의 마음 바깥에는 존재하지 않는다고 말할 수 있을 것이다. 그것은 '현실 세계'의 쟁점이 아니다. 이 전경 – 배경 줄다리기를 생물학적으로 발생하는 해결할 수 없는 역설의 본보기로 간주하자.

개인 감정과 무관한 그러한 시각적 속임수의 경우, 우리는 결과적으로 답이 없다는 것에 대해 '이것은 착시'라고 스스로에게 말함으로써 어깨를 으쓱하고 말 수 있다. 상이 안정되는 만족감은 느끼지 못해도, 그것이 어째서 불가능한지를 알기에 얼굴이나 꽃병 가운데 하나를 확실하게 선택해야 한다는 압박감은 느끼지 않는다. 우리는 스스로에게 이것은 전시된 순수 생물학임을 상기시키고, 다른 생각으로 넘어간다. 하지만 개인적으로 의미 있는 관념들의 심상이 불안정한 경우에는 이렇게 하기가 훨씬 더 어렵다.

우주의 기원 또는 우주론 대 가장자리와 경계

> 태초에 어둠 말고는 아무것도 없었다. 온통 어둠과 공허뿐이었다.
> 길고 긴 시간 동안, 모여든 어둠은 마침내 거대한 덩어리가 되었다.
>
> – 애리조나 피마 인디언에게 구전되는 이야기

최근에 교체한 내 차의 뒤 범퍼는, 회색 전신주는 안개 낀 밤에 잘 보이지 않는다는 서글픈 증거다. 나는 다만 기초 신경생리학의 희생자라는 것이 나의 변명이다. 우리는 경계를 보는 것으로 형상을 판단한다. 또렷하게 대조되는 배경 없이 어떤 대상을 보는 것은 불가능하다. 똑같은 광학이 우리 마음의 눈도 지배한다. 눈을 감고 어떤 얼굴을 떠올려보라. 그 얼굴은 모종의 배경과 대비되어 보일 것이다. 배경이 애매한 색이냐 희미한 회색이나 검은색이냐와는 상관없다. 이제 완벽한 진공을 머릿속에 그려보라. 진공 안에는 아무것도 없다는 것을 내가 안다고 해도, 거기에는 여전히 '그것', 즉 무無라는 것이 있고, 그 무는 어떤 유형의 공간 안에 존재해야만 한다. 내 마음은 희미하고 텅 빈 어둠을 차려내지만, 동시에 진공은 그럴 수 없다고 나에게 말한다.[1] 텅 빈 공간을 시각적으로 추론한다는 것은 불합리하다. 무의 시각적 대응물 따위는 없다.

우주론으로 넘어가자. 대폭발을 그려보라. 다시 말해 단 하나의 무한히 밀도 높은 점이 갑자기 폭발하는 것을 그려보라. 우리는 마음의 눈으로 이 대상을 보기 위해, 이 점을 어떤 배경에 대비시킨다. 대부분의 사람들은 질문을 받으면, 희미한 어둠이 보이고 그것을 배경으로 최초 특이점의 테두리가 그려진다고 대답할 것이다. 이 경계의 문제는 공간적 고려에만 국한되지 않는다. 시간도 마찬가지로 항상 존재하는 것 또는 갑자기 시작되는 것으로 떠올리기가 불가능하다. 우리는 어떤 시작이든 그 시작 **직전에** 존재했던 것에 대비해서 본다. 가혹한 역설은, 마음의 눈이 그린 주위 공간 또는 시간 부재의 표상이 어떤 공간을 차지하고 이전의 시간을 암시한다는 것이다. 여기서 비롯되는 긴장을 해소하기 위해, 우리는 과학과 종교가 공유하는 주요 질문을 하지 않을 수 없음을 느낀다. 태초 이전에 어떤 것이든 있었다면, 과연 무엇이 있었을까?

나는 우리가 대상을 배경에 대비시키지 않아도 볼 수 있는, 지금과는 다른 시각 장치를 지녔다면, 이 질문이 어떻게 틀을 이룰까를 상상하려 애썼다. 하지만 나는 내 뇌가 꽃병 – 얼굴 간의 착각을 해결하지 못하는 것과 똑같이, 마음의 눈이 지닌 한계에 부딪혀 꼼짝도 하지 못한다. '우리가 다른 마음의 눈을 가졌다면 그 질문이 존재하기는 할까?'라는 질문은 답할 수 없는 질문이다. '태초 이전에는 무엇이 왔는가?'와 같은 질문이 우리가 보고 있는 것이 얼굴인지 아니면 꽃병인지를 결정하려는 것보다 조금이라도 더 의미가 있는지 어떤지, 우리는 알 수 없다. 그 질문이 '실제적'이라는 감조차 증거가 아니라는 것은 '실제'라는 느낌의 불수의적 본성에 관한 장에서 보고 또 보았다. (이는 이성이 신체적 감각과 분리될 수 없음을 보여주는 일례이기도 하다. 아무리 추상적인 공간의 관념도 우리의 신체적 공간 지각을 통해 걸러져야 한다. 마음의 눈 속에서는 공허도 공간을 차지한다.)

우리가 이 문제에 접근하는 방식은 우세한 문화적 태도의 영향을 받을 것이다. 만일 누군가 꽃병 – 얼굴 그림은 확실히 두 얼굴 아니면 꽃병이므로 하나를 선택해야만 한다고 말하면, 우리는 다른 하나를 누르고 하나의 상을 임의로 골라보려고 상당한 시간을 소모할 것이다. 그런 다음, 그 답이 맞다고 자신을 설득하는 작업에 들어갈 것이다. 어떤 사람들은 여전히 회의적일 것이고, 어떤 사람들은 신념을 갖게 될 것이다. 이 신념은 입증되지 않은 맹목적 신앙과 동등하다. 하지만 누군가 다른 하나를 누르고 하나를 선택할 수 없는 것이 우리 뇌 작동 방식의 작용이라고 말하면, 우리는 그 착각이 해소될 수 없다는 것을 더 쉽게 받아들일 것이다. 우리가 유리 비커 안에 반쯤 잠긴 유리 막대가 곧게 보일 것으로 기대하지 않는 이유는 굴절의 법칙을 배웠기 때문이다.

우리가 과학 편으로 기울어 있다면, 우리는 우주에 우주가 포개진, 또는 우주 전에 우주가 있는 이론들을 향해, 즉 주위 공간이 없어도 우주가 저절로 펼쳐질 수 있는 방식을 보여주는, 아마 맞겠지만 헤아릴 수는 없는 수학 방정식들 쪽으로 쏠릴 것이다.

하지만 어떤 것에도 이 내면의 정신적 긴장을 해소할 능력은 없는 것 같다. PBS 프로그램 Nova의 〈우주의 역사 History of the

Universe〉편에 나오는 다음의 묘사는 질문을 해결하기보다, 답할 수 없는 질문을 더 많이 일으킨다. "우주는 막대한 폭발로 시작되면서 공간과 시간을 낳고 우주 만물을 창조했다."[2] 『사이언티픽 아메리칸Scientific American』의 설명도 불만스럽긴 마찬가지다. "점 – 우주는 공간에 고립된 한 물체가 아니라 완전한 우주였고, 따라서 대폭발은 모든 곳에서 일어났다는 말만이 유일한 답이 될 수 있다."[3]

가장 명석한 사람들조차도 열외가 아니다. 스티븐 호킹은 말했다. "공간과 시간이 경계가 없는 닫힌 곡면을 이룰 수 있다는 생각은 또 우주의 문제에서 차지하는 신의 역할에 대해서도 깊은 관련을 가지게 된다……. 우주에 시작이 있는 한, 우리는 우주의 창조자가 있었다고 상상할 수 있다. 그러나 만약에 우주가 실제로 완전히 자급자족하고 경계나 끝이 없는 것이라면, 우주에는 시초도 끝도 없을 것이다. 우주는 그저 존재할 따름이다. 그렇다면, 창조자가 존재할 자리는 어디일까?"[4] 마음의 눈의 경계라는 이 쟁점을 한 바퀴 돌아보기 위해, 호킹은 '무경계' 상태를 상정했다. 그것은 설사 전적으로 맞더라도, 우리가 가진 마음의 눈이 작동하는 방식과는 일치하지 않는 관념이다. 우리가 원하는 것은 주위 배경을 이해하려는 데서 생기는 긴장을 해소할 손에 잡히는 해결책이지, 볼 수도 느낄 수도 없는 추상이 아니다.

과학이 해결책을 제시할 수 없다면, 대부분의 사람들은 우주의 기원 이전에 존재하던 창조자의 이론들로부터 우주를 존재하게 한 지적 설계에 이르는 다른 곳을 볼 것이다. 이 생리학적 진퇴양난을 문화적 · 역사적으로 균형 잡힌 시각으로 보기 위해, 잠깐만 인터넷을 검색하면 5백 가지도 넘는 서로 다른 창조 신화들이 모습을 드러낸다. (피마 인디언의 창조 신화와 대폭발 가설의 유사성에 주목하라.) 힘 있는 사람들로 인식되는 과학자와 종교 지도자 모두 이 우주가 어떻게 존재하게 되었는지를 우리가 알 수 있다고 주장하는 한, 우리도 유사한 유혹을 받을 것이다. 위대한 창조자로부터 지적 설계를 거쳐 무경계 우주에 이르는 여러 가설들은, 질문 자체가 뇌 생리학의 이상한 습관을 반영하는 것에 지나지 않을 때조차 답이 있다고 믿는 데서 오는 피할 수 없는 결과들이다.

역사적인 주석에는 2백 년도 더 된 것이 있으니, 임마누엘 칸트Immanuel Kant는 우리 경험의 지각을 형성하는 신체적 기제들이 우리가 직접 경험할 수 없는 현상들에 관한 우리의 사고방식도 형성할 것이라고 제안했다. 뇌란 불가사의한 기관이고 신경과학은 공상과학 소설조차도 되지 못했던 당시에, 칸트는 주요한 철학적 관심사들에 영향을 줄 뿐만 아니라 그 관심사들을 일으킬 수도 있는 뇌 기능들이 발견될 것을 예언했던 것이다.[5]

1991년 테리 비슨Terry Bisson이 지은 단편에서, 행성 간 탐험대의 로봇 사령관은 그의 전자電子 지도자에게 지구의 인간 거주자들은 '고기로 만들어졌다'고 보고한다.

"고기?"

"의심할 여지가 없습니다."

"그건 불가능하지……. 고깃덩이가 어떻게 기계가 될 수 있는가? 자네는 지금 나에게 지각이 있는 고깃덩이를 믿으라고 요구하는 것이네."

"요구하는 것이 아닙니다. 저는 전달하고 있을 뿐입니다. 이 피조물들은 그 구역에서 지각이 있는 유일한 종족이고, 고기로 만들어져 있습니다."

"나 원. 좋아, 아마 부분적으로 고깃덩이인 게지……."

"아닙니다, 저희도 그렇게 생각했습니다, 머리가 정말 고기로 되어 있는 것을 보고 나서……. 하지만 그들은 머리부터 발끝까지 고깃덩이입니다."

"뇌가 없다고?"

"아, 멀쩡한 뇌가 있습니다. 그 뇌가 고기로 만들어져 있을 뿐이죠!"

"그러니까……. 도대체 뭐가 생각을 한다는 건가?"

"이해를 못 하시는군요. 아시겠어요? 그 뇌가 생각을 한다니까요. 그 고깃덩이가요."

"생각하는 고기라니! 자네 지금 나더러 생각하는 고기를 믿으란 말인가?"

"그렇죠, 생각하는 고기! 의식하는 고기! 꿈꾸는 고기! 고기면 다 된다니까요! 이제 그림이 좀 그려지세요?"[6]

의식하고, 생각하고, 꿈꾸는 고기. 마음 없는 살덩이가 우리의 가장 귀중한 특징들을 생산한다는 이 강력한 이미지는 해묵은 질문으로 들어가기에 알맞은 도입부가 되어준다. 마음은 그것이 창조하는 기계류와 별개의 것인가? 논쟁으로 뛰어들기보다, 나는 우리가 먼저 심신 이원론의 쟁점인 얼굴 – 꽃병 착각처럼 모순되는 생물학적 세력들의 상호작용에 지나지 않는 것은 아닌지 고려해볼 것을 제의하겠다.

심신 이원론과 자아감

통증의 목적은 우리 기계의 어떤 부분이 길을 잘못 들었을 때 우리에게 알려주는 것이다. 배고픔과 목마름은 연료를 재충전하고 급수할 때를 알려준다. 이 감각들이 의미가 있으려면, 그것들은 마치 바탕이 되는 우리 몸의 신체 상태를 반영하는 것처럼 느껴져야 한다. 하지만 어떤 감각들은 신체 기능에 대한 자각과 결별하고 있을 때 우리에게 가장 훌륭하게 봉사한다. 가장 즉각적인 예는 **자아감**sense of self이다. '모든 것에는 진화적 설명이 있다'는 함정에 빠질 위험을 무릅쓰고 말하자면, 개인적인 자아감은 도덕성, 연민, 법, 목표, 더 고상한 목적, 의미(사회 질서를 위한 온갖 선결요건들)를 발달시키는 데 도움이 되었을 것이라고 쉽게 추론할 수 있다. 내가 유일무이하고 가치 있는 개인이라는 이 지각에 꼭 필요한 것은, 자아는 바탕의 '무심한' 뉴런들의 산물일 뿐이라는 느낌이 아니다.

통증이란 중뇌와 시상에 있는 통증 수용체와 통증 발생 기제들로부터 창발하는, 순수하게 주관적인 감각이라는 것을 우리는 서슴없이 인정한다. 통증에는 실체도 없고 무게도 없다. 우리는 그것을 실험실로 보내 해부학적으로 분석할 수 없다. 모든 정신적 상태와 마찬가지로, 그것은 그 자체로 존재하는 것이 아니라, 바탕에 있는 생물학적 기제들의 연장이다. 정신적인 것 대 신체적인 것과 같은 임의의 범주들은 실제 뉴런과 시냅스들의 복잡한 상호작용과 전적으로 주관적인 정신적 상태를 묘사하기에는 한심할 정도로 부적당하다. 그럼에도 불구하고, 우리는 통증의 존재에 관한 철학적 질문들에 각별히 신경을 쓰지 않는다. 우리는 부딪힌 발가락의 통증이 '실제적'이라는 것을 보통 '실재'와 연관되는 물리적 속성들 없이도 받아들인다.[7]

이 순수하게 주관적인 감각이 언제나 '있어야 할 곳'에 있지 않을 때에도 우리는 놀라지 않는다. 잠시 연관통referred pain의 문제를 생각해보라. 진화적 관점에서, 통증 경고 체계는 정확히 문제가 발생할 수 있는 장소에 있어야 한다. 발가락이 부딪혀서 생기는 통증은 당신의 주의를 즉시 발가락으로 돌리지 팔꿈치로 돌리지는 않는다. 하지만 생물학은 가끔 우리를 잘못된 방향으로 이끈다. 예를 들어, 당신은 추운 날 오르막길을 달리다가 왼쪽 팔에 심한 아픔을 느낀다. 달리기를 멈추자, 통증은 가라앉는다. 팔을 살펴보아도 팔에는 아무 이상이 없다. 팔은 자유롭게 움직이고 아프지도 않다. 다시 조깅을 시작하자, 통증이 돌아온다. 그 통증을 어떻게 해석하느냐는 당신의 교육 수준, 경험, 나이에 달려 있다. 바탕의 생리학은 몰라도, 일정한 나이의 우리들 대부분은 당장에 심장에 문제가 있다고 걱정할 것이다. 관상동맥 부전증이라고 생각할 확률이 높다.

설명은 아주 간단하다. 심장과 왼팔은 둘 다 배아의 같은 구역에서 발생한다. 팔과 심장에서 오는 감각 입력은 둘 다 척수의 같은 분절에서 처리된다. 통증 섬유에 충격이 과도하게 들어오면, 그 충격은 같은 구역이 보필하는 다른 영역에서도 느껴질 수 있으므로, 엉뚱한 위치에 **연관통**이 일어난다. 라디오와 텔레비전 공영방송 덕분에, 우리는 왼팔의 통증이 심장마비를 경고하는 증상일 수 있음을 인식한다. 운동으로 유도된 왼팔의 통증이 '정말로 거기 있는지'의 여부에 철학적으로 함축된 의미를 반추하는 대신, 우리는 119에 전화를 걸거나 가장 가까운 응급실로 향한다. 요점은 우리가 믿기지 않는 형이상학적 설명의 지지를 얻어내야 한다는 의무감을 느끼지 않고도 지각의 잘못된 지시를 극복하는 법을 배울 수 있다는 것이다. 우리는 왼팔의 통증을 탐지하거나 측정할 수는 없지만 그것이 정상적으로 기능하는 통증 경고 체계에서 내보내는 매우 실제적인 신호라는 데 만족한다.

자아감도 똑같이 이해하고 범주화해야 한다. 자아감 역시 뉴런과 시냅스들로부터 일어나는 또 하나의 주관적인 정신 상태라는 말이다. 하지만 문제가 있다. 통증은 바탕에 있는 우리 몸의 물리적 상태를 반영하는 것처럼 느껴지지만, 자아감은 그렇지 않다는 점이다.

통증과 자아감이라는 두 가지 창발 현상의 안건은 매우 다르다. 하나는 몸쪽을 가리켜 경고신호를 주자는 것이고, 다른 하나는 단순한 생물학을 넘어 그 위에 개체감을 창출하기 위해 몸으로부터 먼 쪽을 가리키자는 것이다. 개인적으로 의미감을 가지려면, 우리는 자신을 단순한 기계류나 생각하는 고깃덩이 이상으로 보아야 한다. 우주의 시점에 대폭발을 둘러쌌던 캄캄한 허공을 지각할 때처럼, 별도의 자아감은 마치 그것의 독립적인 존재를 뒷받침하는 설명이 있어야 할 것처럼 느껴진다. 그 결과는 뇌가 자아감을 만들어내는 것이 틀림없다는 지적인 앎과, 자아는 뇌와 별개라는 필연적 느낌이 대립하는 인지 부조화다. 생리학적 수준에서, 이는 자신의 심박을 느끼면서도 여전히 자신이 죽었다고 믿는 코타르 증후군 환자와 근본적으로 다르지 않다. 이를 더 넓은 시각으로 보기 위해, 현대 철학자인 존 설John Searle이 한 다음 말에 어떤 느낌이 드는지 보라. "의식 상태는 전적으로 뇌 안에서 일어나는 더 낮은 수준의 신경생리학적 과정들에서 기인한다……. 신경생물학과 무관한, 의식 상태 자체의 생명 따원 절대로 없다."[8]

수백 년 묵은 데카르트의 심신 이원론 쟁점은 당신이 위의 구절을 어떻게 지각하느냐에 맞물려 있다. 위의 말은 맞을 가능성이 지극히 높지만, 실제로 읽는 일을 하고, 바탕의 신경생리학을 몸소 아는 즐거움을 경험하거나, 당신이 이미 의심하던 무언가에 대한 확증을 찾은 것에 자부심을 느끼는 별개의 당신을 느끼지 않으면서 이 문장을 어떻게 읽을지는 상상하기 힘들다. 하지만 우리가 기계에 지나지 않는다는 것을 아는 데서 자부심을 느끼는 것이 무슨 소용인가? 우리는 목이 마르다거나 음식을 적절히 소화시킨다는 것을 자랑스러워하지 않는다. 어떤 식으로든 그것이 우리의 전체적인 성격, 지능, 지혜나 교양을 반영하지 않는다면, 이해의 즐거움이 과연 무엇이겠는가? 우리의 자아감을 고양시키지 않는다면, 당장 쓸모도 없는 이 지식을 가지는 목적은 과연 무엇이겠는가?

설이 한 말의 의미를 이해할 수 있는 유일한 길은 의식 상태의 생물학과 독립적으로 느껴지는 의식 상태를 가지는 것이다. 우리가 우리 생물학의 함정 안에 갇힌 채로는 심신 이원론 문제에서 탈출할 수 없다. 그 곤경은 우리인 누구의 일부다. 우리를 바탕의 뇌기제들에 완전히 노출시킨다고 해서 우리의 더 큰 의미 추구를 막을 수 없는 것은 대폭발 우주론Big bang theory을 이해시킨다고 해서 우주를 둘러싸는 것은 무엇인지 또는 태초 이전에는 무엇이 왔는지에 대한 궁금증을 멈출 수 없는 것과 마찬가지다. 그것은 우리의 운명이다. 우리란 집단적으로 또 개별적으로 누구인가를 포함해, 우리가 자신의 존재를 곰곰이 생각하지 않으며 존재한다는 것은 상상할 수도 없다. 우리는 화학물질의 주머니들일 뿐이다라는 대안은 결코 베스트셀러가 되지 않을 것이다.

> 모든 이론은 의지의 자유를 부정하고, 모든 경험은 그것을 옹호한다.
>
> ― 새뮤얼 존슨

정신적 감각들이 어떻게 철학적 난제들을 창출할 수 있는가를 보여주는 마지막 예를 내놓기 위해, 자유 의지를 잠깐 들여다보는 것으로 이 절을 마무리하자. 모든 소음이 거슬려서 부모에게 자기가 집에 있을 때는 텔레비전도, 라디오도, 오디오도 켜지 말라고 말하는 두 살배기 아이를 상상해보라. 마이클 머제니치의 연구가 맞는다면, 집을 예배당처럼 조용하게 만든다는 두 살배기 아이의 선택은 장래 그 아이의 청각피질 발달에 영향을 미칠 것이다. 겉보기에 수의적이고 의도적인 정신적 결정이 뇌 안에 영구적인 물리적 변화를 일으킬 것이라는 말이다. 그 두 살배기 아이가 막 싹을 틔운 철학자라면, 아이는 자기 자신을 자유 의지와 '배선' 간 접점의 살아 있는 증거로 제출할 것이다.

한편, 그러한 선택들은 아이가 자신이 선택을 했다는 것을 의식적으로 감지하기 전에 무의식에서 이루어진다고 주장하는, 광범위하지만 논쟁의 여지가 있는 일단의 신경과학 문헌들이 존재한다. (벤 리벳Ben Libet의 연구가 이 쟁점의 중심에 있으며, 연구 내용은 그의 저서인 『마음의 시간Mind Time』에 잘 정리되어 있다.)[9] 요지는 무의식적 사고가 우리의 행동을 촉발하고 의식적 설명은 거리를 두고 뒤따른다는 것이다.[10]

하지만 우리는 이미 의도와 의지를 정의하는 데 따르는 문제를 살펴보았다. **포고**의 예에서, 갑작스러운 답의 등장은 의지에 의한 것으로 느껴지지 않았지만, 무의식은 '주머니쥐의 이름 기억하기'라는 분명한 숙제를 받았었다. **포고**를 떠올린 정신적 과정을 내가 의도적인 것으로 결정하느냐 아니냐는 나의 무의식 속에서 진행되고 있는 것에 대한 기본적인 이해를 토대로 하는 것이 아니라, 그 답이 어떻게 **느껴지느냐**를 토대로 한다. 선택하는 느낌이 들지 않는 선택은 "그냥 떠올랐어"이고, 선택하는 느낌이 드는 선택은 "그래, 그것이 나의 최종 결정이야"이다. 선택하는 느낌은 바탕의 의도를 보여주는 데에는 형편없는 지표다.

급속한 운동적 움직임도 같은 문제를 제기한다. 벤 리벳이 말하듯이, "피아노와 같은 악기를 연주하려면 행위들이 무의식적으로 수행되어야 한다. 피아니스트들은 흔히 빠른 곡을 연주하는데, 이때 양손의 손가락들은 여러 반복 진행부에서 건반들을 너무도 빨리 두드리고 있어서 눈으로는 거의 따라잡을 수 없을 정도다. 그뿐만 아니라, 반복 진행마다 각각의 손가락이 정확히 건반을 때려야 한다. 그렇지만 연주자들은 각 손가락 활동의 의도를 자각하지 못한다고 보고한다. 대신, 그들은 자신의 음악적 느낌을 표현하는 데

주의를 집중하는 경향이 있다. 심지어 이 느낌들조차 무의식적으로, 그에 대한 자각이 생기기 전에 일어난다."[11]

피아니스트가 반복 진행 시에 각 건반을 때리려는 의도를 자각하지 못한다고 해서, 그가 정말로 우연히 또는 운명의 신들이 변덕을 부린 덕분에 카네기홀에서 연주하고 있는 자기 자신을 발견했다는 뜻은 아니다. 연주는 어디까지나 의도적이다. 연주를 하고 있는 동안 피아니스트가 이 의도감을 자각하지 못할 뿐이다. 이것은 놀랍지 않다. 특정한 음을 때리겠다는 의도를 의식적으로 지각하는 데에는 운동적 반응으로 그 음을 연주하는 데보다 긴 시간이 걸리기 때문이다(다가오는 야구공 예의 음악적 등가물). 이렇게 지각이 지연되는 동안, 피아니스트는 바람처럼 뒤이은 음들을 이미 연주해 버렸을 것이다. 이미 연주된 음들을 때리려는 의도를 자각한다는 것이 이해가 되지 않겠지만, 모든 음을 의식적으로 숙고한 다음에 때린다면, 우리는 맨 처음 피아노 교습을 받던 때의 수준으로 느려질 것이다. 의도의 느낌을 억압하는 것은 빠른 운동적 움직임을 위해 필수적인 선결 요건이다.

포고의 예와 피아노 연주의 예 둘 다에서, 의도감이 없다는 것은 바탕의 의도에 관해 아무것도 말해주지 않는다. 얄궂게도, 선택의 의지에 관해 우리가 어떻게 느끼느냐는 우리의 통제 너머에 있다. 이 지독한 역설에 살을 붙이기 위해, 잠시 투렛 증후군Tourette's syndrome을 살펴보자.

1965년, 캘리포니아 대학교 샌프란시스코 캠퍼스에서 있었던 소아신경학 학술회의였다. 겁먹은 15세 아시아계 소년 환자를, 이름 머리글자가 새겨진 의사복 차림의 키 크고 위엄 있는 신경과 학과장이 면담했다.

"아뇨, 선생님." 소년이 말했다. "저한테 왜 이 틱tics이 있는지 정말 몰라요." 소년은 자기 발만 내려다보았다.

"어허." 학과장은 다그쳤다. "틀림없이 뭔가 설명이 있을 텐데."

소년은 어깨를 으쓱했고, 그러자 그 움직임은 일련의 머리 흔들기, 눈 깜박임, 입술 빨기로 확대되었다. "없어요, 선생님." 소년은 여전히 눈길을 돌린 채 불쑥 대답했다.

"그러면 넌 아무 이유도 없이 그렇게 툴툴거리고 찡그린다는 말이냐?" 학과장이 쏘아보았다.

소년의 틱은 더 심해졌다. 소년은, 우리 모두가 병력을 보아서 알고 있는 소년의 주된 고충인 어떤 충동과 싸우면서, 입술을 꽉 깨물고 의견을 고수했다.

"전혀 아무 이유도 없니?" 학과장은 비꼬는 투로 재차 물었다. "모든 게 그냥 좋아, ducky(속어로 여성석인 남사를 뜻함-옮긴이)?" 학과장은 반달 모양 돋보기 아래 반쯤 미소 띤 눈으로 과열된 회의장에 빽빽이 들어찬 신경과 동료들을 돌아보았다. 곧 터지겠군, 모든 신경학자들은 생각했다. 이제 곧.

소년은 학과장에게서 청중으로 시선을 돌리고, 그런 다음 다시

학과장을 보았다. "그래, 오리다duck, 오리야, 엿 먹어fuck 오리야, 엿 먹어, 의사도 엿 먹어, 엿 먹어 당신, 의사 새끼doc……."

학과장은 환하게 웃었다, 그 폭발을 부추긴 자신의 임상적 교활함에 만족하면서.

"엿 먹어, 의사 새끼야……." 소년은 계속했다. 자신을 통제할 수 없었던 것이다.

학과장의 미소가 가시고, 얼굴이 선홍색으로 물들었다. "그만하지 못해." 말하며 학과장은 소년의 어깨를 움켜쥐었다. 소년은 멈출 수 없었다. 학과장은 폭발했다. "이놈을 정신 병동으로 옮겨. 예의가 뭔지 가르쳐주게."

나는 굴욕을 당한 젊은이가 안내원에게 끌려 회의장을 나가는 것을 지켜보았다. 무언가가 지독히 잘못되어 있었다. 학과장은 노련한 임상의였고 소년을 의도적으로 자극하지 않았던가. 그는 어떤 일이 일어날지를 알고 있었음에도 불구하고, 그 폭발을 개인적으로 받아들였다. 하지만 소년의 저주가 반사작용이라면, 즉 신경의 기능장애에서 일어나는 병적인 무릎반사에 지나지 않는다면, 거기에 개인적인 악의는 있을 수 없다. 다른 나라 출신의 신경과 동료들 말을 들어보면, 욕설증, 즉 낮은 비율의 투렛 증후군 환자에게서 보이는 제어하기 어려운 욕설의 분출은 어디서나 상당히 균일하게, 하지만 각 나라 특유의 말로 나타난다.

40년 이상 지난 지금, 우리 신경학자들은 투렛 증후군이 주로 뇌 신경전달물질, 그중에서도 대개 도파민의 대사 이상으로 인한 유전병으로 의심된다는 견해를 내놓는다. 표면상, 우리들 대부분은 개념적으로 완전히 태도를 바꾸어 욕설증의 통제할 수 없는 비속어가 비뚤어진 정신이 아니라 신경 화학 장애에서 오는 결과라는 것을 기꺼이 받아들인다.

투렛 협력 단체에게서 우리는 다음을 배운다.

욕설증 유형의 폭발은 대개 의사 교환이나 전달, 환자가 하는 어떤 일을 방해한다. 방해를 받은 데 뒤이어 환자는 정상적으로 의사 교환이나 전달, 또는 계획한 일을 계속한다. 이런 방해들이 보통 환자의 정상 행동과 사건들에 계속해서 들락거릴 것이다.

예를 들어, 어떤 욕설증 환자가 누군가와 이야기를 나누던 도중 상대가 'duck'이라는 단어를 언급할 수 있다. 그 단어는 환자에게서 음성 틱을 유발하여 순식간에 세 차례 다음 소리를 분출한다. "Fuck a duck, fuck a duck, fuck a duck." 대화는 이 소리의 방해를 받기 이전처럼 계속해서 흘러간다.

욕설증에 익숙하지도 않고 그것을 이해하지도 못하는 관찰자는 그 폭발을 그가 의식적으로 또 자의적으로 욕하려고 작정한 결과라고 믿을 것이다. **그러나 그 폭발에는 아무런 의도도 목적도 없다.** [12]

이제 이 묘사를 투렛 증후군 환자에게서 들어보자.

나는 사실상 **결코** 욕을 하지 않는다……. 하지만 대단히 스트레스를
받으면 천벌받을 말들이 그냥 계속해서 떠오르니 어쩌겠는가! 모든 틱
이 그렇듯이, 그것은 어딘가 이상하게 자꾸만 가려운 증상으로 시작된
다. 하지만 몸을 움직여서 긁는 대신, 나는 단어들을 내뱉을 수밖에 없
다. **곁에 누가 있든지 나는 그에게 가장 모욕적일 단어들을 선택한다.**
최악이라 여겨지는 단어를 사용하는 경향이 있다. 물론, 약간 진정되고
나면, 내가 한 말의 기억이 두고두고 나를 따라다니며 괴롭힌다.[13]

이 두 가지 전혀 다른 주장을 어떻게 화해시킬 것인가? 환자는
자신이 어떤 단어를 사용할지를 의식적으로 또 고의적으로 선택
할 수 있다고 느끼는데, 그럼에도 다름 아닌 틱의 본질이 불수의적
이고 의미 없는 운동적 움직임이나 발성이니 말이다. 그렇다면, 단
어를 선택한다는 환자의 감각은 실제적인 것인가 아니면 착각인
가? 그에게 그 차이를 알 능력이 있을까? 이는 환자가 자신의 마
음을 통제할 수 없다는 더 두려운 사실을 인정하지 않아도 되도록,
뇌가 환자에게 주는 거짓 선택감의 한 예일까? 아니면 그가 불수
의적으로 발언할 단어들을 의지로 선택한다는 훨씬 더 혼란스러
운 안을 가정해야 할까?

사색은 끝없이 할 수 있겠지만, 우리가 자유 의지와 같은 쟁점들
을 진지하게 다룰 수 있으려면, 먼저 더 기본적인 질문을 할 필요
가 있다. **선택감**sense of choice이란 정확히 무엇일까? 그 느낌이 인

지적 선택과 더불어 존재할 때(이 문장을 쓰겠다는 나의 선택), 또는 완전히 의도했음에도 불구하고 존재하지 않을 때(**포고**와 피아노 연주의 예), 또는 명백히 선택하지 않았는데 존재할 때(투렛 환자의 경우)를 결정하는 기본적인 뇌 조절 기제들은 무엇일까?

이는 개인적 책임의 본질이라는 더 실제적인 쟁점으로 이어진다. 투렛 환자의 설명을 읽은 뒤, 당신은 그가 폭발적인 욕설의 분출에 완전히, 또는 부분적으로 책임이 있다고 느끼는가, 아니면 전혀 책임이 없다고 느끼는가? 그리고 그것을 어떻게 결정하겠는가? 추론을 할 때 우리 모두가 채택해야 하는 하나뿐인 최적의 노선이 존재할까? 당신은 자신이 의식적으로 또 의지로 이 결정을 내릴 수 있다고 느끼는가? 나는 이 책의 많은 부분을 사고가 타고난 편견으로 가득한 숨겨진 층에서 일어난다는 것을 보여주는 데 바쳤다. 그토록 뒤죽박죽이고 명확히 정의되지 않는 인지적 영역에서 일어나는 개인적 책임을 우리가 어떻게 고려하겠는가?

가까운 친구가 사업상의 거래에서 당신을 속였다고 상상하라. 당신은 그에게 받은 만큼 갚아주고 싶지만, 스스로에게 "그냥 넘겨"라고 말한다. 20년이 지난다. 딩신은 옛 친구를 보지도 않고 의식적으로 그를 두 번 다시 생각해보지도 않는다. 그러다가 어느 날 그를 길에서 마주친다. 그는 마치 아무 일도 없었던 듯 행동한다. 당신은 화가 치밀어서 그에게 아무짝에도 쓸모없는 썩어빠진 불한당이라고 말해버린다. 그는 어깨를 으쓱하더니, 조롱하듯이 깔깔 웃고, 당신은 웃음거리가 된 느낌이다. 갑자기 뚜렷한 생각도 없이, 당신은 그를 뒤로 밀친다. 그는 중심을 잃고 넘어져서 어깨가 부러진다. 당신은 폭행죄로 고소되고, 손해배상 청구를 받는다. 당신은 변론한다. "나는 그를 밀려고 하지 않았다. 그런 생각은 떠오른 적도 없었다. 무엇에 씌었는지 나도 모르겠다. 나는 내가 아니었다."

하지만 당신의 무의식이 말을 할 수 있다면, 그것은 동의하지 않을 것이다. 무의식은 당신의 20년 묵은 욕구에 의거하여 행동하고 있었을 뿐이라고 당신에게 말할 것이다. 얄궂은 것은, 가장 불수의적인 것처럼 보이는 행위가 당신이 모르는 새 저장되어 있던 의도에서 일어날 수도 있다는 사실이다. 자유 의지라는 것이 선택하는 능력을 암시한다면, 무의식적인 의지가 당신이 선택으로 간주하지 않는 선택을 한 셈이다.

우리들 각자가 자신의 행위에 대해 지는 개인적 책임의 정도를 숙고할 때, 우리는 당장에 우리가 자신을 경험하는 방식의 제약에 부딪힌다. 정신적 감각들은 우리에게 우리가 선택을 하고 있다는 것을 느끼거나 느끼지 말라고, 그러한 '사고들'이 언제 맞는지를 우리가 알 수 있다고 느끼거나 느끼지 말라고 뒤에서 일러준다. **안다는 느낌**을 **선택한다는 느낌**과 합치면, '내가 언제 의지로 선택했는지를 안다는 것'의 엄청난 복잡성이 보이기 시작한다. 정신적인 것과 신체적인 것이 창발적 현상들을 적절하게 묘사할 수 없는 임의의 분류인 것과 마찬가지로, 자유 의지 - 결정론 논쟁도 그 자체의 생물학적 조건들에 의해 제한된다.

우주의 기원, 또는 영혼의 존재나 부재에 관해 생각하든, 아니면 자유 의지와 개인적 책임에 관해 결정하든, 우리는 한 발 물러나 먼저 이 문제들에 우리가 의식적으로 통제할 수 없는 다양한 정신 상태들이 영향을 미치고 있음을 고려할 필요가 있다. 정신적 감각들은 사고의 초석이다. 우리가 위대한 철학적 질문들을 다룰 수 있으려면, 먼저 이 질문들 자체가 우리의 생물학, 특히 우리의 사고에 느껴지는 의미를 주는 정신적 감각들의 산물이라는 점을 알 필요가 있다.

개인적 여담을 한마디 하자면, 이 책을 쓰기 시작한 이후로 나는 스스로에게 점점 더 수사적인 질문을 하고 있는 자신을 발견한다. "화성에서 온 외계인이라면 이 쟁점에 어떻게 접근할까?" 예를 들어, 우주의 기원 문제를 보자. 그들의 뇌는 실리콘으로 만들어져 마음의 눈으로 그려보는 일 따위는 하지 않고 작동한다면? 그들은 경계의 문제와 어떻세 씨름할 것이며, 그런 문제기 존재하기는 할까? 물론, 나는 이것을 상상할 수 없지만, 그 가능성은 상상할 수 있다. 그거면 내가 절대적인 것에 빠져들지 않도록 나를 지켜주기에 충분하다. 다른 생물학적 관점에서 의문을 제기해보면, 나 자신의 사고가 지닌 한계들을 금세 인정하지 않을 수 없다.

ON BEING CERTAIN

마지막
사고들

무지가 아니라, 무지에 대한 무지가 바로 지식의 죽음이다.

– 앨프리드 노스 화이트헤드

간단한 요약

안다는, 친숙하다는, 낯설다는, 실제라는 느낌들은 복합부분 발작이나 측두엽 뇌 자극과 연관된 신경학적 호기심의 대상 이상이다. 정신적 기능들인 감정, 기분 또는 사고의 표준 범주에 깔끔하게 들어맞지도 않는다. 총체적으로 그것들은 정신적 활동에 속하는 별도의 한 유형, 다시 말해 우리가 우리의 사고를 자각하고, 채색하고, 판단하고, 평가하게 하는 내부 감시 체계의 여러 측면들을 대변한다.

신체의 다양한 감각계에 비유하는 것이 가장 명백하다. 우리는 보고 듣는 것을 통해 주위 세계와 접촉한다. 유사하게, 광범위한 감각 기능들이 우리 내부의 환경을 평가하기 위해 존재한다. 몸에 음식이 필요하면, 우리는 배고픔을 느낀다. 탈수되어 물이 필요하면, 목마름을 느낀다. 우리에게 우리를 외부 세계와 연결해주는 감각계가 있고, 내부의 신체적 필요를 알려주는 감각계가 있다면, 마음이 무엇을 하고 있는지를 알려주는 감각계가 있다고 말해도 타당할 것 같다. 생각하고 있음을 자각하려면, 우리에게는 우리가 생각하고 있음을 알려주는 감각이 필요하다. 학습을 보상하려면, 우리에게는 옳은 방향으로 가고 있다는 느낌, 또는 맞다는 느낌이 필요하다. 그리고 아직 증명되지 않은 사고들인 궁극적으로는 유용한 새로운 발상이 될 한가로운 사색을 보상하고 격려하기 위해서도 유사한 느낌들이 있어야만 한다.

효과적이고 강력한 보상이 되려면, **안다는 느낌**이나 **신념**과 같은 이 감각들의 일부가 의식적이고 의도적인 결론처럼 느껴져야 한다. 그 결과, 뇌는 사고처럼 느껴지지만 사고가 아닌 놀라운 정신적 감각들을 개발해왔다.

이 불수의적이고 통제할 수 없는 느낌들은 마음의 감각**이다**. 감각들처럼, 그 느낌들도 모든 감각계에 공통된 광범위한 지각적 착각의 지배를 받는 것이다. 예를 들어, 경험되는 시간이 순간적으로 바뀌는 일(다가오는 야구공의 예)은 시각계에서 날마다 일어난다. 이 이해를 정신적 감각들에 적용하면, 사실은 **안다는 느낌**이 사고보다 앞서서 그 사고가 자각되게 하는 원인일 때에도 마치 그 느낌이 사고에 대한 반응으로 일어나는 것처럼 보일 수 있음("여기가 이지 너츠의 집이 틀림없어"의 예)을 아는 데 도움이 된다.

뇌의 위계 구조가 일반적인 신경망의 노선을 따라 체계화되어 있다는 이해도 우리로 하여금 이 정신적 감각계를 어떤 사고의 형성에 없어서는 안 될 것으로 보게 해준다. 앞서 다섯 번째 장 「신경망」에서, 나는 더 큰 신경망 안에 들어 있는 각각의 신경망을 더 큰 위원회에 속한 위원들에 비유하여 묘사했다. 하나의 의문이 제기된다(입력). 각 위원회 위원에게는 단 한 표가 있다. 모든 표가 합산되고 나면(숨겨진 층의 계산), 최종 결정이 내려진다(출력). 이제 각 위원들이 **안다는 느낌**에서 친숙하거나, 기묘하거나, 실제적이라는 느낌에 이르는 정신적 감각들 가운데 하나를 대표하는 신경망을 상상해보라. 우리가 어떤 사고에 관해, 그것의 '옳고 그름'을 포함해 우리가 느끼는 방식을 결정하게 되는 것이 바로 그 표의 최종 합산일 것이다. 연에 관한 단락의 묘사를 평가하는 신경망의 위원들은 답을 읽기 전에, 친숙하지 않다, 낯설다, 어쩌면 심지어 기묘하거나 비현실적이라는 감각에도 찬성표를 던질 것이다. 이해했다는 감각에 찬성하는 표는 없을 것이다. 연이라는 설명이 입력되면, 친숙함에 표를 던진 위원들은 "그래, 그게 맞아" 할 것이고, 신념의 느낌이 나서서 갑자기 조용해진 낯섦과 친숙하지 않음을 대표하는 위원들을 제압할 것이다. 최종 결과로, 설명이 **맞게 느껴**

질 것이다.

이 단락은 연을 가리킨다는 결론에 한 번 새겨진 **맞다는 느낌**은 의식적으로 없애거나 줄일 수 없다. 우리는 의식적으로 새로운 반대 정보를 입력할 수 있을 뿐, 오로지 신경망의 숨겨진 층만이 그 값들의 비중을 다시 책정할 수 있다.

이 책의 중심 메시지는 **안다, 맞다, 확신한다, 확실하다는 느낌**들이 신중한 결론도 아니며 의식적인 선택도 아니라는 것이다. 그것들은 우리에게 **일어나는** 정신적 감각들이다.

관념이라고 다 같은 관념이 아니다

우리는 마술을 보면서 웃고, 물에 반쯤 잠긴 유리 막대가 꺾여 보이는 이유를 설명하려고 일반 원리들을 개발한다. 우리가 날랜 손재주를 보도록 자신을 훈련시켜서 야바위꾼을 이기는 것은 불가능하지만, 우리는 속고 있으니 보는 것을 신뢰하지 말라고 자신에게 말해줄 수 있다. 이것을 **안다는 느낌**을 위한 본보기로 삼자. 신경과학은 생리학을 다룰 필요가 있고, 우리는 느낌에 의문을 가질 필요가 있다. 단순히 "나는 안다"라는 표현에 의문을 가지는 것보다 더 기본적인 일은 있을 수 없을 것이다.

우리가 보았듯이 **알다**의 표준적인 정의들, 즉 '직접 지각하다', '명확성이나 확실성을 가지고 마음으로 파악하다', '의심을 넘어 사실로 여기다' 등은 오늘날 우리가 뇌 기능에 관해 아는 것과 합치하지 않는다. 어떤 식으로든 우리는 신경과학이 앎의 한계에 관해 우리에게 알려주고 있는 것을 우리의 일상생활에 편입시켜야 한다. 이 간단한 원리를 챌린저호 연구에 적용한다고 상상해보라. "그건 제 일지이고 제 글씨지만, 일어난 일은 달라요"라고 말하는 대신, 학생들은 "그것은 제 일지이지만, 더 이상 **옳게 느껴지지** 않아요"라고 말하는 법을 배우게 될 것이다. 아마도 가장 쉬운 해결책은 '**안다**'라는 단어를 '**믿는다**'라는 단어로 교체하는 것일 게다. 실증되지 않은 육감을 마주한 의사는 "효과가 있다고 확신한다"가 아니라, "증거는 없지만, 효과가 있다고 믿는다"라고 말할 수 있을 것이다. 그리고 맞다. 과학자들은 "나는 압도적인 증거 때문에 진화가 틀림없다고 믿는다"라고 말하면 더 나은 대우를 받을 것이다.

나는 이 마지막 문장이 과학을 외부세계의 사실들을 측정하기 위한 방법으로 확립하기 위해 누구보다 열심히 싸워온 사람들의 뜻에 어긋난다는 것을 알고 있다. 우리가 종교적 환상, 돌팔이 의사, 단어를 왜곡하는 정치가들의 손에 놀아난다고 느낄 때는 특히나 지긋지긋하다. 하지만 '**안다**'가 '**믿는다**'로 바뀐다고 해서 과학적 지식이 무효화되는 것은 아니다. 힘들여 얻은 사실이 명료한 것에서 개연성 높은 것으로 이동할 뿐이다. 진화가 절대적으로 확실하다고 말하는 대신 지극히 개연성이 높다고 말하는 것은 논지의 강도도 떨어뜨리지 않는 동시에 더 근본적인 목적에 이바지한다.

예전 같았으면 "난 알아"라고 말했을 곳에서 "난 믿어"라고 말하는 자신의 목소리를 듣는 것은 지식과 객관성의 한계를 끊임없이 상기시키는 역할을 한다. 나는 반대 의견들이 일말의 진실을 가질 가능성을 고려하지 않을 수 없는 동시에, "내가 옳다는 것을 안다"고 주장하는 사람들에게도 완벽하게 항변할 수 있다. 우리가 갈등하는 의견들에 대한 인내심을 버리고 근본주의자들에게 순수하고 확실한 지식을 주장할 기반을 제공하는 때는 99.99999퍼센트 가능성에서 100퍼센트 보장으로 도약하는 동안이다.

관련해서 고려할 것은 느껴지는 지식인 직감이나 육감과 같은 것과 경험적 시험에서 생기는 지식의 구분이다. 독립적으로 시험되지 않았거나 시험될 수 없는 모든 발상은 개인적인 상상으로 여겨져야 한다. 셰익스피어는 우리에게 햄릿을 보편적 진실을 대변하는 인물로 받아들이라고 요구하지 않는다. 햄릿은 옳지도 않고 그르지도 않다. 만약에 훗날, 햄릿에게 양극성 장애 유전자가 있는 것으로 밝혀진다면, 우리는 햄릿과 그의 어머니의 관계에 대해 처음에 했던 해석을 재평가할 명분을 얻게 된다. 햄릿은 상상의 산물이다.

이 마지막 장에서 인용한 각각의 인용문들도 마찬가지다. 겉으로 아무리 합당하고 설득력 있어 보여도, 각각은 외부 세계에서 자기 자신의 반영을 찾는 매우 특유한 지각으로 시작한다. 각 글쓴이의 개인적인 목적의식이 논의를 몰아가고, 증거를 골라내고, 결론을 이끌어낸다. 그러한 관념들은 그에 맞게, 즉 보편적으로 공유해야 하는 의무적인 추론의 노선이 아니라, 상상이라는 판정을 받아야 한다.

절대적인 '앎'과 확실성을 주장하는 데서 물러나려면, 통속 심리학은 정신적 감각들이 우리의 사고를 일으키고 형성하는 데 근본적으로 어떤 역할을 하는지 탐구할 필요가 있다. 무의식이 완벽하게 이성적이라거나 언제 육감을 믿을 수 있는지를 우리가 안다는 시대에 뒤떨어진 주장들을 가지고 계속해서 버틸 수는 없다. 우리는 다양한 지각의 한계들을 피할 수 없다는 점을 인정하는 것을 포함해, 다름 아닌 사고의 본성을 다시 생각해볼 필요가 있다.

동시에, 만일 과학의 목표가 깊이 뿌리내린 미신을 점차 극복하는 것이라면, 과학은 섬세함이라곤 없이 거들먹거리는 냄새를 확 뿜어내는 선동적 권고나 정면 대결로 보일 것이 아니라, 더 매력적이고 위안이 되는 대안으로 보여야 한다. 성령강림절 예배에 가서 냉랭하고 지향 없는 세계상을 퍼뜨려보라. 결투의 낌새를 느낄 것이다. 최근 설문조사에서, 미국인의 거의 90퍼센트가 자신의 몸이 죽은 뒤에도 영혼은 살아남아 천국으로 올라갈 것이라는 믿음을 표현했다.[1] 그러한 믿음들은, 아무리 증거에 위배되어도, 대다수의 미국인들에게 개인적인 의미감을 제공한다. 이성과 목적의식 가운데 하나만 선택하라면, 우리들 대부분은 목적 편에 설 것이다. 우리가 보았듯이, 이 명백한 선택은 심지어 전적으로 의식적인 결정도 아니다. 과학이 그러한 믿음들을 아직까지 줄이지 못했다면,

더 노력한다고 해서 그 조류가 기적적으로 바뀔 것 같지는 않다.

그러한 논의들은 위약 치료에 내재하는 것과 똑같은 윤리적 문제를 제기한다. 간단히 말해서, 위약 효과는 실제 가치를 지닌 거짓 믿음이다. 영혼이나 내세가 없다고 주장하는 것은 비과학적인 믿음에서 일어나는 위약 효과를 치워버리라는 말과 도덕적으로 동등하다. A씨는 가짜 관절경 수술 덕분에 다시 편안하게 걸을 수 있었다. 누구도 가짜 무릎 수술을 권해서는 안 된다. 부정적인 효과가 너무 클 수 있기 때문이다. 그럼에도 불구하고, 많은 의사들이 덜 독하지만 증명되지는 않은 통증 치료법들을 거리낌 없이 권유하고 있다.

답이 흑이거나 백인 경우는 거의 없다. 설사 그 치료법이 전혀 위험하지 않고 공짜라 해도, 선례를 보면, 유익한 것 같던 치료법에도 그 자체에 바람직하지 않은 장기 효과들이 있다. 가장 심각한 것은 의사와 환자 사이의 신뢰가 침식당하는 것일 게다. 반면, 지적으로 부정직하다는 이유로 모든 위약 치료법을 제거하는 것도 그 나름의 문제들을 일으킨다. 연민보다 과학에 더 가치를 두는 냉소적인 사조가 거기 들어간다. 쉬운 해결책이나 옳은 답은 없다. 우리들 각자가 우리 자신의 생물학과 경험에 따라 위험 대 보상을 계산할 것이다.

의학에서, 우리는 까다로운 의학적 결정을 위해 점차 희망과 위약 효과 모두를 고려하면서도 증거를 기반으로 하는 의학 지식과 정면으로 충돌하지 않는 윤리적 기준들을 개발하고 있다. 히포크라테스 선서의 지침은 무엇보다도 해를 끼치지 말라는 것이다. 이와 똑같은 원리가 관념들의 세계에서 과학이 경쟁하는 방식의 초석이 되어야 한다. 과학은 그것의 완전무결함을 유지하는 동시에 '합당'하지 않은 인간 본성의 여러 측면들을 온정적으로 존중해야 한다.

이 반대 입장의 균형은 현대적 사고의 모든 측면으로 연장된다. 예를 들어, 누군가에게 위약을 받고 싶으냐고 묻는 것은 말도 안 된다. 그 질문 자체가 위약에서 의도한 이익을 대부분 없애버리기 때문이다. 유사하게, 과학의 완전무결함과 온정을 둘 다 보유하면서 자아의 본성에 관해 논의하는 합당한 방법도 분명하지 않다. 자아는 창발적 현상이고 어떤 별도로 존재하는 실체가 아니지만, 그럼에도 우리들 각자로 하여금 우리가 단순한 기계가 아닌 개체들임을 느끼게 해준다. 우리는 '무심한' 뉴런들에서 일어나는 가공의 이야기에 지나지 않는다는 것을 우리가 완전히 받아들이고 그렇게 느끼는 세계를 나는 상상할 수 없다. 그리고 실망, 사랑, 슬픔을 오로지 화학반응으로 본다면, 우리가 다른 사람들과 얼마나 공감하게 될지도 상상할 수 없다. 우리 삶에 대한 이 으스스한 해석을 마주하고 보면, 대부분의 사람들이 물질적인 '영혼'에 대한 믿음이나 진짜 살아 있는 처녀들이 천국에서 끈기 있게 기다리고 있다는 기대를 택하는 것도 그리 놀랍지 않다.

저글링

스콧 피츠제럴드F. Scott Fitzgerald는 『붕괴*The Crack-Up*』에서, 받아들이기는 쉽지만 실천하기는 어려운 해결책을 묘사했다. "1급 지성을 가늠하는 기준은 두 가지 반대 관념을 동시에 마음에 담고서도 여전히 제 구실을 하는 능력이다." 이 저글링이 인지 부조화에 대한 유일한 실제적 대안이다. 인지 부조화가 일어나면, 한 묶음의 가치들이 다른 면에서는 설득력 있는 반대 증거를 타넘고 만다. 이 곡예를 하려면 우리는 과학이 우리 자신에 관해 알려주고 있는 내용을 염두에 두는 한편, 비과학적이거나 불합리한 믿음들의 긍정적인 이익들을 용인해야 한다. 각 입장에는 그 나름의 위험과 보상이 따른다. 둘 다 최우선의 지령, 다시 말해, 무엇보다도 해를 끼치지 말라는 지령 안에서 고려되고 균형을 이룰 필요가 있다.

우리는 질병과 죽음의 불안을 극복하는 법을 배우는 것과 마찬가지로, 우리 생물학의 모순되는 측면들을 견디는 법을 배워야 한다. 우리 마음에는 그 나름의 의사일정이 있다. 우리는 무엇을 통제할 수 있고 할 수 없는지를 더 잘 이해함으로써, 즉 어디에 잠재적 기만이 숨어 있는지를 앎으로써, 주위 세계에 관한 우리의 지식이 마음의 작동 방식에서 일어나는 근본적인 갈등에 의해 제한된다는 사실을 기꺼이 인정함으로써, 그 의사일정에 개입할 수 있다.

이는 우리를 이 책의 중심 주제로 다시 인도한다. 확실성은 생물학적으로 가능한 것이 아니다. 우리는 불확실성의 불쾌함을 견디는 법을 배워야 (그리고 우리 아이들에게 가르쳐야) 한다. 과학은 우리에게 개연성이라는 언어와 도구를 주었다. 우리에게는 어떤 의견이 맞을 가능성에 따라 그 의견을 분석하고 순위를 매기는 방법들이 있다. 그것으로 충분하다. 우리는 확실성에 대한 믿음에서 태어나는 재난이 필요하지 않고 그것을 감당할 여유도 없다. 물리학 박사이자 2004년 노벨 물리학상 수상자인 데이비드 그로스David Gross는 말했다.

"지식의 가장 중요한 산물은 무지다."[2]

이 책이 당신을 들썩여 가장 기본적인 질문인 '당신이 뭘 아는지를 당신은 어떻게 아는가?'라고 묻게 했다면, 책은 목적을 이룬 것이리라.

❖ 서문

1. 피니어스 게이지에 관한 정보 페이지(www.deakin.edu.au/hbs/GAGEPAGE)
는 오스트레일리아 빅토리아 주에 있는 데킨 대학교 심리학부의 말콤
맥밀런 Malcolm Macmillan이 관리하고 있다.

❖ 우리가 뭘 아는지를 우리는 어떻게 아는가?

1. 신경이 손상되어 장기기억을 형성하지 못하게 된 환자들은 전에 같은 과
제를 수행한 적이 있다는 자각 없이 새로운 과제를 학습할 수 있다. 그러
한 절차 기억들을, 환자는 자신이 그것을 기억해낸 적이 있다는 것을 모
른 채 기억해낸다. 진행된 알츠하이머병을 앓고 있지만 걸을 수 있는 환
자들은 여전히 골프를 칠 수 있다. 그들의 내재적인 운동 기술들은 그들
이 자신의 신체적 장애를 잊은 지 오랜 뒤까지도 그대로 남아 있다. 기
억을 뛰어나고 간략하게 범주화한 예를 참고하려면, Budson, A. E.와
Price, B.의 "Memory Dysfunction," *New England Journal of Medicine*,
352, no. 7 (2005)을 보라. Weiskrantz, L.의 *Blindsight* (Oxford: Oxford
University Press, 1990)는 이 현상의 선구적인 연구자들 가운데 한 사람
이 쓴 값진 논문이다. Stoerig, P.의 "Varieties of Vision: From Blind
Responses to Conscious Recognition," *Trends in Neuroscience*, 19

(1996): 401-6은 인간의 시각 처리에서 일어나는 몇 가지 증명 가능한 분열 현상들 가운데 하나로서 맹시를 깊이 있게 논의한다.

2. Neisser, U.와 Harsch, N.이 챌린저호 폭발에 뒤이어 학생들이 보이는 회상의 정확도를 시험했을 때, 만점은 7점이었다. 시험을 친 학생들의 평균 점수는 2.95점이었다. 10퍼센트 미만의 학생들이 만점을 받았고, 반 이상이 2점도 받지 못했다.

3. Festinger, L., A *Theory of Cognitive Dissonance* (Stanford: Stanford University, 1957).

4. Festinger, L., Riecken, H., and Schachter, S., *When Prophecy Fails* (Minneapolis: University of Minnesota Press, 1956).

5. www.beliefnet.com/story/203/story_20334_2.html에 실려 있는 리처드 도킨스의 논평에서 와이즈가 창조론으로 전향한 이야기를 요약한 매혹적인 글을 볼 수 있다.

6. Moseley, B., et al., "A Controlled Trial of Arthroscopic Surgery for Osteoarthritis of the Knee," *New England Journal of Medicine*, 347, no. 2 (2002): 81-88.

7. Talbot, M., "The Placebo Prescription," *The New York Times*, January 9, 2000. Also available at www.nytimes.com.

8. Hirstein, W.의 *Brain Fiction: Self-Deception and the Riddle of Confabulation* (Cambridge, Mass: MIT Press, 2005)에서 착오 증후군을 훌륭하게 개관하고 있다.

❖ 신념은 선택 사항이 아니다

1. James, W., *The Varieties of Religious Experience* (New York: New American Library, 1958), 295.

2. Ibid., 292-93.

3. 『종교적 경험의 다양성』에서 제임스는 어떤 의식적 논거도 없이 '아는' 신비적 상태에 대한 월트 휘트먼Walt Whitman의 뛰어난 묘사를 인용한다. "우월한 모든 인간의 정체성을 구성하는 것들에는, 단순한 지성 말고도 논증 없이 종종 소위 교육 없이 구현되는 놀라운 어떤 것이 있다. 이 모든 잡다함, 이 바보들의 술잔치, 믿기 힘든 가장假裝과 전반적인 불안, 곧 우리가 세상이라 부르는 것이 시간과 공간 속에서 절대적으로 균형을 이루고 있다는 직관……. 그러한 영혼을 보는 능력과 마음을 추구하는 근성을 단순한 낙관주의는 표면밖에 설명하지 못한다."

4. Ibid., 311.

5. Saver, J. L., and Rabin, J., "The Neural Substrates of Religious Experience," *Journal of Neuropsychiatry and Clinical Neurosciences*, 9 (1997): 498-510.

6. Alajouanine, F., "Dostoyevsky's Epilepsy," *Brain*, 86 (1963): 209-18.

7. James, 300.

8. Ibid, 302.

9. www.iands.org/nde.html.

10. www.nida.nih.gov/ResearchReports/Hallucinogens/halluc4.html.

Jansen, K., "Using Ketamine to Induce the Near-Death Experience: Mechanism of Action and Therapeutic Potential," *Yearbook for Ethnomedicine and the Study of Consciousness*, 4 (1995): 55-81.

11. www.usdoj.gov/ndic/pubs/652/odd.htm#top.

12. LeDoux, J., *Synaptic self* (New York: Viking, 2002), 210. Blakeslee, S., "Using Rats to Trace Anatomy of Fear, Biology of Emotion," *The New York Times*, November 5, 1996. Also available at www. cns.nyu.edu.

13. Damasio, A., *Descartes' Error* (New York: Avon Books, 1994), 118.

14. Phan, L., et al., "Functional Neuroimaging Studies of Human Emotions," *CNS Spectrums*, 9, no. 4 (2004): 258-66.

15. LeDoux, J., "Emotion, Memory and the Brain," *Scientific American*, 270 (1994): 34.

16. LeDoux, J., *The Emotional Brain* (New York: Simon & Schuster, 1996).

17. 대니얼 골먼의 『EQ 감성지능』 (웅진지식하우스, 2008)에 인용된 르두의 말. "해부학적으로 감정 체계는 신피질과 독립적으로 작용할 수 있다. 일부 감정적 반응과 감정적 기억들은 의식과 인지가 전혀 참여하지 않아도 형성될 수 있다."

18. Bechara, A., et al., "Double Dissociation of Conditioning and Declarative Knowledge Relative to the Amygdala and Hippocampus in Humans," *Science*, 269 (1995): 1115-18.

19. Damasio, A., *The Feeling of What Happens: Body and Emotion in the*

Making of Consciousness (New York: Harcourt Brace, 1999), 66.

20. Penfield, W., and Perot, P., "The Brain's Record of Auditory and Visual Experience," *Brain*, 86 (1963): 595-696. Bancaud, J., et al., "Anatomical Origin of Déjà Vu and Vivid 'Memories' in Human Temporal Lobe Epilepsy," *Brain*, 117 (1994): 71-90; Sengoku, A., Toichi, M., and Murai, T., "Dreamy States and Psychoses in Temporal Lobe Epilepsy: Mediating Role of Affect," *Psychiatry Clinical Neuroscience*, 51, no. 1 (1997): 23-26.

21. Ibid., Sengoku.

22. 자신의 골동품 책상이 싸구려 모조품으로 바뀌었다는 C씨의 불평과 유사함에 유의하라.

❖ 정신 상태의 분류

1. Damasio, A., *The Feeling of What Happens: Body and Emotion in the Making of Consciousness* (New York: Harcourt Brace, 1999), 340.

2. Ortony, A., and Turner, T. J., "What's Basic About Emotions?" *Psychological Review*, 97 (1990): 315-31. Plutchik, R., "A General Psychoevolutionary Theory of Emotion," in Plutchik, R., and Kellerman, H., eds., *Emotion: Theory, Research, and Experience*, vol. 1, *Theories of Emotion* (New York: Academic, 1980): 3-33. Ekman, P., "Expression and Nature of emotion," in *Approaches to Emotion*,

Scherer, K., and Ekman, P., eds. (Hillsdale, N.J.: Erlbaum, 1984), 19-43.

3. Damasio, The *Feeling of What Happens*, 50.

4. Johnson-Laird, P., and Oatley, K., "Basic Emotions, Rationality, and Folk Theory," *Cognition and Emotion*, 6 (1992): 201-23.

5. 순수하게 정신적인 구조물임에도, 그것들이 보통 fMRI 상에서 외부 대상의 지각에도 관여하는 피질 영역들을 활성화하는 것을 쉽게 볼 수 있다. 당신이 조지 워싱턴의 사진을 본 다음 이어서 그의 얼굴을 상상한다면, 비슷하지만 반드시 동일하지는 않은 시각피질 영역들이 활성화된다.

6. Woody, E., and Szechtman, H., "The Sensation of Making Sense," Psyche, 8, no. 20 (October 2002). Also available at psyche.cs.monash. edu.au/v8/psyche-8-20-woody.html. An excellent discussion of the categorization of the feeling of knowing as a mental sensation.

7. books.guardian.co.uk/departments/biography/story/0,6000,674208,00. html.

8. psyche.cs.monash.edu.au/v8/psyche-8-20-woody.html.

9. Hirstein, W., *Brain Fiction: Self-Deception and the Riddle of Confabulation* (Cambridge, Mass: MIT Press, 2005), 97-99. Rasmussen, S. A., and Eisen, J. L., "The Epidemiology and Differential Diagnosis of Obsessive Compulsive Disorder," *Journal of Clinical Psychiatry*, 53 suppl. (1992): 4-10.

❖ 신경망

1. 여기서 빈 서판이라는 무의미한 관념의 개념적인 자리를 찾을 수 있다. 경험이 없으면, 그 방정식들은 특정한 가치들을 담고 있지 않겠지만, 일정한 편애나 성향은 담고 있다. 일란성 쌍둥이들은 숨겨진 층에서 들어오는 정보를 처리하는 방식이 낯선 사람들보다 대단히 유사하겠지만, 그들이 개별적으로 지각하는 것은 여전히 고유할 것이다.

2. Moniz, E., "How I Came to Perform Leucotomy," *Psychosurgery* (1948): 11-14.

3. Olivecrona, H., the Nobel Prize in Physiology or Medicine 1949 presentation speech, www.nobel.se/medicine/laureates/1949/press. html.

4. Kopell, B., Reza, A., "The Continuing Evolution of Psychiatric Neurosurgery," *CNS Spectrum*, 5, no. 10 (2000): 20-31.

❖ 모듈성과 창발

1. 스티븐 핑커의 『마음은 어떻게 작동하는가』(소소, 2007)와 대니얼 데넷 Daniel Dennett의 *Consciousness Explained*(Boston: Little, Brown, 1991) 에서, 모듈성과 뇌의 기능을 훌륭하게 요약하고 있다. 핑커는 말한다. "마음은 여러 개의 모듈 즉 마음 기관들로 구성되어 있으며, 각각의 모듈은 이 세계와의 특정한 상호작용을 전담하도록 진화한 특별한 설계를 가지고 있다. 모듈의 기본 논리는 우리의 유전자 프로그램에 의해 지정된다."

2. Zihl, J., and von Cramon, D., "Selective Disturbance of Movement Vision After Bilateral Brain Damage," *Brain*, 106 (1983): 313-40.

3. 스티븐 존슨의 『이머전스: 미래와 진화의 열쇠』 (김영사, 2004). 원서의 안 쪽 날개 홍보 문구에서 인용하자면 다음과 같다. "창발이란 비교적 단순 한 요소들이 상호 연결된 체계가 자기 조직화하여 더 지능적이고 더 적응 력 있는 상위 수준의 행동을 형성할 때 일어나는 현상이다. 이것은 상향 적 모형이다. 창발은 우두머리나 기본 계획자가 공학적으로 설계하는 것 이 아니라, 바닥 수준에서 시작한다. 얼핏 대단히 달라 보이는 체계들인 개미 군락, 인간의 뇌, 도시, 면역계 등이 모두 창발의 법칙을 따르는 것 으로 드러난다. 이 체계들 각각에서, 한 단계에 거주하는 행위 주체들이 행동을 낳기 시작하고 그 행동이 그들 위에 한 단계를 쌓는다. 개미들은 군락을 이루고, 도회 사람들은 마을을 이룬다."

4. emergent.brynmawr.edu/eprg/?page=EmergenceReadingList is an excellent source for more detailed discussions of emergence.

5. Pinker, 30.

6. Cytowic, R., *Synesthesia: A Union of the Senses* (New York: SpringerVerlag, 1989), 1.

7. First quote: Lemley, B, "Do You See What They See?" *Discover*, 20 (1999): 12. Patricia Duffy's comment is from www.bluecatsandchartreusekittens. com.

8. 블라디미르 나보코프의 『말하라, 기억이여』(플래닛, 2007). "어느 공감각자

의 고백이란, 내 것보다 더욱 단단하며 틈이 새거나 바람이 지나다닐 리 없는 벽을 가진 사람들에겐, 분명 지루하면서도 허세를 부리는 것으로 들릴 것이다. 그러나 내 어머니의 경우엔 이 모든 일들을 꽤 정상인 것처럼 여겼다. 이 일이 논의된 것은 내가 일곱 살이던 해의 어느 날, 탑을 쌓기 위해 낡은 알파벳 토막 더미를 사용하고 있을 때였다. 나는 불쑥 어머니에게 나무토막들의 색깔이 전부 잘못됐다고 말했다. 그리고 나서 우리는 어머니의 글자들 중 몇 개가 내 것과 같은 색깔을 가지고 있음을 발견했고, 또 어머니의 경우엔 음표들로부터 시각적인 영향을 받았다는 사실을 알게 되었다. 음표들의 경우 나에겐 아무런 색채 환각도 불러일으키지 않았다."

9. Cytowic, R., an interview on www.abc.net.au/rn/talks/8.30/helthrpt/hstories/hr080796.html.

10. publicaffairs.uth.tmc.edu/Media/newsreleases/nr2005/synesthesia.html.realmagick.com/articles/10/2210.html.

11. Ramachandran, V.S., and Hubbard, E., "Hearing Colors, Tasting Shapes," *Scientific American*, May 2003.

12. web.mit.edu/synesthesia/www/perspectives.html.

13. Duffy, P., *Blue Cats and Chartreuse Kittens: How Synesthetes Color Their Worlds* (New York: Henry Holt, 2001).

❖ 사고는 언제 시작될까?

1. Gammons, P., "The Science of Hitting," *The Boston Globe*, July 22, 2002. Also available at www.boston.com/sports/redsox/williams/july_22/The_science_of_hitting+.shtml.

2. Will, G., *Men at Work* (New York: Harper Perennial, 1991), 1993.

3. McLeod, P., "Reaction Time and High-Speed Ball Games" *Perception*, 16, no. 1 (1987): 49-59. "시각적 반응 시간의 실험실 측정치들이 암시하는 바에 따르면, 크리켓과 같은 고속 구기 경기들의 어떤 측면들은 '불가능하다'. 왜냐하면 선수가 공의 예측할 수 없는 움직임에 반응할 시간이 불충분하기 때문이다. 이 불가능할 것으로 추정되는 행위들을 어떤 사람들은 성공적으로 수행하는 것을 볼 때, 반응 시간의 실험실 측정치들이 숙련된 수행자들에게는 적용되지 않는 것이라고 일부 해설자들은 가정해왔다. 그러나 세계적인 크리켓 선수들이 예측할 수 없이 날아오는 특별히 준비된 공을 때리는 고속 동영상을 분석한 보고서에 따르면, 공을 때릴 때 고도로 숙련된 프로 크리켓 선수들이 보인 반응 시간은 약 200밀리초였고, 이는 전통적인 실험실 연구에서 발견된 시간과 비슷하다. 뿐만 아니라, 크리켓 투수들을 찍은 동영상을 보면, 날아오는 공에 관한 정보를 파악하는 데에 걸리는 시간은 프로 크리켓 선수들이나 취미로 하는 사람들이나 별 차이가 없다. 이 두 가지 상황의 결과는 시각 정보를 기초로 행동하는 능력에 있어서 숙달된 운동가와 미숙한 운동가가 보이는 극적인 대비가 지각계의 작동 속도 차이에 있는 것이 아님을 암시한다. 차이

는 지각계의 출력을 사용하는 운동계가 얼마나 조직화하여 있는가에 달려 있다."

4. 1999년 애리조나에서 열린 국제정신물리학회의 15차 연례회의에서 발표된 Mori, S.의 "Toward a Study of Sports Psychophysics". 이 최소 시간들은 생리학적 제약을 바탕으로 하며, 훈련을 더 한다고 해서 크게 줄어들지 않는다. 초보 선수와 전문 선수의 반응과 스윙 시간에서의 사소한 차이는 타격 능력의 커다란 차이를 설명하지 못한다.

5. Adair, P., *The Physics of Baseball* (New York: Harper Perennial, 2002), 42

6. Nishida, S., and Johnston, A., "Influence of Motion Signals on the Perceived Position of Spatial Pattern," Nature, 397 (1999): 610-12.

7. Gomes, G., "The Timing of Conscious Experience: A Critical Review and Reinterpretation of Libet's Research," *Consciousness and Cognition*, 7 (1998): 559-95. Gomes, G., "Problems in the Timing of Conscious Experience," *Consciousness and Cognition*, 11 (2002): 191-97.

8. Jaeger, D., Gilman, S., and Aldridge, J., "Primate Basal Ganglia Activity in a Precued Reaching Task: Preparation for Movement," *Experimental Brain Research*, 95 (1993): 51-64.

9. Bahill, T., personal communication. See also Bahill, T., and Watts, R., *Keep Your Eye on the Ball: Curve Balls, Knuckleballs, and Fallacies of Baseball* (New York: W. H. Freeman, 2000).

10. "스윙을 시작하는 데, 그리고 신호에 답해서 스윙 방향을 바꾸는 데 걸

리는 평균 반응시간은 각각 206밀리초와 269밀리초다."

11. 신경 충동의 전달 속도는 초당 0.5미터에서 초당 100미터 이상까지, 관련 신경의 유형에 따라 다를 것이다. 키가 2미터인 남자의 경우, 엄지발가락에서 시작되는 신경 충동은 코에서 시작되는 것보다 최소한 1/50초 더 늦게 (아마도 상당히 더 늦게) 뇌에 도달하겠지만, 이 차이는 감지되지 않는다. 뇌가 어떻게든 들어오는 모든 정보를 묶어서 단일한 지금now으로 포장한다.

12. 파이 현상의 시연을 보고 싶으면, www.yorku.ca/eye/colorphi.html.

13. Kolers, P., and von Grnau, M., "Shape and Color in Apparent Motion," *Vision Research*, 16 (1976): 329-35.

14. Damasio, A., "Remembering When," *Scientific American* (September 2002): 66.

15. 평균 속도가 시속 40킬로미터밖에 안 되는 탁구공은 대략 인간이 반응할 수 있는 한계 시간에 탁구대 길이를 건너갈 것이다. 세계 대회 수준에서, 세계 때린 공의 평균 속도는 대략 시속 88킬로미터다. www.jayandwanda.com/tt/speed.html

❖ 지각적 사고 : 그 이상의 설명

1. 이제 의미 기억은 하외측 측두엽이 중재하는 반면, 일화 기억은 내측 측두엽, 전측 시상핵, 유두체, 뇌궁, 전전두피질이 중재하는 것으로 생각된다.

2. Schacter, D., ed., *Memory Distortion: How Minds, Brains, and*

Societies Reconstruct the Past (Cambridge, Mass: Harvard University Press, 1997). Schacter, D., *Searching for Memory* (New York: Basic Books, 1996). Schacter, D., *The Seven Sins of Memory: How the Mind Forgets and Remembers* (Boston: Houghton Mifflin, 2001).

3. 진정한 사고와 기억의 차이는 뇌를 자극하는 동안 명백히 드러난다. 전극을 측두엽에 꽂으면 실험 대상자는 이름, 장소, 사건, 얼굴을 떠올릴 것이다. 하지만 자극이 생각하는 행위를 재생하지는 않는다. 지금까지 발작의 결과로서 강제로 추론을 하거나 삼단논법을 경험한 사람은 아무도 없다. 추론의 행위는 소리와 광경을 처리하는 영역들이 있는 식으로 뇌 안에 존재하지 않는다. 그것은 묻혀 있는 잠재 능력으로, 읽는 능력이나 아코디언을 연주하는 능력처럼 습득된 기술로서 창발한다.

❖ 사고의 쾌감

1. Olds, J., and Milner, P., "Positive Reinforcement Produced by Electrical Stimulation of Septal of Area and Other Regions of Rat Brain," *Journal of Comparative and Physiological Psychology*, 47 (1954): 419-27.

2. "여러 신경전달물질들이 보상 효과에 관련될 것이다……, 하지만 도파민은 내측전뇌속 체계의 활성화로부터 보상이 일어나는 네 필수적인 신경전달물질인 것으로 보인다……. 복측피개 도파민 체계의 시발점인 복측피개는 외인성 아편제(헤로인, 모르핀과 같은)와 내인성 아편계 펩타이드(엔도르핀, 엔케팔린과 같은)가 식욕 유발과 보상에 관련된 뇌 기제를 활성

화할 수 있는 중요한 신경화학적 접점을 제공하는 것으로 보인다. 이는 보상들의 모든 동기유발 효과가 이 단일한 뇌 체계에서 퍼져 나온다는 것이 아니라, 이 도파민 체계가 정상 행동과 병적인 행동 둘 다를 조절하는 하나의 중요한 기제를 대표한다는 뜻이다.

3. Blood, A. J., and Zatorre, R. J., "Intensely Pleasurable Responses to Music Correlate with Activity in Brain Regions Implicated in Reward and Emotion," *Proceedings of the National Academy of Science*, 98, 20 (2001): 11818-23.

4. Goleman, D., "Brain Images of Addiction in Action Show Its Neural Basis," *The New York Times, August* 13, 1996.

5. 뇌 보상 체계의 최신 이론과 신경해부학을 훌륭하게 개관한 자료.

6. Bechara, A., Damasio, H., and Damasio, A., "Emotion, Decision Making and the Orbitofrontal Cortex," *Cerebral Cortex*, 10, no. 3 (2000): 295-307.

7. "우리는 어떤 자극이 옳다는 불합리한 감각(아마도 친숙함과 연관될) 역시 보상적 가치와 연관되어 있을 것이라고 제안한다……. 전전두피질의 다른 영역들에서처럼, 안와전두피질에서의 활동도 적절한 행동 과정을 결정하는 데 이용할 수 있는 정보가 충분하지 않을 때 관찰될 가능성이 가장 높다……. 친숙함을 기초로 한 자극의 선택과 '옳다'라는 느낌을 기초로 한 반응 역시 보상적 가치를 기초로 한 선택의 예들이다."

8. Mantel, H., "Is the Particle There?" *London Review of Books*, July 7,

2005.

9. LeDoux, J., Romanski, L., and Xagoraris, A., "Indelibility of Subcortical Emotional Memories," *Journal of Cognitive Neuroscience*, 1 (1991): 238–43.

10. "만성적으로 약물을 남용하면, 뇌에 영구적인 변화가 일어난다. 이 변화에는 유전자 발현이나 유전자의 단백질 산물, 단백질-단백질 상호작용, 신경망, 신경 발생과 시냅스 발생에서의 변화가 포함되며, 모두 다 궁극적으로 행동에 영향을 미친다. 설치류 가운데에는, 근친교배를 했든 선택적으로 계통교배를 했든 즉시 남용 약물을 스스로 투약하는 (유전적 취약성을 암시하는) 동물들도 있고, 즉시 자기 투약을 하지 않는 (유전적 내성을 암시하는) 동물들도 있다. 계통이 다른 동물은 약물에 대한 세포 및 분자 수준의 반응에서 차이를 보인다. 유전인자 역시 약물에서 직접 유도되는 효과에 연관될 것이다. 이 효과에는 남용 약물이나 치료제의 약역학(수용체 활성의 생리학적 결과들을 포함, 약물이 수용체에 미치는 효과)이나 약동학(약물의 흡수, 분포, 대사, 배출)에서의 변화가 포함된다."

11. Kreek, 1450–57.

12. Brinn, D., "Israeli Researchers Discover Gene for Altruism," *Bullctin of Herzog Hospital* (January 23, 2005). Also available at www.herzoghospital.org.

❖ 유전자와 사고

1. Bouchard, T., and McGue, M., "Genetic and Rearing Environmental Influences on Adult Personality: An Analysis of Adopted Twins Reared Apart," *Journal of Personality*, 58, no. 1 (March 1990). Bouchard, T., et al., "Sources of Human Psychological Differences: The Minnesota Study of Twins Reared Apart," *Science*, 250, no. 4978 (1990): 23-8.

2. Beckett, S., *The Unnamables* (New York: Grove Press, 1959), 418.

3. www.ornl.gov/sci/techresources/Human_Genome/home.shtml에 가면 행동 유전학을 간략하게 논의한 자료를 볼 수 있다.

4. "녹아웃 생쥐 역시 편도체에 의존하는 공포 조건화에서 기억력이 떨어지고, 태생적으로 기피되는 환경에서도 위험을 인식하지 못한다." www.nidcd.nih.gov/research/scientists/draynad.asp.

5. Carey, B., "Timid Mice Made Daring by Removing One Gene," *The New York Times*, November 18, 2005.

6. "이 연구는 이제 D4 도파민 수용체 유전자가 이 충동 장애의 병인학에 관여한다는 사실을 통해, 도파민 보상 경로가 관련된다는 새로운 증거를 제공한다."

7. Zhang, L., Bao, S., and Merzenich, M. M., "Persistent and Specific Influences of Early Acoustic Environments on Primary Auditory Cortex," *Nature Neuroscience*, 4 (2001): 1123-30.

8. Chang, E. F., and Merzenich, M. M., "Environmental Noise Retards

Auditory Cortical Development," *Science*, 300, no. 5618 (2003): 498–502.

9. www.hhmi.org/news/chang.html. "쥐는 인간의 청각 발달의 완벽한 모형은 아니지만, 우리는 쥐를 통해 포유류 청각 발달에서 초기 감각 경험이 하는 근본적인 역할을 연구한다. 예를 들어, 우리는 새끼 쥐들을 특정한 소리 자극에 노출시켜서 뇌에 오래가는 대표적인 변화들을 일으킬 수 있음을 알고 있다. 기타 연구자들이 인간과 다른 동물들에게서도 놀랄 만큼 유사한 일이 일어난다는 것을 밝혔다."

10. Dillon, S., "Literacy Falls for Graduates From College, Testing Finds," *The New York Times*, December 16, 2005. Also available at www.nytimes.com.

11. 머제니치는 청각이 손상된 어린아이들에게 새로운 배열의 소리들을 제시하는, 논쟁의 여지는 있지만 흥미로운 기법들을 개발했다. 부적절하게 발달한 청각피질도 재조직하면 입력되는 말을 더 효율적이고 정확하게 처리하도록 할 수 있다는 것이 그의 믿음이다. 신경 가소성의 정도와 지속 기간, 그리고 이미 확립된 신경망 변화의 용이성은 아직 해결되지 않은 주요 쟁점들이다.

❖ 감각적 사고

1. Lakoff, G., and Johnson, M., *Philosophy in the Flesh* (New York: Basic Books, 1999), 4.

2. Blanke, O., et al., "Stimulating Illusory Own-Body Perceptions,"
   Nature, 419 (2002): 269-70. Blanke, O., et al., "Linking Out-of-Body
   Experience and Self Processing to Mental Own-Body Imagery at the
   Temporoparietal Junction," *Journal of Neuroscience*, 25, no. 3 (2005):
   550-57.

3. 자각이란 어느 순간에 마음이 하고 있는 일의 여러 측면들을 자신도 모르
   게 선택적으로 지각하는 것이다. 의식에 도달하는 감각 입력과 도달하지
   않는 감각 입력의 차이는 기본 입력에 있는 것이 아니라, 그 입력이 의식
   적으로 느껴지느냐 느껴지지 않느냐에 있다.

4. Lakoff, 13. "인지적 사고는 빙산의 일각이다. 인지 과학자들 사이에서 통
   하는 경험 법칙에 따르면, 무의식적 사고가 모든 사고의 95퍼센트이며,
   그 역시 심각한 과소평가일 것이다. 게다가 의식적 자각의 표면 아래에
   있는 그 95퍼센트가 모든 의식적 사고의 형태와 구조를 만든다. 인지적
   무의식이 거기서 조형을 하지 않는다면, 의식적 사고는 있을 수 없을 것
   이다."

5. 이 계산들의 정확한 본성은 알려져 있지 않지만, 시냅스 전달이 우리에게
   관련된 수학적 복잡성을 어느 정도 짐작하게 한다. 어떤 유형의 뉴런에서
   든, 신경전달물질의 일부는 흥분성(세포의 발화를 촉진)이고 일부는 억제
   성(뉴런이 발화하려는 성향을 억압)이다. 모두 다 시냅스 후부의 수용체를 놓
   고 경쟁을 하고, 이 수용체들 역시 신경전달물질을 감지하고 수용하는 정
   도가 다양하다. 기타 등등. 신경망이 조직되는 매 순간, 매 수준에서, 이

미시적인 양과 음의 수프broth가 끊임없이 수정을 해가며 엄청난 숫자의 계산을 수행한다.

복잡한 느낌들은 그 자체로 이 계산들의 산물이다. 이렇게 비추어 보면, 안다는 느낌과 모른다는 느낌의 범주를 쉽게 양과 음이라는 고차원적 은유와 대등한 것으로 볼 수 있다. 친숙하다, 맞다, 옳다, 옳은 방향으로 가고 있다는 느낌들, 설단 현상, 기시감은 양이고, 그르다, 낯설다, 기묘하다는 느낌들과 미시감, 비현실감은 음이다. 이 감각들이 뒤섞인 정확한 총합이 어떤 관념에 관해 우리가 느끼는 방식을 결정할 것이다.

6. 스티븐 핑커, 『마음은 어떻게 작동하는가』. "영어나 일본어 같은 구어의 문장들은 지능은 있지만 참을성은 부족한 사회적 동물이 음성적 의사소통을 할 수 있도록 고안되었다. 구어는 청자가 문맥상 마음속으로 채워 넣을 수 있는 정보를 생략함으로써 간결함을 획득한다. 이와 대조적으로 지식을 담고 있는 '사고 언어'는 생략된 정보를 채워 넣는 상상과는 아무 관계가 없다. 사고 언어 자체가 그 상상이기 때문이다……. 그래서 한 지식 체계에 담긴 명제들은 영어로 된 문장들이 아니라 그보다 풍부한 사고 언어인 '마음어mentalese'로 새겨져 있다고 볼 수 있다."

❖ 확신의 양대 기둥 : 이성과 객관성

1. Goleman, D., *Emotional Intelligence* (New York: Bantam, 1997), 26.

2. O'Neil, J., "On Emotional Intelligence: A Conversation with Daniel Goleman," *Educational Leadership*, 54, no. 1 (September 1, 1996).

3. Goleman, 9.

4. 티모시 윌슨, 『나는 내가 낯설다』 (부글북스, 2007). "'무의식을 의식으로 만드는 것'은 문서 처리 컴퓨터 프로그램을 통제하는 어셈블리 언어를 보고 이해하는 것보다 절대로 더 쉽지 않다."

5. Ibid, 1.

6. Ibid, 16. "Making the 'unconscious conscious' may be no easier than viewing and understanding the assembly language controlling our word-processing computer program."

7. www.gladwell.com. Gladwell, M., *Blink* (New York: Little, Brown 2005), 256.

8. www.gladwell.com.

9. Gladwell, *Blink*, 14-16.

10. Ibid, 11-12.

11. www.edge.org.

12. Dijksterhuis, A., et al., "On Making the Right Choice: The Deliberation-Without-Attention Effect," *Science*, 311 (2006): 1005.

13. Anderson, L., "If You Really Think About It, Trust Your Gut for Decisions," *Chicago Tribune*, March 19, 2006.

14. Simons, D., and Chabris, C., "Gorillas in Our Midst," *Perception* (1999): 28.

15. Letter to Henry Fawcett, September 18, 1861, in Charles Darwin,

More Letters of Charles Darwin, vol. 1, Darwin, F., and Seward, A., eds. (New York: D. Appleton, 1903), 194-96.

16. Gould, S., *The Lying Stones of Marrakech: Penultimate Reflections in Natural History* (New York: Harmony Books, 2000), 104-5.

17. Carey, B., "A Shocker: Partisan Thought Is Unconscious," *The New York Times*, January 24, 2006.

18. Ibid.

19. 이 책을 쓰면서 나는 전달하고 싶었던, 미리 계획한 착상에 들어맞거나 그것을 뒷받침하는 사실들을 고르고 있는 자신을 발견했다. 내가 당신이 내 착상을 합당한 것으로 인정해주길 원한다면, 이것은 신중한 고백이 아닐 것이다. 반면, 그것은 나의 주제를 구성하는 피할 수 없는 요소다.

20. www.pbs.org/wgbh/pges/frontline/shows/altmed/interviews/weil.html.

21. Hultgren, L., www.pbs.org/webh/pages/frontline/shows/altmed/interviews/weil.html.

22. www.ions.org/publications/review/issue65/r65lora.pdf.Targ, R., and Katra, J., *Miracles of Mind: Exploring Nonlocal Consciousness and Spiritual Healing* (Novato, Calif.: New World Library, 1999), 193.

23. Gladwell, *Blink*, 16-17.

24. Frymoyer, J., "Back Pain and Sciatica," *New England Journal of Medicine*, 318, no. 5 (February 4, 1988).

25. Muller, R., "The Conservation Bomb," *Technology Review Online*, June 14, 2002. Also available at muller.1b1.gov/TRessays/05_Conservation_Bomb.htm

26. americanradioworks.publicradio.org/features/climate/b6.html.

27. www.newscientist.com/hottopics/climate/climate.jsp?id-s99994888.

❖ 신앙

1. 나는 비오는 날 젖는 것을 피하려고 우산을 가져갈 때와 같은 특정한 의도를 가리키는 것이 아니다. 이 맥락에서, 목적은 비를 맞지 않으려는 의식적 욕구나 의도와 동의어다. 우산을 가져가는 것은 상황적 목적을 만족시킬 수는 있지만, 아침에 잠자리에서 뛰쳐나가 당신이 애지중지하는 계획을 추구하도록 당신에게 동기를 부여하지는 않는다.

2. Tolstoy, L., *My Confession My Religion* (Midland, Mich: Avensblume Press, 1994).

3. Dawkins, R., from a debate with Archbishop of York, Dr. John Habgood, *The Nullifidian* (December 1994). Also available at www.world-of-dawkins.com/religion.html.

4. Dawkins, R., quoted in *The Guardian*, October 3, 1998.

5. en.wikiquote.org/wiki/Stephen_Hawking.

6. Davies, P., "Universal Truths," *The Guardian*, January 23, 2003.

7. Davies, P., *God and the New Physics* (London: Penguin, 1990), 189.

8. Weinberg, S., *The First Three Minutes* (New York: Basic Books, 1993).

9. Kass, L., *Toward a More Natural Science* (New York: Free Press, 1988).

10. www.pbs.org/wgbh/questionofgod/voices/index.html.

11. Lewontin, R., "Billions and Billions of Demons," *The New York Review of Books*, January 9, 1997. Also available at www.nybooks.com/articles/1297.

12. Quoted in Brown, A., *The Guardian*, April 17, 2004, in a review of Dennett's writings.books.guardian.co.uk/review/story/0,12084,1192975,00.html.

13. 나는 우리가 우주를 이해하면 할수록, 더욱 무의미한 것처럼 보인다는 와인버그의 논평에 개인적으로 유감이 있는 것은 아니다. 나는 그의 논지를 이해하지만, 그것은 나에게 인간적 절망감을 일으키기보다는, 나로 하여금 여기 있는 이유를 우리가 이해할 수 있다는 믿음의 우스꽝스러움에 웃게 만든다. 세상에 어떤 의미나 목적이 있다면, 부디 나에게는 말하지 마라. 만일 어떤 신호가 하늘에서 뚝 떨어져 나에게 삶의 의미가 무엇인지를 말해주었는데, 그것이 내 마음에 들지 않는다면, 나는 그 신호를 보지 못했을 때보다 훨씬 더 실망할 것이다. 나는 모르는 덕분에 우스꽝스러운 것들을 추구할 수 있다. 나의 기본 성격은 나를 꼬드겨 무의미한지 목적이 있는지를 정하는 것이 순수하게 이성적인 결정일 수 없음을 지적하는 책을 쓰게 했다. 내가 농구-고릴라 비디오를 즐기는 이유는 그것이 우리에게는 보고 싶은 것이 더 잘 보이고 목적이나 무의미함을

포함해 관심 없는 것은 덜 보이는 것이 아닐까 하는 나의 무엇보다 깊은 의심이 옳다는 것을 입증해주기 때문이다. 나와 르원틴의 차이는 이성에 의거한 논증의 차이처럼 보일 수도 있지만, 그것이 궁극적으로 반영하는 것은 세상을 보는 방식의 피할 수 없는 차이다

14. Slack, G., an interview with Dennett, *Salon.com*, February 8, 2006. www.salon.com/books/int/2006/02/08/dennett.

15. Barlow, N., ed., *Charles Darwin* (New York: Norton, 1993). www.update. uu.se/~fbendz/library/cd_relig.html.

16. 스티븐 제이 굴드, 『다윈 이후』(사이언스 북스, 2009). "대륙이동설이 어디에서나 거부되던 그 시절에도 대륙이 이동한다는 직접적인 증거들은 어느 모로 보나 오늘날과 똑같이 훌륭했다. 다시 말해서, 지구 상의 여러 대륙에 산재하는 노출 암석들에서 모은 자료들은 이미 대륙이동설을 지지하기에 충분했다……. 대륙 이동에 대한 그럴듯한 메커니즘이 없는 상황에서는 그 이론이 터무니없는 것으로 치부되는 일이 당연했다. 그 이론을 뒷받침하는 것처럼 보였던 자료들은 사실상 얼마든지 달리 설명될 수 있었다……. 오래전에 대륙의 암석들로부터 얻어진 자료들은 한때 그 가치가 완전히 부정되기도 했지만, 이제는 새삼 대륙이동설의 결정적인 증거로 높이 평가되기에 이르렀다. 간단히 말하자면, 대륙이동설에 새로운 정통론의 기대가 걸려 있는 까닭에 이제 우리는 그 이론을 받아들이고 있다. 나는 이 이야기가 과학 발전의 전형이라고 생각한다. 낡은 방식으로 수집된 새로운 사실들이 낡은 이론의 안내를 받아 어떤 사상을

근본적으로 수정한다는 것은 어려운 일이다. 사실들은 '스스로 말하지'

않는다. 그것들은 이론에 맞도록 읽힌다."

17. Lovgren, S., "Evolution and Religion Can Coexist, Scientists Say,"
National Geographic News, October 18, 2004. Also available at news.
nationalgeographic.com/news/2004/10/1018_041018_science_
religion.html.

❖ 마음에 대한 사색

1. 옥스퍼드 대학교의 철학 교수인 베베Bebe는 질문과 그에 답하려는 시도
들이 끊임없이 언어를 의미의 한계 너머로 데려간다고 주장한다. 친숙한
단어들을 평소의 역할에서 떼어내 그것들이 더 이상 이해할 수 있는 가능
성들을 표현하지 않게 한다는 것이다. 어떤 물체를 둘러싸는 공간을 무라
고 부르면 무의 실제적인 의미는 사라진다.

2. www.pbs.org/wgbh/nova/origins/universe.html.

3. Gott, J., et al., "Will the Universe Expand Forever?" *Scientific American*
(March 1976), 65.

4. Hawking, S., *A Brief History of Time* (New York: Bantam Books, 1988),
140-41.

5. www.kirjasto.sci.fi/ikant.html.

6. Bisson, T., "They're Made Out of Meat", a short story in Omni (April
1991). Also available at www.terrybisson.com/meat.html.

7. 거의 3백 년 전에, 철학자이자 수학자인 고트프리트 라이프니츠Gottfried Leibnitz는 의식적으로 경험하고 지각할 수 있는 기계를 가정했다. 그는 설사 이 기계가 방앗간만큼 커서 우리가 내부를 탐색할 수 있다고 해도, 우리는 "하나를 다른 한쪽으로 밀어내는 부품들 외에는 아무것도, 지각을 설명하는 어떤 것도 결코" 발견하지 못할 것이라고 말했다. 오늘날 창발에 대해 하는 개념적 설명도 별로 나을 것이 없다. 창발이 물리적으로 드러나는 방식에 관한 개념을 더 발전시키면, 아마 정신 상태들의 더 의미 있는 분류법도 떠오를 것이다. 그때까지, 우리는 아직 명확하게 이해되지 않은 현상들을 쥐어짜서 똑같이 혼란스럽고 오해하기 쉬운 신체적·정신적 범주로 나누려고 애쓰기보다, '실제적'이지만 주관적인 어설픈 관념을 고수하는 편이 낫다.

8. 존 설은 『마인드』(까치글방, 2007)에서, 마음이 그것을 창조한 뇌 이상이거나 그렇지 않은 이유를 설명하려는 시도에서 일어난 다양한 심신 관련 논의들을 훌륭하게 개관한다.

9. Libet, B., *Mind Time* (Cambridge, Mass: Harvard University Press, 2004).

10. 자유 의지에 관한 모든 실험은 그것이 하려는 연구의 내재적 문제를 반영할 것이다. 가장 명백한 역설은 어떤 실험이 자유의지의 존재나 부재를 가장 잘 보여주는지를 선택할 자유가 우리에게 있는가 하는 것이다. 어떤 연구를 적절하게 설계하려면, 우리에게 불량한 증거를 놓아두고 훌륭한 증거를 선택할 자유가 있다고 믿어야 한다. 우리가 자유의지를 믿지 않는다면, 우리가 선택하는 어떤 실험도 우리는 통제할 수 없을 것

이라는 데 동의해야 하고, 이는 과학적 방법에 결정적인 합리성과 객관성의 원리를 부정하는 것이다. 중도라는, 자유의지와 전적으로 무관한 관점은 애초에 그 연구를 하려고 한 동기와 이유를 우리가 이해하고 있다는 사실과 어긋난다. 자유의지에 관한 모든 연구에는 출발부터 결함이 있다.

11. Libet, 109.

12. www.tourettes-disorder.com/symptoms/coprolalia.html.

13. www.tourettes-disorder.com/blogs/2005/023/regarding-coprolalia-and-use-of.html.

❖ 마지막 사고들

1. www.edge.org/q2006/q06_12.html.

2. Overbye, D., "From a Physicist and New Nobel Winner, Some Food for Thought," *The New York Times*, October 19, 2004. Also available at www.nytimes.com/2004/10/19/science/19phys.html.

|감사의 글|

아주 오랜 세월 동안 서서히 걸러진 책의 기원을 추적하는 일은 불가능하다. 말할 것도 없이, 이 과정에서 많은 사람들이 나에게 영감과 도움을 주었다. 샌프란시스코 철학회의 동료들을 비롯해 조나선 키츠, 케빈 버거, 피터 로빈슨, 데이비드 스타인설츠, 리처드 시걸, 허버트 골드를 포함한 많은 사람들에게 감사를 드린다.

더없는 행운은 제프 켈로그가 나의 대리인이라는 것이다. 그는 끊임없이 나에게 용기를 불어넣었고, 나만의 일기장에 끼적거린 것들을 지금의 책의 구조로 탈바꿈시키는 데 도움을 주었다. 편집자인 니콜 아기레스와 그녀의 조수 카일라 맥닐이 열과 성을 다해 지원해준 덕분에 내 원래의 원고는 훨씬 더 개선되었다.

나를 자극해서 이 책의 중심에 있는 질문들을 하게 만든 많은 환자들에게 일일이 감사할 수 없는 것이 안타깝다. 그 환자들이 이 책을 읽고 있다면, 내가 영원히 그 은혜를 잊지 않을 것임을 알아주길 바란다.

무엇보다도, 아내인 애드리안에게 가장 깊은 감사를 표한다. 아내는 지금까지 나의 끊임없는 영감의 원천이자, 가장 든든한 후원자이자, 냉정한 비평가였다. 내 고마움의 깊이를 적절히 표현하는 것은 불가능하다. 그러니 한마디만 하자. 고마워, 애드리안.

'우리가 뭘 아는지를 우리는 어떻게 알까'라는 막연한 질문에서
출발해, 헨젤과 그레텔의 빵 부스러기를 좇는 새처럼 문장 하나하
나의 맛깔스러움에 이끌려 정신없이 뒤따르다 보면, 우리는 어느
새 자신이 지각적 착각과 인지 부조화, 신경망과 인공지능, 모듈과
창발, 학습과 기억, 보상과 중독, 본성과 양육, 의식과 무의식, 심
신 이원론과 자유의지까지 인지과학의 주요 소재들을 '거의' 모조
리 거쳐 왔음을 깨닫게 된다. 자신은 그저 일기를 재구성했을 뿐이
라고? 엉큼한 소설가 같으니.

가장 유물론적인 신경 과학과 가장 허구적인 소설 사이에 양다

리를 걸치고 있는 저자는 누구인가.

거의 포커 중독자이면서도 막상 죽었다 깨어나도 크게 허풍을 칠 수는 없는 소시민, 상대를 잡아먹을 듯이 자신의 신념을 주장하는 친구들의 일원이 되지 못하고 그들을 경이의 눈길로 바라볼 수밖에 없는 영원한 관찰자. 삶의 부조리를 풍자와 해학으로 승화시키는 베케트를 사랑하고, 150년 동안 아무도 반증하지 못한 이론이라는 경이로운 이성의 산물을 내놓았으면서도 겸허하게 불가지론을 택했던 다윈을 존경해 마지않는, 그는 누가 뭐래도 '인간적인' 현대인이다. 이성도 느낌도 믿을 수 없는 100가지 정직한 이유들을 생각하면 양손에 아무것도 100퍼센트 움켜쥘 수 없는 우리로서는 그저 공 여러 개를 던졌다 받으며 하나도 떨어뜨리지 않기 위해 안간힘을 쓰는 것이 최선이라 말할 때, 그는 우리의 고달픈 숙명을 직시할 뿐 사탕발림으로 달래주지 않는다. 하지만 그가 사람들에게서 빼앗길 원하는 확신은 0.00001퍼센트에 지나지 않는다. 그는 소년병의 가슴에 총을 겨누는 사람, 신의 이름으로 폭탄을 던지는 사람, 자신의 무가치에 대한 신념으로 금문교에서 뛰어내리는 사람들을 때로는 프로작(우울증 치료제)을 동원하고, 때로는 위약에 호소해서라도 말리고 싶은 것이다.

이제부터 건방진 고깃덩이 뇌가 신의 문제를 제기할 때 내 인지의 곰탕에서는 도킨스와 콜린스에 곁들여 버튼도 같이 뒤끓겠지만, 어라, 세 사람 모두 과학자다. 그렇게 과학 표 프랜차이즈 곰탕에 길들여진 내 취향의 결과라 해도, 마지막으로 찬성표를 던지고 싶은 버튼의 주장은 우리 아이들에게 사상 이전에 먼저 지각심리학을 가르치자는 것이다. 과학은 만날 보이는 것만 믿으라고 말하는 것이 아니다. 보이는 게 다가 아니라고 경고하기도 한다. 그리고 감각, 지각, 의식, 사고, 감정, 느낌, 신앙에 대해서까지, 과학이 말해줄 수 있는 보이지 않는 것들의 지평은 점점 더 넓어지고 있다. 과학이 우리를 해치지 않는다는데도 영 삼키기에는 너무 쓴 우리들, 가슴으로는 모두 다 시인이건만 세상살이에 대해 하고픈 말이 혀끝에만 맴도는 어눌하고 고독한 '사유의 섬들'에게, 소설가의 감수성을 지닌 신경정신과 의사는, 그리고 도킨스와 콜린스도 우리 모두가 속한 곡마단의 꼭 필요한 광대들이다.

[역자 주] 위험감수 유전자는 없고 편도에 스타스민만 버글거리는 게 틀림없는 (아니, 그럴 개연성이 높은) 나는 번역을 하다가 원문에서 국내에 번역되어 있는 책이 인용되면, 그 책을 찾아 선배 역자께서 그 부분을 어떻게 옮겨놓았는지를 눈으로 확인해야 직성이 풀린다(누군가 내가 무심코 번역한 두세 줄을 그렇게 이 잡듯 뒤질 거라고 생각하면 등줄기가 오싹하지만). 기왕 원서가 아닌 국내 번역서의 제목을 소개할 거면 내용도 번역서에서 말 그대로 '인용'하는 것이 마땅하지 않을까? 그래서 가능한 한 기존의 번역문을 똑같이 베끼려고 노력했지만, 실상은 책을 구하기가 여의치 않은 때도 있었고, 해당 부분을 찾았더

라도 몇 가지 사유가 있어 의도적으로 재해석하기도 했다. 혹시 관찰력 뛰어난 독자께서 그런 '교묘한 표절'을 발견하시더라도 그렇게 된 데에는 '그럴 만한 곡절이 있었다'는 것만 알아주시면 좋겠다.

생각의 한계 (On Being Certain)

1판 1쇄 2014년 3월 10일

지 은 이 로버트 버튼
옮 긴 이 김미선

발 행 인 주정관
발 행 처 더좋은책
주   소 경기도 부천시 원미구 상3동 529-2 한국만화영상진흥원 311호
대표전화 032-325-5281
팩시밀리 032-323-5283
출판등록 2011년 11월 25일 (제387-2011-000066호)
홈페이지 www.ebookstory.co.kr
이 메 일 bookstory@naver.com

ISBN 978-89-98015-05-3 03180

※잘못된 책은 바꾸어드립니다.

이 도서의 국립중앙도서관 출판시도서목록(CIP)은 e-CIP홈페이지(http://www.nl.go.kr/ecip)와
국가자료공동목록시스템(http://www.nl.go.kr/kolisnet)에서 이용하실 수 있습니다.
(CIP제어번호 : CIP2014005903)